数字化

——驱动企业可持续发展

彭俊松 著

清华大学出版社

北京

内 容 简 介

以低碳为代表的可持续发展,是继工业化和信息化后全球经济转型的第三次浪潮,它将全球的"社会-经济-技术"系统提升到了一个新的复杂度水平。未来十年企业的业务变革,将由可持续发展转型来定义,而数字化技术的应用是驱动可持续发展必不可少的技术支撑。

本书是国内第一本将可持续发展与数字化实践相结合的专业书籍。全书从数字化转型驱动可持续发展的理论、可持续发展的数字化方案原理、可持续发展的数字化实践与创新三个维度,围绕通过气候行动实现零排放、通过循环经济实现零浪费、通过社会责任实现零不平等这三个可持续发展的领域,介绍相关知识、方案和案例。这些内容代表了全球可持续发展的最新经验和方案,并融入了中国市场的发展需求,帮助读者既了解全球的最新趋势,也能联系实际,思考当下的实际问题。

本书的读者包括对可持续发展感兴趣的企业高级管理人员和业务骨干,以及在咨询公司和IT公司工作的相关技术人员。书中的内容可以帮助他们在推进可持续发展的项目过程中,对项目的规划、设计和实施提供借鉴。此外,本书还可以作为研究机构、高等院校和其他对可持续发展感兴趣的相关人员的参考用书。

本书封面贴有清华大学出版社防伪标签,无标签者不得销售。
版权所有,侵权必究。举报: 010-62782989,beiqinquan@tup.tsinghua.edu.cn。

图书在版编目(CIP)数据

数字化: 驱动企业可持续发展/彭俊松著. —北京: 清华大学出版社,2024.3
ISBN 978-7-302-65914-3

Ⅰ.①数… Ⅱ.①彭… Ⅲ.①企业管理-数字化-研究 Ⅳ.①F272.7

中国国家版本馆 CIP 数据核字(2024)第 061320 号

责任编辑: 袁勤勇
封面设计: 刘 键
责任校对: 韩天竹
责任印制: 杨 艳

出版发行: 清华大学出版社
    网　　址: https://www.tup.com.cn,https://www.wqxuetang.com
    地　　址: 北京清华大学学研大厦 A 座　　邮　编: 100084
    社 总 机: 010-83470000　　邮　购: 010-62786544
    投稿与读者服务: 010-62776969,c-service@tup.tsinghua.edu.cn
    质量反馈: 010-62772015,zhiliang@tup.tsinghua.edu.cn
    课件下载: https://www.tup.com.cn,010-83470236
印 装 者: 三河市天利华印刷装订有限公司
经　　销: 全国新华书店
开　　本: 185mm×260mm　　印　张: 17.5　　字　数: 405 千字
版　　次: 2024 年 3 月第 1 版　　印　次: 2024 年 3 月第 1 次印刷
定　　价: 68.00 元

产品编号: 102193-01

数字化转型——打造可持续未来的商业蓝图

可持续发展已经站在了转型的最前沿,行动的紧迫性不言而喻。联合国政府间气候变化专门委员会(IPCC)的一份最新报告指出,确保所有人能够享有宜居和可持续未来的机会窗口正在迅速关闭,我们需要立即采取气候行动。

在商业领域,可持续发展在过去几年里同样成为和战略相关的核心话题。投资方、监管机构、消费者、员工和其他利益相关者对企业的要求日益增长,期望企业对其产品和服务在社会、环境和经济层面负起全面责任。大量的企业正在努力减少温室气体排放、减少浪费、提高再循环能力,并在产品全生命周期和价值链的经营实践中承担社会责任。

从本质上讲,环境的可持续发展是一个资源管理问题。作为全球企业应用软件的领导者,SAP深耕于全球商业,并致力于帮助客户优化资源超过了50年。这赋予了我们一个独特的关于可持续发展的视角。在与各行各业的客户合作中,我们认识到可持续发展是一段持续的旅程,而不是单一的目的地,不同企业和行业的成熟度各不相同。尽管如此,商业领袖普遍认同三个具体的议题:

(1)满足当今和未来预期的监管合规需求;

(2)通过将可持续发展指标和洞察力嵌入业务流程中,提高现有系统的效率;

(3)激发创新,重新设计商业模式。

然而,成功取决于数据的透明度及其在流程和行动上的协同。数据和数字技术在推动可持续商业的实践中扮演了不可或缺的角色。

全球的可持续发展领导者将缺乏可持续发展数据列为他们面临的主要挑战。公司必须将可持续发展置于其商业模式的核心。但是,脱节的商业流程和"难以处理且分散的数据"依旧存在,常常使得可持续发展的管理充满挑战。作为解决方案,围绕数据和数字化为核心的企业可持续发展管理正在经历巨大变革。在SAP,我们相信需要将可持续发展的数据深度嵌入核心的业务流程和价值链中。半个世纪前,SAP用企业资源计划(ERP)软件革新了财务会计。对于气候行动而言,我们正在革新碳会计,并帮助公司以与财务会计相同的精确度和控制水平来管理碳排放。数据对于在整个价值链中营造透明度、识别排放源头、设定准确的净零目标,以及确定具体减碳领域至关重要。

作为一家在该领域被公认为是思想和实践领导者的跨国软件企业的首席可持续发展官,我经常被问及关于我们公司的可持续发展战略。我总是自豪地回答:在SAP,我们没有单独的可持续发展战略,我们有的是一个可持续的商业战略。虽然这个回答初听起来有点"激进",但它代表了一种思维模式,即将可持续发展嵌入企业的核心商业战略当中。SAP的公司宗旨是帮助世界更好地运行,并通过我们的这一目标,在地球的承载范围内创造积极的经济、环境和社会影响,改善人们的生活。对于气候行动而言,我们至关重要的使命是帮助企业尽快实现碳中和。我坚信,只有将可持续性作为企业核心商业战略和指导原则的一部分,才能确保其中长期的成功。没有可持续的商业模式,商业本身就无从谈起。

我对彭俊松博士撰写的这本书深感感激,它不仅提高了公众对这一议题的认识,并进一步明确了数据和技术作为推动可持续发展的强大动力。我希望您在阅读这本书时,不仅能享受其中,更能受到启发,将可持续性作为创新驱动力,探索与之紧密相连的机遇。

丹尼尔·施密德
SAP全球首席可持续发展官

Transforming for Sustainability—Crafting the Blueprint for a Green Future in Business

Sustainability is the next frontier of transformation and the time to act is now. The latest IPCC report states a rapidly closing window of opportunity to secure a livable and sustainable future for all, and there is an urgency for near—term climate action.

In the business world sustainability has also become a core topic of strategic relevance over the past years. Investors, regulators, consumers, employees and other stakeholders alike increasingly demand socially, environmentally and economically responsible products and services. Companies are looking to reduce GHG emissions, reduce waste, increase circularity and use socially responsible business practices across product lifecycles and value chains.

In essence, environmental sustainability is a resource management issue. As a global leader in enterprise application software, SAP is deeply embedded into global business worldwide and has been committed to helping optimize resources for customers for over 50 years. That gives us a unique perspective on sustainability. In working with our customers across different industries, we learned that sustainability is a journey, not a destination and companies and industry segments are at different stages of maturity. Nonetheless, business leaders have three specific agendas in common: (1) meet today's and anticipated future regulatory compliance needs, (2) improve the efficiency of existing systems by embedding sustainability metrics and insights into business processes, and (3) drive innovation and re—design business models. However, success hinges on data transparency and process action working together and the role of data and digital technologies is key to promoting sustainable business.

Sustainability leaders around the world list the lack of sustainability data as their key challenge. Companies must put sustainability at the heart of their business models, but there are disconnected business processes and "difficult and distributed data" that make sustainability management challenging. In response, the biggest evolution in corporate sustainability management is happening around data and digitization. At SAP, we believe sustainability data needs to be embedded deeply into core processes and across value chains. 50 years ago, SAP revolutionized financial accounting with enterprise resource planning (ERP) software. For climate action, we are revolutionizing carbon accounting and helping companies treat carbon emissions at the same level of precision and control as their finances. The data is vital to creating transparency holistically across the value chain to understand where emissions are occurring, setting accurate net-zero targets, and identifying specific areas for decarbonization impact.

As the CSO of a multinational software firm that is perceived as a thought and action leader in this space, I get often asked about our company's sustainability strategy. My proud answer to this question is always: we do not have a sustainability strategy at SAP, but rather a sustainable business strategy. While this statement seems provocative in the first place, it drives awareness on the need to follow an integrated approach by embedding sustainability in your core business strategy as well. SAP's company purpose is to help the world run better and improve people's lives with our objective to create a positive economic, environmental, and social impact within planetary boundaries. For climate action our critically important mission is to help companies decarbonize and achieve net zero as quickly as possible. I am a strong believer that only integrating sustainability at the core of your business strategy and steering ensures mid and long term success. Either there is sustainable business or there is no business.

I'd like to thank Dr. Junsong Peng for writing this book to raise awareness on this important topic and shed more light on the relevance of data and technology as an enabler of sustainability.

I hope you enjoy reading the book and will be inspired by the opportunities that are closely connected with sustainability as a driver for innovation.

Sincerely,
Daniel Schmid, Chief Sustainability Officer, SAP SE
December, 2023

前言

自 2020 年中国政府作出"30·60"双碳目标承诺之后,全国碳交易市场于 2021 年正式启动,昭示着中国正式步入了双碳元年,揭开了可持续发展在中国企业的行动热潮。事实上,以减碳为手段的气候行动,在国外已经经历了较长时期的发展,目前已经进入以数字化技术应用为核心手段的"碳中和 2.0"阶段。纵观全球,欧盟已成为引领碳中和、循环经济等可持续发展目标最先进的地区,值得我们借鉴和学习。

在 20 世纪 90 年代,国际社会对于气候变化就已经在理论上达成共识,进入落地和实施阶段。1997 年,《京都议定书》作为首个对发达国家具有强制减排效力的国际协议,推动这些国家加快行动步伐。2005 年,欧盟启动了全球第一个区域性碳排放交易机制,正式用市场化手段推动减排。这一时期,在本书中被称为"碳中和 1.0"时期。原因是这时的减排思路是"源头控制",减排对象主要集中在以高能耗、高排放为特征的大型企业的碳排放身上。这种思路与当时信息化的发展阶段是完全匹配的。动用欧盟的行政力量,对上万家高排放企业的排放进行总量监控,使用信息化的手段完全可以胜任。

然而,进一步的研究和实践表明,这种仅仅从排放源头进行控制的方法,无法达到人类社会既定的气候控制目标。社会和经济的运行是一个"供需"平衡的一体化系统,碳排放是整个系统运行的"副产品"。我们不能仅从"供应侧"进行减碳改造,而忽视在"需求侧"的控制和优化。只有在全社会形成循环经济,对每一件产品形成"减量化、再利用、再循环"的模式,从需求和生产的源头进行一体化优化和控制,才能减少剩下的 40% 排放量,达到控制地球温度的目标。

显然,这一思路的背后,是对全社会每一件产品,从优化产品设计开始,一直到生产、销售、使用、回收、再利用的全生命周期管理。2007 年,英国超市里第一次打在商品包装上的碳标签,让购买者了解到每一件商品的碳足迹,就是这一思路在民间的自发实践。与"源头控制"相比,采用循环经济理念进行减排的方法属于"过程控制",管理颗粒度大幅细化,需要对更多的行业和企业的排放进行精细管理,其背后的数据量,和"碳中和 1.0"时期相比,增长了何止万倍。如果没有足够强大的技术能力作为支撑,无疑这只是一个梦想。而数字技术恰巧就在这一时期出现了爆发式增长,人工智能、大数据、物联网、5G 等新技术不断出现和成熟,为减排带来了颠覆式的创新可能。

2011 年,德国政府率先发布了代表第四次工业革命的"工业 4.0"。它的核心就是通过物联网实现广泛的互联,进而对工业大数据进行实时的智能化处理和分析,从而极大地提高生产效率、产品质量。工业 4.0 技术的出现,让企业和社会对于碳排放数据的处理能力,无论是数量、精度还是空间,都有了极大的飞跃,从而为欧盟进一步减排提供了技术支撑。

  2019年,欧盟发布了"绿色新政",提出了在2050年实现净零排放的目标,标志着人类开始进入"碳中和2.0"时代。欧盟的经验,就是将数字化与可持续发展结合在一起,加速可持续发展的进程,即"孪生转型"(twin transition)。与此同时,结合"绿色新政",欧盟又发布了一系列推动措施,例如将更多的行业(如建筑、出行)都纳入碳交易的范围当中,颁布全球第一部数字产品护照法案,计划对每一件电子产品,甚至包括每一辆汽车、每一块动力电池在内的产品碳足迹、材料、回收进行跟踪,堪称电子版的碳标签升级。

  当然,可持续发展不仅仅包括气候行动和循环经济。对于推动其他可持续发展目标(如企业社会责任),数字化也都是极为重要的工具。数字技术的到来,让领导者能够打破长期以来的桎梏,对产品、业务、客户和合作伙伴具有更深入的了解和掌控,提供实时的见解,使得决策变得越来越敏捷,实现颠覆式的影响和改变。世界经济论坛估计,当5G和人工智能技术相结合时,仅仅物联网这项技术就可以帮助全球减少15%的碳排放。数字化代表了市场化的可持续发展的手段。在这方面,全球各个国家和地区中做得最好的无疑就是欧盟。

  毫无疑问,在支撑可持续发展的数字化技术中,为企业创造洞察力和行动力的核心是企业应用软件解决方案。在这个领域,来自德国的SAP公司开发的系统不仅支持了全球所有业务交易的77%,也是全球可持续发展数字化解决方案的领导者。这本将数字化转型与可持续发展结合在一起的图书,代表着欧洲最新的经验和SAP的最新方案,对于当下迈向绿色低碳的中国企业,具有很高的参照借鉴意义。

作者
2024年1月

导 读

无数迫在眉睫的全球性危机为人类敲响了警钟,气候变化、环境污染、疾病流行、资源浪费、人群不平等等风险越来越多地与可持续发展的主题密切相关,迫使企业着手为未来的风险做准备。成功的商业领袖试图扭转乾坤,将危机转化为机会,通过数字化转型,在业务中深化可持续发展,扩大竞争优势并创造长期价值。

以低碳为代表的可持续发展,是继工业化和信息化之后全球经济转型的第三次浪潮,它将全球的"社会-经济-技术系统"提升到一个新的复杂度水平。早在工业化时代,企业主要通过手工方式推动业务开展和进行成本核算,其缺点是效率低,处理范围和空间局限于企业内部;进入信息化时代,企业通过信息技术支撑全球化业务,在全球价值链上实现了业财二维一体化,处理范围和空间得到极大的扩展;而低碳时代,企业需要将包括社会、环境和治理在内的整个生态纳入考虑范畴,并且加入新的碳维度,推动业财碳三维一体化。管理维度的增加,势必造成管理复杂度的指数级提升。数字化转型应用指数级数字技术,可以显著提高生产效率,解决更为复杂的问题,成为驱动可持续发展必不可少的技术支撑。

起源于 2011 年的数字化转型[①],定义了 21 世纪第一个十年的商业格局。未来十年的业务变革,将由可持续发展转型定义。一些企业在将数字化转型和可持续发展转型结合起来这方面,走在了前列,可称之为"孪生转型企业"。事实证明,这些企业在新冠病毒感染期间更具有韧性,成为明日领导者(Tomorrow's Leader)的可能性相比其他企业高出 2.5 倍。根据埃森哲对全球 4 000 余家企业的调研分析,目前只有大约五分之一的欧洲企业或美国企业正在成为"孪生转型企业",而亚太地区的比例相对更高。但是从行业分布来看,欧洲的大多数行业都在进行孪生转型,而亚太地区则集中在少数几个行业。中国目前正处于利用数字化转型推动可持续发展的启蒙期,急需进行知识推广和普及。毫无疑问,运用数字化转型推动可持续发展还有很大的知识传播空间。

那么,如何将可持续发展与数字化转型结合起来呢?本书将尝试从数字化转型驱动可持续发展理论、可持续发展的数字化方案原理、可持续发展的数字化实践与创新三个部分,帮助读者建立一个完整的知识体系和实践认知。可持续发展不仅包括碳中和,还包括循环经济、社会责任等其他领域。鉴于碳中和在目前企业可持续发展战略中举足轻重的地位,本书力图在章节安排上,先对可持续发展的各个领域都有所涉及,在论述数字化实

[①] 人们一般将 2011 年法国凯捷公司和麻省理工数字化商业中心发布的 *Digital Transformation Review* 白皮书,作为首次提出数字化转型的起点。

践与创新的部分重点阐述碳中和。

本书共分3篇10章，围绕理论、方案原理、实践与创新逐层推进展开。

第一篇"数字化转型驱动可持续发展理论"是全书的总纲，集中介绍为什么需要与数字化转型相结合，加快企业可持续发展的建设步伐。

第1章"数字化转型驱动可持续发展的新时代已经来临"首先以17个联合国可持续发展目标为基础，介绍可持续发展的定义，说明可持续发展已经成为企业利益相关各方的共同期望。接下来，从经济视角和企业视角，介绍数字化转型如何能够加速推动可持续发展。然后，介绍发达国家采取的"数字化＋绿色化"孪生转型战略，阐述企业建设孪生转型企业，加速转型进程的必要性。最后，以德国德乐公司的碳足迹管理案例为例，介绍德乐如何通过数字化技术提升碳足迹管理能力，驱动业务更快、更灵活地应对市场的低碳消费需求。

第2章"如何将数字化转型与可持续发展相结合"首先分析了企业在经营上面临的变化和挑战，认为企业和政府需要加快应用数字技术，作出必要的转变。然后，介绍了两个联合国的有关计划。第一个是SDG指南针计划，它可以帮助企业使用价值链分析，确定SDGs的优先事项，设定可持续发展目标。第二个是SDG雄心计划，该计划可以帮助企业建立可持续发展框架，从可持续发展目标分解到落地执行蓝图。最后，还介绍了将可持续发展与数字化转型相结合的实施路线，并以宝马集团为案例介绍了可持续发展战略与SDGs之间的对应关系，以及主要的实现路径。

第3章"SAP的可持续发展战略和解决方案"首先从SAP公司的使命、愿景和商业模式入手，介绍SAP在可持续发展领域作为榜样和赋能者的双重角色。SAP作为最早将可持续发展作为公司战略的欧洲科技公司，在过去的十几年里在可持续发展领域取得了一系列的里程碑，在碳排放、社会责任、对外报告披露等方面作出了表率。同时，SAP承担起了打造可持续智慧企业整体产品框架的任务，在统一的策略和架构支持下，围绕着气候行动、循环经济、社会责任以及全面指导和报告四个领域，提供数字化解决方案并不断创新。最后，以昕诺飞可持续发展转型为案例，介绍了其战略和"照明即服务"的可持续发展商业模式转型进程。

第二篇"可持续发展的数字化解决方案原理"，选择了前文提到的四个领域：气候行动、循环经济、社会责任以及全面指导和报告，分别介绍相应的数字化解决方案的设计思想、原理和应用案例。

"气候行动"是本书介绍的第一个将数字化应用到可持续发展的领域，目的是实现目前最热门的双碳目标。第4章"通过气候行动实现零排放"首先从全球气候挑战和中国双碳目标的压力与机遇出发，介绍如何推进低碳发展成为社会和企业的共识，帮助企业创造商业价值。然后，对碳管理体系进行了扼要的介绍，包括低碳相关名词定义、碳管理体系、碳交易、碳标签以及企业气候战略的关键工作领域。接下来，对企业碳核算方法进行介绍，包括如何明确碳排放范围、碳核算的依据和保障。再介绍企业气候行动的数字化三阶段战略（报告、优化和创新）以及SDG雄心计划中关于减排的基准参考。最后，以SAP公司的零排放整体方案为例，介绍计算企业碳足迹的EHS环境管理方案、计算产品碳足迹的产品足迹管理方案、对产品碳足迹进行分析的分析云方案。在该章的案例分享中，首先以 SAP 公司为例介绍相关的减碳举措。然后,介绍奥地利镁业使用 SAP EHS 进行碳排放管理的案例。

"循环经济"是本书介绍的第二个将数字化应用到可持续发展的领域,目的是实现从线性经济向循环经济的转变。第 5 章"通过循环经济迈向零浪费"首先介绍线性经济为什么难以为继,然后介绍应运而生的循环经济,包括它的发展历史和现状。接下来,结合艾伦·麦克阿瑟循环经济基金会的循环经济蝴蝶图介绍循环经济的理念价值,并指出循环经济与气候行动之间的密切关系。再对企业循环发展的商业模式、企业循环转型的路径以及所需的能力进行较为深入的介绍。接着给出 SDG 雄心计划中关于零浪费的基准示例。最后介绍数字技术在企业循环经济转型路径中的作用和方案。在该章的案例分享中,首先介绍宜家"益于人类,益于地球"的循环经济战略,接着,围绕循环经济中的物料可追溯问题,介绍伊士曼的塑料回收追溯案例。

"社会责任"是本书介绍的第三个将数字化应用到可持续发展的领域,目的是如何利用数字技术帮助企业实现社会责任。第 6 章"通过社会责任推进零不平等"首先回顾社会责任的相关发展历史,讲述零不平等是企业社会责任的核心目标。紧接着,对企业社会责任的利益相关者进行界定,明确企业社会责任需要负责的对象。然后,重点论述为什么社会责任会成为企业的新竞争优势,包括多元化可以提高组织的创造性和韧性、多样性可以提高组织的创造力和竞争力、平衡包容的人工智能成为业务增长的新动力、可持续的采购造福社会和环境等观点和论据。最后介绍数字化如何助力社会责任成为企业的新竞争优势。在该章的案例分享中,介绍了 Ternium 如何使用健康和安全管理软件改进 ESG 模型,降低运营风险并提高效率。

"全面指导和报告"是本书介绍的第四个将数字化应用到可持续发展的领域,目的是帮助企业建立可持续发展的数字化决策和运营体系。第 7 章"通过全面指导和报告引领可持续发展"首先从目前企业在可持续发展领域普遍使用零散的方法和工具出发,介绍衡量方式变革的必要性。然后,对 ESG 生态的发展和现状进行综述,包括 ESG 自身的发展历史、当前基于 ESG 形成的信息披露与监管环境、围绕 ESG 的商业投资与评级发展、ESG 的评价体系等。接下来,对围绕 ESG 的企业可持续报告存在的问题和面临的挑战进行深入分析,并描绘企业综合报告的变革趋势。最后,介绍全面指导和报告的数字化解决方案,并对将"绿线"融入企业战略决策制定中的可持续控制塔(SCT)、作为一站式的碳排放和 ESG 报告工具的利润与绩效管理(PaPM)、建立可持续发展运营体系的 SAP EHS 进行重点介绍。

第三篇"可持续发展的数字化实践与创新"介绍可持续发展的数字化应用现状,重点介绍几个有代表性的行业实践以及欧盟的数字化创新,并对中国实体经济可持续发展的数字化策略进行探讨。

第 8 章"四大行业的可持续发展数字化实践"围绕汽车、物流、能源和电力以及消费品行业的可持续发展,结合 SAP 的创新产品和方案,逐一进行了介绍。最后在案例分享部分,介绍了 AllBirds 和 Farmer Connect 以可持续发展作为品牌差异化竞争优势取得成功的案例。

第 9 章"欧盟可持续发展的数字化创新示例"介绍了欧盟在三个重要领域中应用数字

化技术推动可持续发展的创新。欧盟不仅在可持续发展领域走在全世界所有国家和地区的前列,在数字化技术的落地应用实践,特别是在实体经济和产业上,也居于全球一流领先水平。该章对欧盟在基于联邦数据基础的循环经济创新、打造可持续的电池价值链,以及基于工业4.0的可持续性生产这三方面的创新,进行了深入介绍。

第10章"展望:中国实体经济可持续发展的数字化策略"首先对中国面临的可持续发展的巨大挑战进行剖析,再对数字化可以在实体经济的供给侧和需求侧进行减碳的作用进行分析,并对把握全球孪生转型新机遇、重塑中国绿色化数字生态系统提出三点建议。

现在,让我们一同开启可持续性发展的创新之旅吧!

作　者

2024年1月

目 录

第一篇 数字化转型驱动可持续发展理论

第1章 数字化转型驱动可持续发展的新时代 ... 2
- 1.1 什么是"可持续发展" ... 2
- 1.2 可持续发展成为企业利益相关者共同的期望 ... 3
  - 1.2.1 可持续发展正在深刻改变企业与环境、社会之间的关系 ... 4
  - 1.2.2 来自企业利益相关各方对可持续发展的关注 ... 4
- 1.3 数字化转型推动可持续发展的经济视角和企业视角 ... 8
  - 1.3.1 数字技术是数字经济和绿色经济的共同底座 ... 8
  - 1.3.2 具备指数级创新的数字技术解决了可持续发展的难题 ... 11
- 1.4 数字化转型驱动可持续发展的新时代已经来临 ... 15
  - 1.4.1 发达国家:"数字化+绿色化"的孪生转型政策 ... 15
  - 1.4.2 中国:打造绿色、智能、数字化的新型基础设施 ... 19
  - 1.4.3 企业的选择:建设孪生转型企业,加速可持续发展转型进程 ... 21
  - 1.4.4 孪生转型下的可持续数字化转型 ... 23
- 1.5 案例分析:德国德乐公司通过碳足迹管理,提供低碳健康的绿色食品配料 ... 23
  - 1.5.1 德乐公司介绍 ... 23
  - 1.5.2 德乐面临的碳减排挑战 ... 24
  - 1.5.3 德乐的碳减排路径 ... 26
  - 1.5.4 德乐的业务需求 ... 27

第2章 如何将数字化转型与可持续发展相结合 ... 28
- 2.1 企业经营面临的变化和挑战 ... 28
- 2.2 企业和政府在可持续性上作出转变 ... 30
  - 2.2.1 企业的转变原则 ... 30
  - 2.2.2 政府的转变原则 ... 31
- 2.3 行动指南:SDG指南针如何根据可持续发展要求设定目标 ... 32

  2.3.1 SDG 指南针概述 ⋯⋯⋯⋯⋯⋯⋯⋯⋯⋯⋯⋯⋯⋯⋯⋯⋯⋯⋯⋯⋯⋯ 32

  2.3.2 使用价值链分析确定 SDGs 中的优先事项 ⋯⋯⋯⋯⋯⋯⋯⋯⋯⋯ 33

  2.3.3 制定可持续发展目标 ⋯⋯⋯⋯⋯⋯⋯⋯⋯⋯⋯⋯⋯⋯⋯⋯⋯⋯⋯ 34

2.4 如何将可持续发展目标转化为执行 ⋯⋯⋯⋯⋯⋯⋯⋯⋯⋯⋯⋯⋯⋯⋯⋯⋯ 35

  2.4.1 将可持续发展的目标转化为行动是普遍难题 ⋯⋯⋯⋯⋯⋯⋯⋯⋯ 36

  2.4.2 将可持续发展转化为商机和转型的催化剂 ⋯⋯⋯⋯⋯⋯⋯⋯⋯⋯ 37

2.5 行动框架：SDG 雄心计划 ⋯⋯⋯⋯⋯⋯⋯⋯⋯⋯⋯⋯⋯⋯⋯⋯⋯⋯⋯⋯⋯ 38

  2.5.1 数字化转型加速可持续发展 ⋯⋯⋯⋯⋯⋯⋯⋯⋯⋯⋯⋯⋯⋯⋯⋯ 38

  2.5.2 可持续发展实现框架 ⋯⋯⋯⋯⋯⋯⋯⋯⋯⋯⋯⋯⋯⋯⋯⋯⋯⋯⋯ 39

  2.5.3 从业务整合的视角看待可持续发展的转型 ⋯⋯⋯⋯⋯⋯⋯⋯⋯⋯ 40

  2.5.4 从目标分解到实施落地蓝图 ⋯⋯⋯⋯⋯⋯⋯⋯⋯⋯⋯⋯⋯⋯⋯⋯ 41

2.6 可持续发展与数字化转型相结合的实施路线 ⋯⋯⋯⋯⋯⋯⋯⋯⋯⋯⋯⋯⋯ 43

  2.6.1 可持续业务的五大行动步骤 ⋯⋯⋯⋯⋯⋯⋯⋯⋯⋯⋯⋯⋯⋯⋯⋯ 43

  2.6.2 可持续发展与数字化相结合的三个发展阶段 ⋯⋯⋯⋯⋯⋯⋯⋯⋯ 44

2.7 案例：宝马集团的可持续发展与 SDGs ⋯⋯⋯⋯⋯⋯⋯⋯⋯⋯⋯⋯⋯⋯⋯⋯ 45

第 3 章 SAP 的可持续发展战略和解决方案 ⋯⋯⋯⋯⋯⋯⋯⋯⋯⋯⋯⋯⋯⋯⋯ 48

3.1 SAP 的使命、愿景和商业模式 ⋯⋯⋯⋯⋯⋯⋯⋯⋯⋯⋯⋯⋯⋯⋯⋯⋯⋯⋯ 48

  3.1.1 SAP 的使命和愿景 ⋯⋯⋯⋯⋯⋯⋯⋯⋯⋯⋯⋯⋯⋯⋯⋯⋯⋯⋯⋯ 48

  3.1.2 SAP 的商业模式 ⋯⋯⋯⋯⋯⋯⋯⋯⋯⋯⋯⋯⋯⋯⋯⋯⋯⋯⋯⋯⋯ 49

  3.1.3 SAP 的产品策略 ⋯⋯⋯⋯⋯⋯⋯⋯⋯⋯⋯⋯⋯⋯⋯⋯⋯⋯⋯⋯⋯ 50

3.2 SAP 在可持续发展领域的双重角色 ⋯⋯⋯⋯⋯⋯⋯⋯⋯⋯⋯⋯⋯⋯⋯⋯⋯ 51

3.3 SAP 可持续发展的历史里程碑 ⋯⋯⋯⋯⋯⋯⋯⋯⋯⋯⋯⋯⋯⋯⋯⋯⋯⋯⋯ 53

3.4 SAP 作为可持续发展的榜样 ⋯⋯⋯⋯⋯⋯⋯⋯⋯⋯⋯⋯⋯⋯⋯⋯⋯⋯⋯⋯ 55

  3.4.1 碳排放 ⋯⋯⋯⋯⋯⋯⋯⋯⋯⋯⋯⋯⋯⋯⋯⋯⋯⋯⋯⋯⋯⋯⋯⋯⋯ 55

  3.4.2 社会责任 ⋯⋯⋯⋯⋯⋯⋯⋯⋯⋯⋯⋯⋯⋯⋯⋯⋯⋯⋯⋯⋯⋯⋯⋯ 57

  3.4.3 对外报告披露 ⋯⋯⋯⋯⋯⋯⋯⋯⋯⋯⋯⋯⋯⋯⋯⋯⋯⋯⋯⋯⋯⋯ 57

3.5 SAP 作为可持续发展的赋能者 ⋯⋯⋯⋯⋯⋯⋯⋯⋯⋯⋯⋯⋯⋯⋯⋯⋯⋯⋯ 60

  3.5.1 SAP 的可持续智慧企业的整体框架 ⋯⋯⋯⋯⋯⋯⋯⋯⋯⋯⋯⋯⋯ 60

  3.5.2 SAP 的可持续发展方案策略和架构 ⋯⋯⋯⋯⋯⋯⋯⋯⋯⋯⋯⋯⋯ 61

  3.5.3 可持续发展目标实现框架引领下的 SAP 整体解决方案 ⋯⋯⋯⋯⋯ 63

3.6 案例：昕诺飞（Signify）通过可持续发展实现业务创新 ⋯⋯⋯⋯⋯⋯⋯⋯⋯ 64

  3.6.1 公司介绍 ⋯⋯⋯⋯⋯⋯⋯⋯⋯⋯⋯⋯⋯⋯⋯⋯⋯⋯⋯⋯⋯⋯⋯⋯ 64

  3.6.2 昕诺飞的可持续发展战略 ⋯⋯⋯⋯⋯⋯⋯⋯⋯⋯⋯⋯⋯⋯⋯⋯⋯ 64

  3.6.3 照明即服务 ⋯⋯⋯⋯⋯⋯⋯⋯⋯⋯⋯⋯⋯⋯⋯⋯⋯⋯⋯⋯⋯⋯⋯ 65

第二篇 可持续发展的数字化方案原理

第4章 通过气候行动实现零排放 … 68

4.1 推进低碳发展成为社会和企业的共识 … 68
- 4.1.1 严峻的全球气候挑战 … 68
- 4.1.2 减碳成为全球共识 … 69
- 4.1.3 中国双碳目标的压力和机遇 … 70
- 4.1.4 通过气候行动为企业创造商业价值 … 72

4.2 碳管理体系简介 … 73
- 4.2.1 低碳相关名词定义 … 73
- 4.2.2 完整的碳管理体系愿景 … 75
- 4.2.3 碳交易是重要的市场化减排工具 … 76
- 4.2.4 碳标签是未来产品的绿色通行证 … 78
- 4.2.5 企业气候战略的关键工作领域 … 79

4.3 企业碳盘查方法 … 80
- 4.3.1 明确碳排放范围 … 80
- 4.3.2 测量碳排放是目前减碳的拦路石 … 81
- 4.3.3 开展碳会计工作，建立高质量的碳分类 … 83
- 4.3.4 MRV 和 IPCC 是进行碳核算的基础 … 84

4.4 企业气候行动的数字化三阶段战略 … 87
- 4.4.1 阶段一——报告：确定准确的数据 … 88
- 4.4.2 阶段二——优化：优化减碳决策，持续提升企业运营水平 … 89
- 4.4.3 阶段三——创新：创造和销售低碳产品和服务 … 89

4.5 SDG 雄心计划中关于减排的基准参考 … 90

4.6 气候行动的数字化解决方案 … 92
- 4.6.1 提升企业"碳"竞争力的三个数字化建设阶段 … 94
- 4.6.2 智慧企业是零排放方案的基础 … 95
- 4.6.3 面向企业碳足迹和面向产品碳足迹的碳盘查 … 96
- 4.6.4 EHS 环境管理——计算企业碳足迹 … 101
- 4.6.5 产品足迹管理——计算产品碳足迹 … 106
- 4.6.6 分析云——产品碳足迹分析 … 109

4.7 案例一：SAP 公司的减碳举措 … 111
- 4.7.1 气候行动的企业治理 … 111
- 4.7.2 设定减碳目标 … 112
- 4.7.3 指标进展 … 112

4.8 案例二：奥地利镁业使用 SAP EHS 实现精准的碳排放合规管理 … 114
- 4.8.1 奥地利镁业简介 … 114

4.8.2　RHIM 运用 AI 帮助客户预测产品磨损 …………………………… 115
　　　4.8.3　RHIM 的碳排放管理 …………………………………………………… 115

第 5 章　通过循环经济迈向零浪费 …………………………………………… 117

5.1　难以为继的线性经济 ………………………………………………………… 117
　　　5.1.1　线性经济面临的挑战 …………………………………………………… 117
　　　5.1.2　利益相关方对企业的要求和期望 ……………………………………… 119
5.2　应运而生的循环经济 ………………………………………………………… 120
5.3　循环经济的理念价值 ………………………………………………………… 121
　　　5.3.1　循环经济的概念和原则 ………………………………………………… 121
　　　5.3.2　循环经济的价值 ………………………………………………………… 123
　　　5.3.3　各国推动循环经济的举措 ……………………………………………… 124
5.4　企业循环经济发展的模式与转型能力建设 ………………………………… 125
　　　5.4.1　企业循环经济发展的模式 ……………………………………………… 125
　　　5.4.2　企业循环经济转型的转型能力建设 …………………………………… 128
5.5　SDG 雄心计划中关于零浪费的基准示例 …………………………………… 130
　　　5.5.1　循环资源投入 …………………………………………………………… 131
　　　5.5.2　废弃物零填埋 …………………………………………………………… 133
5.6　循环经济的数字化解决方案 ………………………………………………… 136
　　　5.6.1　数字技术在企业循环经济转型路径中的作用 ………………………… 136
　　　5.6.2　循环经济的数字化解决方案构成 ……………………………………… 137
　　　5.6.3　负责任的设计与生产——管理生产者延伸责任 ……………………… 139
　　　5.6.4　产品合规——通过自动化的合规流程,确保整个产品生命
　　　　　　周期的合规性 …………………………………………………………… 141
5.7　案例一:宜家"益于人类,益于地球"的循环经济战略 ………………… 145
5.8　案例二:伊士曼使用区块链技术实现塑料回收追溯 ……………………… 148
　　　5.8.1　GreenToken——物料可追溯促进循环经济 …………………………… 148
　　　5.8.2　伊士曼如何使用 SAP GreenToken 实现塑料回收追溯 ……………… 151

第 6 章　通过社会责任推进零不平等 ………………………………………… 153

6.1　企业社会责任与零不平等 …………………………………………………… 153
6.2　企业社会责任的利益相关者 ………………………………………………… 157
6.3　社会责任成为企业的新竞争优势 …………………………………………… 160
　　　6.3.1　多元化提高组织的创造力和竞争力 …………………………………… 162
　　　6.3.2　平衡包容的 AI 成为增长新动力 ………………………………………… 164
　　　6.3.3　可持续的采购造福社会和环境 ………………………………………… 167
6.4　社会责任的数字化解决方案 ………………………………………………… 168
　　　6.4.1　在企业中践行社会责任的数字化路线 ………………………………… 168

  6.4.2 社会责任的数字化解决方案构成 ··· 170
 6.5 案例分析：Ternium——使用强大的健康和安全管理软件改进 ESG 模型，
   降低运营风险并提高效率 ·· 173
  6.5.1 Ternium 公司背景介绍 ··· 173
  6.5.2 Ternium 的可持续发展目标 ··· 173
  6.5.3 提升安全绩效是 Ternium 的重要目标 ·································· 173
  6.5.4 Ternium 使用强大的健康和安全管理软件改进 ESG 模型 ········ 174

第 7 章 通过全面指导和报告引领可持续发展 ·· 176

 7.1 可持续发展领域衡量方式变革的必要性 ·· 176
  7.1.1 衡量方式影响发展方式 ·· 176
  7.1.2 加速可持续发展报告的变革是当务之急 ······························ 177
 7.2 ESG 生态发展现状与趋势 ··· 178
  7.2.1 ESG 的定义和内涵 ·· 178
  7.2.2 ESG 的发展历程和生态圈构成 ·· 180
  7.2.3 ESG 信息披露与监管环境 ·· 182
  7.2.4 ESG 商业投资快速发展 ·· 185
  7.2.5 ESG 评级体系日趋完善 ·· 187
 7.3 企业可持续报告存在的问题 ··· 189
 7.4 企业综合报告变革趋势 ··· 191
  7.4.1 标准趋势 ··· 192
  7.4.2 新型综合报告的出现 ··· 194
  7.4.3 全面指导和报告的三阶段发展路径 ····································· 196
 7.5 全面指导和报告的数字化解决方案 ··· 197
  7.5.1 面临的挑战 ··· 197
  7.5.2 SAP 的解决方案思路 ··· 199
  7.5.3 可持续性控制塔——将"绿线"融入战略决策制定中 ············ 200
  7.5.4 利润与绩效管理——一站式的碳排放和 ESG 报告工具 ········· 204
  7.5.5 环境健康安全——建立可持续发展的绩效跟踪和运营体系 ···· 206

第三篇 可持续发展的数字化实践与创新

第 8 章 四大行业的可持续发展数字化实践 ·· 212

 8.1 汽车行业的实践 ··· 212
  8.1.1 汽车行业正在快速进入可持续发展新阶段 ·························· 212
  8.1.2 可持续发展将给汽车企业带来一场深刻的商业模式转变 ······· 214
  8.1.3 汽车行业的可持续发展行动建议 ······································· 216

8.2 物流行业的实践 ········· 217
　8.2.1 物流行业面临减碳压力 ········· 217
　8.2.2 领先的物流企业已经迈出了可持续发展的步伐 ········· 218
　8.2.3 数字技术助力物流企业减碳进程 ········· 219
8.3 能源和电力行业的实践 ········· 221
　8.3.1 氢能平台 ········· 222
　8.3.2 新能源充电 ········· 224
8.4 消费品行业的实践 ········· 227
　8.4.1 使命驱动的消费者正在推动消费品企业加速可持续性转型 ········· 227
　8.4.2 可持续发展的转型需要跨价值链的整合 ········· 228
　8.4.3 提高供应链可持续性的三个角度 ········· 229
8.5 案例：AllBirds 和 Farmer Connect 以可持续发展作为品牌差异化竞争优势并取得成功 ········· 230
　8.5.1 AllBirds 案例 ········· 230
　8.5.2 Farmer Connect 案例 ········· 232

第 9 章 欧盟可持续发展的数字化创新示例 ········· 234

9.1 基于联邦数据基础的循环经济创新 ········· 234
　9.1.1 缺乏数据主权阻碍新商业模式 ········· 234
　9.1.2 联邦数据基础的定义 ········· 235
　9.1.3 在整个生命周期中实现数字孪生的协同 ········· 237
　9.1.4 在汽车行业里实现材料可追溯 ········· 237
9.2 打造可持续的电池价值链 ········· 238
　9.2.1 目前的电池价值链轨迹需要改变 ········· 238
　9.2.2 全球电池联盟的 2030 愿景 ········· 240
　9.2.3 电池产业对可持续电池的设想和创新 ········· 241
9.3 基于工业 4.0 的可持续性生产 ········· 244
　9.3.1 实现资源高效和碳中和的数字化制造 ········· 245
　9.3.2 改变的价值主张如何影响数字商业模式 ········· 246
　9.3.3 共享和联网的可持续数字业务 ········· 247
　9.3.4 和谐的人机交互 ········· 247
　9.3.5 案例：日立的人机协作新范式 ········· 248

第 10 章 展望：中国实体经济可持续发展的数字化策略 ········· 249

10.1 面临可持续发展的巨大挑战，中国仍需走创新之路 ········· 249
10.2 数字化可以在实体经济的供给侧和需求侧实现减碳 ········· 250

  10.3　把握全球孪生转型新机遇，重塑中国绿色化数字生态系统 ·············· 252

    10.3.1　发挥数字技术的通用底座作用，以"两化"融合赋能绿色转型 ······ 252

    10.3.2　发挥政府自上而下的总领作用，培育新型绿色数字生态 ············ 252

    10.3.3　发挥企业自下而上的关键作用，打造新型中国企业 ················ 253

英文缩写 ··· 255

参考文献 ··· 258

第一篇
数字化转型驱动可持续发展理论

第1章
数字化转型驱动可持续发展的新时代

2018年,欧盟委员会发布名为"地平线欧洲"(Horizon Europe)的新计划。该计划的目标是帮助欧盟站在全球研究与创新的前沿,发现和掌握更多的新知识和新技术,促进经济、贸易和投资增长。在这个计划中,欧盟首次提出一个划时代的新战略,将绿色(green)和数字化(digital)结合在一起的"孪生转型"(Twin Transition),又称"绿色和数字化孪生转型"。毫无疑问,欧盟这个在第四次工业革命和可持续发展上的优等生,已经把数字化作为推动绿色低碳的战略手段。正如本章标题指出的,数字化与可持续发展就像一对双胞胎,已成为当下推动经济发展的两股交织在一起的重要力量。这对于2021年刚刚渡过"双碳元年"的中国企业,具有重要的学习价值和借鉴意义。

1.1 什么是"可持续发展"

可持续发展(sustainability)是一个宏大而模糊的概念。对一些人来说,它很清楚地指向环境目标;但对其他人来说,却是一个十分广泛的概念,涵盖社会、经济和政治等各个方面。其中,最被广泛接受的概念是在2016年1月1日正式生效的联合国可持续发展目标(Sustainable Development Goals,SDGs),它明确了2030年全球可持续发展的意愿和优先事项。

如图1-1所示,SDGs一共包含17项目标,涵盖社会、经济和环境这三个维度下的一系列发展问题,为人类社会的可持续发展提供了一个连贯、整体和系统的框架。尽管各国政府纷纷采取措施推进SDGs落地实施,但这些目标能否实现,主要依赖于包括企业在内的各方的努力与协作。SDGs与联合国之前发布的千年发展目标(Millennium Development Goal,MDG)[①]不同。SDGs以企业为中心,明确呼吁企业利用各自的创造力和创新能力应对可持续发展面临的挑战,并牵头为企业开发和应用创新的解决方案及技术。前联合国秘书长潘基文明确表示,"企业是实现联合国可持续发展目标的重要合作伙伴。企业可通过其核心业务为该目标的实现作出自己的贡献"。随后,全球报告倡议组织(Global Reporting Initiative,GRI)与联合国全球契约组织(UN Global Compact,UNGC)、世界可

---

① 联合国的千年发展目标是2000年由189个国家签署的《联合国千年宣言》一致通过的一项行动计划,旨在将全球贫困水平在2015年之前降低一半(以1990年的水平为标准)。2015年,MDG圆满达成。为了延续MDG的宝贵成果,同年,193个联合国成员国签署了SDGs,以指导接下来在2015—2030年期间的全球发展。

持续发展工商理事会(World Business Council for Sustainable Development,WBCSD)共同编制《SDGs企业行动指南》,为企业围绕可持续发展制定战略提供框架基础。各国政府也纷纷投入实现这些目标的事业中,并为此建立国家框架。在SDGs的推动下,可持续发展在今天已经成为全球各个国家、政府和众多企业共同追求的目标。

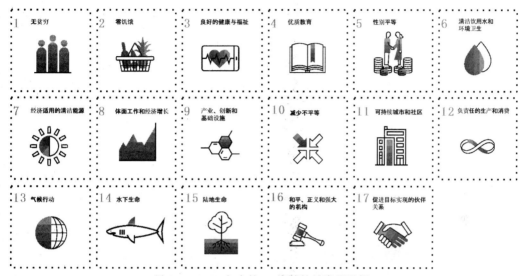

图1-1 SDGs包含的17项可持续发展目标

除SDGs之外,近几十年以来,各界从众多角度提出的可持续发展定义已有几百个之多,涵盖宏观、中观、微观等各个层次,涉及自然、环境、社会、经济、科技、政治等诸多方面。其中,接受度最高且影响力最大的是世界环境与发展委员会(World Commission on Environment and Development,WCED)给出的定义,"可持续发展是既能满足当代人的需要,又不对后代人满足其需要的能力构成危害的发展"。

显然,可持续发展不是单纯的经济发展、社会发展或生态持续,而是以人为中心,以环境、社会、经济三大系统协同发展为目标的经济发展模式。"绿水青山就是金山银山"——中国国家主席习近平的"两山论"很好地体现了可持续发展的这种协同经济发展理念。传统工业化道路下"三高一低"(高投入、高消费、高污染、低收益)的经济发展模式,使得自然生态系统和气候变化面临不可逆转的拐点,已经被证明越来越难以为继。与它不同的是,可持续发展可以能动地调控自然、经济、社会复合系统,使人类在不超越资源与环境承载能力的前提下,促进经济发展、保持资源永续和提高生活质量。可持续发展是应时代变迁、社会经济发展需要而产生的,是人们对人类进入工业文明时期以来所走过的道路进行反思的结果。

1.2 可持续发展成为企业利益相关者共同的期望

对企业来说,可持续发展打破了以往的"股东价值最大化理论"(Shareholder Primacy Theory),转向"利益相关者理论"(Stakeholder Theory)。也就是说,企业强调的是所有利益相关方的整体利益最大化。从股东价值最大化到利益相关者的利益平衡,显然是社会的一大进步。不仅如此,可持续发展甚至深刻地改变了企业与环境、社会之间的关系。因此,与企业相关的利益相关方不仅包括投资人、员工、客户、供应商等,还包括环境、社会和政府。

1.2.1 可持续发展正在深刻改变企业与环境、社会之间的关系

前文提到的联合国的这 17 项可持续发展目标可以分为生物圈、社会和经济三个大类。如图 1-2 所示的可持续发展"婚礼蛋糕"形象说明了经济和社会也应该被视为生物圈的嵌入部分。它挑战了当前"三角形"搭建方式,不再将社会、经济和生态发展视为三个独立部分。经济繁荣在最上层,它离不开社会和生态的支持;社会发展也离不开生态。人们需要破除旧的框架,不把经济发展和自然保护看成二元对立的零和游戏,而是应该追求一种新的发展和增长思路。

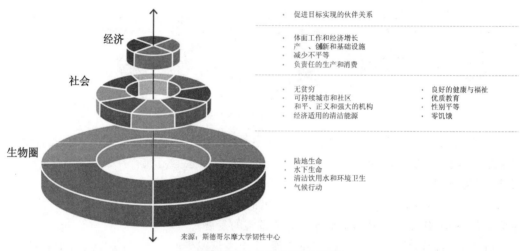

来源:斯德哥尔摩大学韧性中心

图 1-2 可持续发展的"婚礼蛋糕"

毫无疑问,在这样一个体系里,企业对于实现可持续发展发挥着至关重要的作用。图中包括的各个要素,对企业的业务战略和运营都会产生不同的影响。可持续性已经不再只是企业社会责任(Corporate Social Responsibility,CSR)问题,也不仅仅是出于合规和报告的最低目标。事实上,它已经成为"来自世界上最完整意义的命令"(an imperative in the fullest sense of the world)。事实上,疫情造成的动荡将影响更广泛的社会契约,并从根本上改变企业与社会之间的关系。

1.2.2 来自企业利益相关各方对可持续发展的关注

今天,可持续发展已得到来自各方的关注,代表了企业所有利益相关者的共同期望和利益。这个观点由图 1-3 中来自企业、投资者、消费者、员工、立法机构等各方给出的数据和表现明确支持。

图 1-3 围绕企业的各相关利益方都对可持续发展提出了期望

1. 企业的行动

世界经济论坛最新的《2020年全球风险报告》指出，2020年全球面临着地缘政治局势动荡、全球经济进一步放缓、气候变化更为猛烈、网络空间安全威胁加大和全球政治经济不平等状况加剧等五大风险，企业在进行整体风险管理和业务连续性规划时，开始将环境挑战作为重要内容。越来越多的企业已经开始付诸行动，例如：

- 根据埃森哲在2021年对联合国全球契约组织（UNGC）①的一项研究，62％的CEO表示，在过去三年中采取可持续性发展行动的压力显著增加；
- 根据碳披露项目（Carbon Disclosure Project，CDP）②的调查，世界最大的200多家公司估计，如果不采取行动，气候变化将使其损失近1万亿美元；
- 根据"基于科学的目标倡议"（Science Based Targets Initiative，SBTi）③的数据，截至2022年5月9日，已有1448家企业签署了1.5℃碳排放承诺。
- 许多企业已在其业务中剥离高碳成分，例如，安联不再为燃煤电厂投保；马士基选择零排放运输船舶（见图1-4）；沃尔玛将二氧化碳从供应链中逐步剔除，等等。

毫无疑问，解决可持续发展问题本身就是一个重大的商业机会。其中，仅仅与环境可持续相关的全球市场，总的商业机会估计就超12万亿美元。这些力量共同为企业创造了一个新的氛围，推动企业在可持续发展上作出根本性的转变。

---

① 联合国全球契约组织是隶属于联合国秘书处的世界上最大的推进企业社会责任和可持续发展的国际组织，拥有来自170个国家的约1万家企业会员和3千多家其他利益相关方会员。这些会员承诺履行以联合国公约为基础的全球契约十项原则并每年报告进展。

② 碳披露项目是一家成立于2000年、总部位于英国的非政府组织，致力于为大型企业提供一个渠道，使其可以通过问卷调查来衡量和披露其温室气体排放及有关气候变化的战略目标。目前，CDP已发展成为碳排放披露方法论和企业流程的经典标准。

③ "基于科学的目标倡议"是一个由来自碳披露项目、联合国全球契约、世界资源研究所等组织的人员组成的全球团队，旨在推动签署1.5℃商业抱负和承诺，推动企业为控制气候变化作出重要贡献。

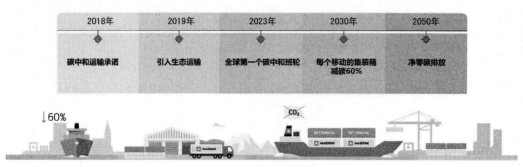

图 1-4 马士基正在向零碳排放的海运目标前进

2. 投资者的要求

如今的投资者和财务经理在进行资本分配时已变得越来越挑剔,开始将可持续发展纳入自己的投资决策中。例如,根据 2019 年《哈佛商业评论》的一项调查,超过一半的全球资产所有者目前正在他们的投资战略中评估或纳入环境、社会和治理(Environmental,Social and Governance,ESG)方面的考虑因素。根据全球可持续投资联盟(Global Sustainable Investment Alliance,GSIA)[①]的统计,2020 年初,全球可持续发展方面的投资已达 35.3 万亿美元,在过去 4 年里增长了 55%。全球最大的资产管理机构黑石集团在 2020 年初宣布,可持续发展成为其新的投资标准。

研究表明,以可持续发展为导向的基金更具韧性。平均来说,10 年前成立的 ESG 基金中有 77% 至今仍存在;相比之下,在同一时期只有 46% 的传统基金幸存下来。而根据埃森哲的一项统计,在 2013 年到 2020 年期间,ESG 表现始终保持较高水平的公司的股东总回报,是 ESG 表现中等的公司的 2.6 倍。

3. 消费者的需求

根据美国纽约大学斯特恩可持续业务中心在 2021 年 3 月发布的"可持续性市场份额指数"报告,研究人员对 2015 年到 2019 年 36 个产品类别共 7.3 万种产品进行了追踪(约占消费品 40% 的消费额,不包括烟草和酒精),打着"可持续发展"标签进行营销的产品的市场份额正在不断扩大,并已达 16.1%。这些产品不仅享有高达 39.5% 的溢价,而且正在继续以比其他传统同类产品更快的速度增长,为整体市场增长贡献了 54.7% 的力量。即便是在新冠病毒感染期间,以可持续性进行营销的产品的增长速度也领先于传统产品。从 2020 年开始,一些领先品牌已经开始在其包装上添加碳标签,如图 1-5 所示。

IBM 的一项研究表明,近 80% 的消费者表示可持续性对自己很重要,60% 的消费者愿意改变自己的购物习惯,以减少对环境的影响,超过 70% 的人会为可持续性和对环境负责的品牌支付 35% 的溢价。

消费者的这些改变正在为可持续替代品创造市场机会。例如,根据美国消费者新闻与商业频道(Consumer News and Business Channel,CNBC)的一项研究,到 2028 年,美国

---

① 全球可持续投资联盟是一家会员制的全球可持续投资组织,旨在推动建立一个可持续投融资的金融系统和投资链。

图 1-5 碳标签已经出现在很多消费品的外包装上

的二手时装市场价值将飙升到 640 亿美元,而快时尚预计达到 400 亿美元。同样,肉类替代品——植物性肉类替代品——预计将在未来 10 年成为一个价值 1400 亿美元的全球产业。

4. 员工的期望

不仅是消费者,企业的员工也开始关心可持续性发展。IBM 的研究表明,64%的千禧一代在决定就职时,会考虑公司对社会和环境的承诺;83%的人会更忠于一家能够帮助自己为社会和环境作出贡献的公司。德勤的研究表明,在选择雇主时,三分之二的员工已将可持续发展作为首要选择标准,四分之三的员工希望其公司更加重视环境和社会问题。例如,美国户外服装制造商巴塔哥尼亚(Patagonia)的员工流失率仅有 4%,而行业平均水平高达 13%。最近的一项分析表明,巴塔哥尼亚的员工特别欣赏公司对自己和可持续发展的关注。公司积极要求员工致力于气候行动,理解环保行动主义,并引入非政府组织的经验,帮助员工了解相关的政治进程。

员工高度满意的企业,往往在 ESG 方面的表现也出色。如图 1-6 所示,根据调研,对于学生和年轻的专业人士来说,最有吸引力的公司往往是那些 ESG 表现更为优异的企业。2019 年全球最具吸引力的雇主的 ESG 分数比全球平均水平高出 25%。

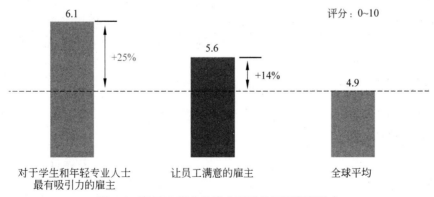

图 1-6 高 ESG 评分的雇主对于员工更有吸引力

5. 法规和立法的要求

除了监管之外，政府还提供激励措施，推动企业业务流程朝着"更加绿色"的方向创新和改进。越来越多的政府不仅在努力解决可持续发展本身的问题，而且还致力于推动政府资金流向那些能够制定和实施创新解决方案的人，并在私营和公共部门为他们创造出新的机会。此外，因私营部门在其中发挥的作用越来越得到政府的认可，政府的监管策略已从20世纪的"命令和控制"转向"市场机制"。

与此同时，监管机构还在不断推动相关立法、税收和其他措施。例如，2022年12月13日，欧盟理事会宣布欧盟碳关税政策从2023年10月1日起试运行。碳关税额的高低由碳关税进口税率、进口品数量、进口品碳排放强度三个因素共同决定。此外，诸如碳税、碳标签等制度，国外早已推出，中国正在积极筹划当中。

1.3 数字化转型推动可持续发展的经济视角和企业视角

伴随着过去30年经济增长对气候带来的负面影响，另一场根本性的经济转型——数字经济逐步走入人们生活之中。这种转型不仅没有加剧气候危机，而且还为进一步的经济和社会进步提供了许多机会，同时将对气候变化的不利影响压缩到最小。实体经济和社会活动向数字平台的迁移通常涉及显著的能源消耗和碳排放的减少。仅这种数字替代效应就可以大幅降低排放强度，并在经济进步和保护地球之间实现"鱼与熊掌兼得"。

如今，越来越多的企业意识到数字化对于可持续发展的重要价值。根据施耐德的一项研究，在碳中和技术上，近九成的企业愿意将数字化用于企业的碳治理，近七成的企业选择通过碳资产管理实现成本优化，这些比例甚至要高于节能（七成）、能源替代（四成）和碳抵消这种被动的方式（近一成）。

在众多的行业中，大型科技公司在减少甚至消除温室气体净排放方面处于领先地位，这并非巧合。其运营和商业模式受益于深入使用数字技术，尤其是随着云计算的到来和普及，这能够将碳排放强度降到最低。首先，云计算可以在全球范围内实时在线提供服务，从根本上消除因实际旅行和交通而导致的高能耗和高排放。此外，云计算的大部分能源和电力需求通过可再生能源来满足，而且比例越来越高。通过使用可再生能源生产的过剩计算能力，或投资于碳捕获和封存，大型科技公司能够作出雄心勃勃的净零承诺。例如，谷歌通过购买高质量的碳抵消品，早在2007年就已实现碳中和，并且在2020年9月对外宣布已消除1998年成立以来留下的碳排放遗产。

1.3.1 数字技术是数字经济和绿色经济的共同底座

回顾历次产业革命，通用技术比任何其他事物都更能代表一个时代的特征，它与人类文明的更迭息息相关。根据解释技术进步与经济增长的技术经济范式理论[①]，通过建立

[①] 技术经济范式理论是演化经济学的经典理论，它以主要发达国家的技术史和经济史为素材，重点探析技术革命在核心国家的演化过程和动力机制。每次技术革命都使得整个生产体系得以现代化更新，从而每50年左右都会使总体效率水平达到一个新的高度。

在通用技术之上的一整套"工具",即"基础设施＋投入要素＋支柱产业＋商业模式和组织模式",技术得以重塑整个社会经济。可见,通用技术和关键基础设施是人们洞察每一轮工业革命的关键。

19世纪初,由蒸汽驱动的印刷机和电报机、丰富的煤炭资源以及国家铁路系统结合起来,形成了驱动社会发展的通用技术平台,引发了第一次工业革命。进入20世纪后,电话、广播、电视、廉价的石油和国家公路系统的内燃机紧密结合,为第二次工业革命创造了基础设施。当前正处于新一轮工业革命之中,数字化重塑了通信、能源和交通系统,改变了信息交通方式、能源利用方式和交通运输方式,大幅提升了生产效率和交易效率,改变了社会的时空观念、商业模式和治理模式,驱动经济社会进入可持续发展的新经济时代。

今天,数字技术既是数字经济的底座,也是绿色经济的底座。一方面,数字技术使得绿色可持续发展成为可能。另一方面,绿色化也是数字技术的目标和方向。里夫金在《零碳社会》①中旗帜鲜明地指出,当今世界,把握数字技术革命是绿色经济得以实现的唯一正途,也是最高效的途径。而构建和发展数字技术革命基础设施的根本目标,正是要实现集约、绿色、高质量和韧性。

同时,里夫金认为,每一种伟大的经济范式都要具备三个要素——通信媒介、能源、运输机制。每个要素都与其他要素互动,三者成为一个整体。如果没有通信,人们就无法管理经济活动;没有能源,人们就不能生成信息或传输动力;没有物流和运输,人们就不能在整个价值链中进行经济活动。总之,这三种操作系统共同构成了人类社会发展的关键基础设施,如图1-7所示。

（a）三次工业革命的基础

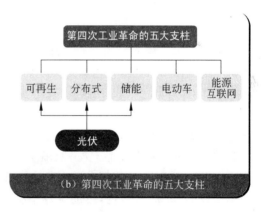
（b）第四次工业革命的五大支柱

来源：杰里米·里夫金《第三次工业革命》

图1-7 通用技术平台与全社会技术基础设施

数字技术重构了通信基础设施,为可持续发展的衡量和管理带来了技术基础。从本质上讲,可持续发展是一种资源管理战略,意将自然资源纳入管理范围,暗含着突破个体边界,建立系统性资源循环网络的要求。物联网、云计算、大数据等数字技术的成熟,使得人类处理数据的能力大幅提升,管理资源的范围从有形和无形资产扩展到自然资源范围,

---

① 《零碳社会》是全球著名思想家与经济学家杰里米·里夫金的代表作之一。里夫金的代表作还有《第三次工业革命》《零边际成本社会》等。

管理边界从企业内部扩展至商业网络。数字技术使可持续发展内涵下的网络化、系统性的全面资源管理成为可能。在数据透明之下,包含社会和环境效益在内的经济衡量方式成为现实,企业得以综合衡量运营和环境效益,在充满不确定性的世界中作出正确合理的决策,社会得以朝着可持续发展的方向演进。如图1-8所示,在"连接密度×计算精度×碳减排力度"公式下,数字经济活力得到了充分的发挥。不同大小的正方体代表了具有不同活力的数字经济。

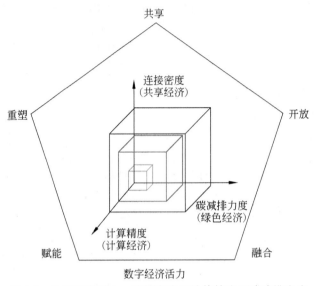

图1-8　数字经济活力＝连接密度×计算精度×碳减排力度

　　数字技术重构能源和交通基础设施,为物理世界的可持续发展提供了绿色能源和运输机制。能源革命的变化趋势是从碳基能到硅基能,再到比特能。其中,代表碳基能的化石类实体能源以电力的形态通过蒸汽机、内燃机、电动机,让它们发挥物理连接的作用,把铁路、公路、海洋和天空所连接的两点之间的距离拉近,造成了物理空间折叠。代表硅基能的芯片则是算力的能量来源,比特能意味着数据是虚拟世界的核心驱动力。在此之前,尽管数字技术也带来了生产效率的提高和边际成本的下降,但基于碳基础设施的升级,生产力已经达到极限,几乎没有潜力可挖。新的研究表明,随着向全面数字经济和第四次工业革命转型,未来20年内,总能源效率有望提高60%。这无疑大幅提高了生产力,同时驱动经济社会转型为低碳社会和高度弹性的循环经济。

　　数字经济的本质是绿色经济、计算经济和共享经济三态叠加的一种新型经济范式。具体来说,在能源革命的驱动下,人类社会将进入资源配置越来越优化的新阶段,由此诞生可循环利用和供需双方高效精准匹配的绿色经济模式。同时,信息革命将使得数据、算力和算法叠加在一起,实现商业组织运营的精准决策,经济形态由过去的粗放型走向集约型,催生出计算经济。在能源革命和信息革命的双重加持下,人类社会终将走向可持续发展的共享模式,实现成本降低、配置优化、效率提升和共同发展。

1.3.2 具备指数级创新的数字技术解决了可持续发展的难题

今天人们面对的可持续发展的一系列挑战,已非传统技术可应对,终须通过强有力的创新技术,特别是具备指数级创新能力的数字技术,才能真正得到解决。

例如,加大工业生产能力通常需要更多的能源,并增加碳排放。然而通过更明智的生产计划和使用更节能的技术,可以带来创新,从而扭转这一规律。从1990年到2016年,欧盟能源终端消耗部门的能源效率一共提高了30%,年平均增长率为1.4%。但是,从2005年以来,这些行业的能源效率改善速度出现放缓:改善率仅为1.2%/年,而之前的15年为2.2%/年。这说明传统的降低能耗的方法已经逐渐走向天花板,需要新的技术发挥作用。

在数字化时代,数据是企业推动业务实践的能力基础。数据为企业带来了更高的透明度和洞察力,可帮助消费者、企业、投资方和政府改变其购买、生产、销售、运输、消费和治理的模式。由于可持续性在时间、空间、地域和参与者等方面涉足极广,因此通过获得更多的关于可持续性的结构化和非结构化的数据(通常是实时的),注入业务流程和决策中,企业可以获得前所未有的洞察水平,从而推动转型和创新。

具备指数级创新的技术——人工智能(Artificial Intelligence,AI)、5G、物联网(Internet of Things,IoT)、云、区块链和其他技术,通过以下三种方式推动可持续发展。

- 利用数据揭示新的洞察,并为当前存在问题提供新的解决方案。
- 帮助改变商业实践,推动"可持续企业"(Sustainable Enterprise)的出现。
- 支持公共、私人和非营利组织之间的合作提升到新水平,为环境需求打造新的治理模式。

1. 更多数据,更多洞察

数据是业务的推手。以循环经济为例,它代表价值的创造方式从传统的单向方式,转为在连续的循环中重用的方式,数据是整个循环经济中最重要的推动力量。例如,几家大型汽车公司创建了国际材料数据系统(International Material Data System,IMDS),这个全球数据的存储中心包含了有关该行业的所用材料信息,以促进报废车辆及其材料的回收利用;B2B在线平台,多余材料交易所(Excess Material Exchange,EME),通过将世界上多余的材料和产品与其最高价值用途相匹配,以释放其最大潜力。许多资源常因为人们不知道它们有什么价值而流失。EME使用"资源护照",并使用快速响应(Quick Response,QR)代码和芯片跟踪材料,支持材料与用途之间的匹配。又例如欧洲数据库"城市矿山平台"(Urban Mine Platform)保存了投放到市场的高科技产品(如汽车、电子产品、电池)的数量、成分以及每年产生的废物流量,从中可以获得有价值的材料信息,以改善产品的材料追溯性,提高从二次原材料中恢复和保留有用材料的能力。

这些例子均强调了一个与环境挑战相关的重要特点:因为缺少能够将环境资源的全部成本以及对环境的损害进行记录和量化的信息,所以这些成本和损害目前并未反映在企业对产品和服务支付的价格中。对此,经济学家将环境成本用"外部性"(externality)来形容。通过大数据和高级分析技术衡量与不同类型的经济活动相关的环境成本,并使用物联网和人工智能等技术,将这些成本整合到企业中,使"内部化"(internalize)成为可能。

这样，这些成本就可以实时地被纳入经济运行的决策中，成为企业内部运营和企业之间交易的一部分，即以一种新的方式解决了这一挑战。

从商业角度来说，这意味着人们可以将环境挑战转化为市场机遇。例如，塑料银行（Plastic Bank）使用数字技术揭示塑料垃圾的价值。反过来，突出这种潜在的"损失"价值，可以激励资源回收系统，终止塑料废弃物流向海洋，让企业重新将其应用于新的产品。具体的实现手段是使用区块链技术跟踪回收塑料从收集、记贷、补偿一直到交付给企业进行重复利用的整个过程，让原本的塑料垃圾以"社会塑料"（social plastic）的名义获得新生。它还可以使用区块链技术中的代币奖励系统，将塑料废弃物货币化，并在微观层面记录交易过程。这些微观层面交易整合起来便形成了废物搜集者可以用来盈利的信用，最终帮助贫穷国家的公民参与塑料回收，在清理海洋的同时摆脱贫困。从这个意义上讲，塑料银行是真正意义上的社会企业。

这些数字技术，尤其是那些以前所未有的细小颗粒度实时捕获数据的能力，提供了对物理环境变化在新层次上的洞察力。例如，许多城市使用传感器技术实时监控空气污染水平。通过将污染数据与天气、交通数据相结合并分析，可以找出根本原因，然后采取措施加以纠正。同样，传感器可以检测出公用事业基础设施和网络的泄漏等异常情况并加以修复。简言之，数字技术以及所带来的数据可用性的改善，从根本上改变了人们对更广泛的环境目标的理解和改造能力。如图1-9所示，以环境可持续性为例，将数据和指数级数字创新技术相结合可以产生洞察，应用于活动、流程和决策制定中，并创造出巨大的机会。

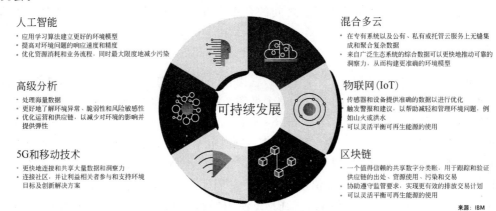

图1-9　指数级创新技术和环境可持续性

要将可持续发展打造成一种竞争优势，需要从一开始就整合技术和数据，将其作为主要的推动力。波士顿咨询认为，对于大约8万人的组织，通过流程优化、碳数据透明、循环产品或服务设计以及可持续商业模式的结合，可以将碳排放减少45%～70%，如图1-10所示。与此同时，这些举措也可以节省大量成本。例如，一家领先的欧洲矿产公司使用数字化能源控制塔，配备云数据平台、人工智能和高级分析，为综合能源管理解决方案创建端到端模型，最终实现了5%～10%的能耗降低，并有望每年节省800万到900万欧元的成本。在石化、汽车、消费品、制药等行业，类似的成熟案例已屡见不鲜。

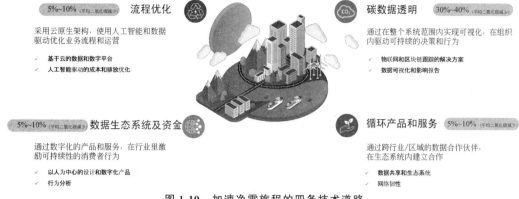

图 1-10 加速净零旅程的四条技术道路

2. 可持续的企业

将数据和洞察力应用于可持续性需求的指数级技术,也在重塑公司运营和商业模式的本质。所有的企业都有相似的可持续发展目标,希望以最佳的状态运行,都想提供最好的产品和服务,提供最好的员工体验和客户体验,想要管理支出、高效运行、自信地作出决策和创新。所有的这些都可以与可持续性整合起来,无缝运行。

可持续性企业,包括以下三个建设层次:
- 可持续的业务平台;
- 可持续的、智能的端到端业务流程;
- 企业体验、人性化与对可持续的承诺。

建设可持续性企业的前提是构建一个业务平台。该平台具有三个特点:一是能够提供数字化应用的集成基础;二是能够连接生态系统中的其他解决方案并进行扩展;三是具备数据管理和人工智能的能力。在可持续的企业中,这样的一个业务平台扮演了重要的角色。

例如,德国农机企业 CLAAS,创建了一个智慧农业数字化生态系统 365Farmnet。如图 1-11 所示,该平台可以将农业生产过程中涉及的不同供应商(如农机生产商、种子供应商)以及所需相关信息的提供商(如天气预防、灾害预测等)连接到一个平台上,从而帮助农场主实现精准农业。

可持续性企业建设的下一个层次是可持续的、智能的端到端业务流程。企业总是在不断地寻找低成本的运行方法。通过引入指数级的数字化技术,在端到端的业务流程上实现智能,可以带来更加高效的自动化水平,从而取代过去孤立的、效率低下的业务流程。这不仅为提高企业整体销量提供了前所未有的机会,同时也与可持续发展的目标保持一致。

可持续性企业建设的第三个层次与体验和承诺有关。公司的客户、员工、合作伙伴、投资方越来越期待满意的体验,他们比以往任何时候都更加了解企业的可持续性记录,可以使用社交媒体作为放大平台,直言不讳。这既带来了机遇,也带来了风险。

例如,在时尚行业,企业正在使用人工智能改善客户体验,减少对环境的影响,并提升品牌形象。随着人们越来越多地在网上购买衣服,由于无法提前试穿,因此会导致高达

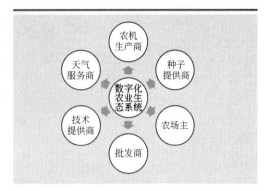

图1-11　德国农机企业CLAAS的智慧农业数字化生态系统

40%的退货率。这既昂贵，又会产生大量额外的运输和二氧化碳排放。通过人工智能帮助客户购买适合其物理尺寸和首选样式的商品，可以显著降低退货率。

3. 推动新的治理模式

在过去的四十年里，可持续发展一直都是政府的议程。政府通过制定标准、进行监管、开展执法和采取激励措施，推动可持续发展领域的进步。但是可持续发展涉及的广度、深度和迫切性，让各国政府面临越来越大的挑战，需要集中必要的资源和政治毅力解决仍然存在的差距和满足需求。现在是时候建立一种新的模式，不那么完全依赖政府引领潮流了。

为了推动可持续发展，需要一系列的经济活动和重大的转型，所有的经济参与者——公共部门、私营部门和非营利组织，都必须合作，充分利用当今的数据和技术，以比以往更大的规模进行分析和分享。这种透明度不仅有助于达成共识，而且允许在更广泛的、多方参与的治理体系中相互问责。

数字技术使许多基于市场的机制成为可能，这些机制反过来又推动了变革和创新。特别是，它们可以支持激励机制，其规模和速度是传统的监管和政府干预手段无法实现的。

数字技术不仅对监测、验证和报告至关重要，而且其旗下的区块链等新兴技术使共享数据和交易管理变得更加容易，从而支持更有效的气候和环境管理。正如世界银行的一份报告指出的那样，"区块链、大数据、物联网、智能合约和其他颠覆性技术有望满足2020年后新一代气候市场的需求"。

在解决与多个司法管辖区相关的市场复杂性时，这一点显得尤其重要。每个司法管辖区都制定了各种应对机制，如气候变化。例如，目前全球大约有40多个国家和20多个城市使用碳定价机制，如排放交易计划或碳税。越来越多的人支持在公共、私营和非政府部门使用这种机制。2022年2月3日，欧洲碳排放期货价格涨至94.94欧元/吨。碳排放交易价格的不断上涨，将直接提高企业使用化石能源的成本，促进清洁能源的发展。

当然，这种规模的改变从来都不是一件容易的事情。环境与经济活动之间的相互作用构成了一个复杂的动态系统，包含了多种直接和间接的关系。一般来说，复杂系统中的个体行为会产生预期和意外的后果。系统某部分的这些后果对系统的其他部分有影响，这反过来又可能导致系统反馈循环。这种复杂的相互作用可能会造成不确定性,分不清哪些因素会产生哪些结果,还使得如何最好地进行干预以实现预期结果变得具有挑战性。

幸运的是,对复杂系统的研究表明改善信息流是有帮助的,特别是扩大了信息的获取范围时,作用更为明显。数字技术提供了比以往更详细的信息,并且能够构建比以往更好的模型和模拟,从而加深了人们对复杂系统中正在发生的事情的理解。这可以帮助经济行为者驾驭快速变化的格局,实现经济和环境目标之间的更大一致性。

在影响这些复杂系统的行为以利于环境时,有两个更加重要的挑战:一是为期望的变革创造正确的激励措施;二是授权增加参与者,以调整和发展系统结构。人工智能支持的洞察可以指导人们制定更有针对性的政策和干预措施,也有助于吸引和激励相关利益者采取行动。

商业模式转型与新的环境治理结构相结合,有可能带来环境可持续性所需的社会转型。数字技术可以重塑可能性,激发新的创新,并有助于实现有效的工作方式。在可持续发展多年停滞不前之后,数字技术的发展引出了实质性的变化。

1.4 数字化转型驱动可持续发展的新时代已经来临

数字技术与可持续发展是一枚硬币的两个面。近年来,可持续发展停滞不前有很多原因,包括系统的惯性、政策、优先级和选择、技术等。数字化转型为解决这些问题提供了金钥匙,通过数字化转型驱动可持续发展的新时代已经来临。

1.4.1 发达国家:"数字化+绿色化"的孪生转型政策

全球金融危机以来,西方国家重新认识到实体经济的重要性,纷纷制定政策扶持新兴产业发展。此次新冠病毒感染大流行,更加激发西方国家或经济体积极发挥有为政府的作用,引导疫后经济的可持续复苏。在此背景下,已经倡导十多年的绿色新政重新上路,与数字化、智能化融合,被赋予新的内涵与使命。主要工业化国家或经济体纷纷制定战略,引导经济数字化转型与绿色转型协同发展,即"孪生转型",进而实现经济绿色复苏。可以说,新的绿色可持续发展革命的核心理念就是推动经济体系与以化石燃料为基础的第二次工业革命迅速脱钩,再与新兴的第三次工业革命基础设施重新整合,引导经济实现绿色化、数字化转型发展。

1. 欧盟的绿色新政

长期以来,绿色转型和数字化转型一直是分开推进的。以欧盟为代表的发达国家,首先意识到将两者结合起来的优势,推动能源、农业、食品、建筑、出行等领域里的"孪生转型",如图1-12所示。

2019年,欧盟委员会主席冯德莱恩推动达成《欧洲绿色协议》——该协议也被形象地称为"绿色新政",提出要把欧洲建成世界上第一个实现净零中和的大陆。这是对欧洲气候变化计划(European Climate Change Programme,ECCP)和气候与能源计划(Climate and Energy Package,CARE)等系列政策的更新,旨在将欧盟转变为一个公平、繁荣的社会,以及富有竞争力的资源节约型现代化经济体。

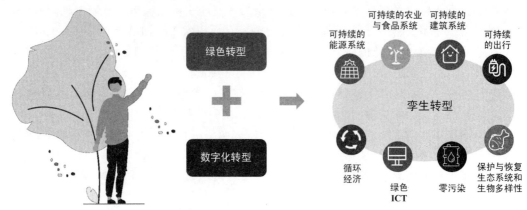

图 1-12　欧洲明确提出孪生转型,推动数字化与绿色化同频共振

冯德莱恩强调,"没有数字技术就没有绿色协议"。这个几乎涵盖了所有经济领域的欧洲未来几十年最为重要的经济政策,非常彻底地贯彻了"孪生转型"理念,强调使用人工智能、5G、云计算与边缘计算,以及物联网等数字技术,尽快在欧盟应对气候变化和环境保护的政策中发挥重要作用。它将工业战略与新的循环经济行动计划相结合,以应对绿色低碳发展和数字化转型的双重挑战,并提升其全球竞争力和战略自主性。如表 1-1 所示,在随后的 2021—2027 年的长期规划中,预计总投资超 1.8 万亿欧元,其中至少 30% 的预算用于绿色新政的落地,而在数字领域里的投资则贯穿了所有的主要项目,至少 20% 的预算用于数字化转型。

表 1-1　欧盟绿色新政的主要内容

发展目标		具体措施
绿色转型	气候中和	大力发展清洁钢技术,并利用钢铁、水泥等不影响气候的循环产品创造新的市场
		解决建筑可持续性问题,提高建筑物的能源效率和环境性能
		支持发展低碳化发电技术
	建设循环经济	大力发展智能交通,推出必要的包括政府采购在内的激励措施,确保欧盟汽车工业的全球领先地位
		显著减少废弃物;提出使用欧盟的废弃物分类和回收模式;停止向欧盟以外的国家和地区出口废弃物
		确保原材料供应的可持续性,重点发展清洁氢、燃料电池和其他替代燃料及储能技术,以及碳捕集、封存和利用技术
		引导消费者在循环经济中发挥更积极的作用
		通过政府采购支持环境友好型的商品、服务和工程
投融资转型		制定《可持续金融新战略》,引导投资者进行可持续投资

续表

发展目标		具体措施
数字化转型	数字化单一市场	通过《单一市场执法行动计划》，维护数字化单一市场
		支持初创企业，帮助构建平台经济
		确保知识产权政策有助于维护和加强欧洲的技术主权，促进全球公平竞争
	产业创新	支持发展对欧洲工业具有战略重要性的关键技术，包括微电子、区块链、量子技术、机器人技术、工业生物技术、纳米技术、制药、先进材料等
	培训和再培训	推广终身学习，把培训和培训重点放在欧洲具有高增长潜力或正在经历重大变革的行业

《欧洲绿色协议》旨在实现三大远景目标：一是让欧洲工业具备全球竞争力和全球领先地位；二是 2050 年实现净零中和；三是打造欧洲数字化的未来。为落实三大目标，欧洲还提出三大策略和多项行动计划，强调要充分发挥欧洲"单一"市场的影响力、规模化和一体化，打造出具有欧洲价值和原则特性的高质量标准，创造开放、公平的全球竞争环境，融入产业创新精神，加强合作伙伴关系治理。

2. 欧盟的绿色新政代表人类进入"碳中和 2.0"的新时代

实际上，欧盟一直在倡导可持续发展，尤其是在气候行动和循环经济这两个领域里执牛耳，是全世界学习和借鉴的源头。

1997 年的《京都议定书》对发达国家提出了温室气体减排的强制要求，目标是将 2008—2010 年工业化国家温室气体排放总量在 1990 年的基础上平均减少 5.2%。对应的减排指标为：欧盟削减 8%、美国削减 7%、日本削减 6%、加拿大削减 6%等。2003 年，美国率先在芝加哥建立芝加哥气候交易所，这是北美地区唯一的自愿减排交易平台，也是世界首个将 6 种温室气体的注册和交易体系包括在内的交易平台。然而由于美国气候政策的不稳定性（例如曾一度退出《京都议定书》），并且缺少具有强制力的会员自愿承诺减排机制，芝加哥气候交易所于 2010 年关闭。同样是面对最高的减排指标，欧盟作出了积极响应，于 2005 年建立了碳排放交易市场，这也是迄今为止建立最早、规模最大、覆盖最广的碳市场。

这一时期是"碳中和 1.0"时期。这时的减排思路是"源头控制"，减排对象主要集中在以高能耗、高排放为特征的大型企业的碳排放。这种思路与当时信息化的发展阶段完全匹配。动用欧盟的行政力量，对上万家高排放企业进行总量监控，使用信息化的手段完全可以胜任。事实上，"碳中和 1.0"取得了一定的成效。1990—2018 年，欧洲温室气体减排 23%，GDP 增长 61%，率先实现经济增长和碳排放脱钩。

然而，这还不够。根据 2019 年 12 月 4 日欧洲环境署发布的《欧洲环境状况与展望 2020 报告》，按照欧洲目前的行动进展，到 2050 年只能减少 60% 的温室气体排放，在生物多元化、资源利用、气候和环境健康等领域仍面临着风险和不确定性。

欧洲原来提出的 2020 年、2030 年减碳目标的主要驱动因素是提高能效和发展可再生能源，主要考虑能源领域的目标自洽。但事实证明，仅基于提升能效和发展可再生能源控制温室气体排放的动力不足。进一步的研究和实践表明，这种仅仅从以能源为代表的排放源头进行控制的方法,无法达到人类社会既定的气候控制目标。社会和经济的运行是一个"供需平衡"的一体化系统,碳排放是整个系统运行的"副产品"。不能仅从"供应侧"进行减碳改造,而忽视"需求侧"的控制和优化。只有在全社会形成循环经济,对每一件产品形成"减量化、再利用、再循环"的模式,从需求和生产的源头进行一体化优化和控制,才能减少剩下的 40% 排放量,达到控制地球温度的目标。

为此,2019 年发布的《欧洲绿色协议》大量引入循环经济的理念,专门包含《循环经济行动计划》,特别关注资源密集型行业(如建筑、电子产品和塑料等)、能源密集型工业(如化工、钢铁和水泥等)的循环产品,动员法律、财税、政策、市场等保障手段,以期实现欧洲全面战略转型。显然,循环经济的背后,是对全社会每一件产品,从优化产品设计开始,一直到生产、销售、使用、回收、再利用的全生命周期管理,代表了"碳中和 2.0"时代的开启,如图 1-13 所示。与"源头控制"相比,采用循环经济理念进行减排的方法属于"过程控制",管理颗粒度大幅细化,其背后的数据量和"碳中和 1.0"时期相比,增长了上万倍。如果没有足够强大的技术能力作为支撑,这无疑只是一个梦想。而数字技术恰巧就在这一时期出现了爆发式增长,人工智能、大数据、物联网、5G 等新技术不断出现和成熟,为减排带来了颠覆式的创新可能。

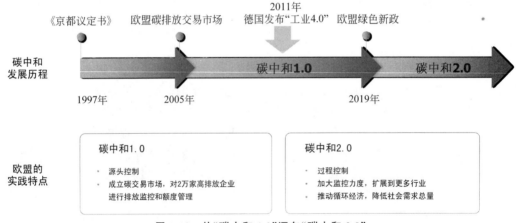

图 1-13 从"碳中和 1.0"迈向"碳中和 2.0"

2011 年,德国政府率先发布代表第四次工业革命的"工业 4.0"。它的核心,就是通过物联网实现广泛的互联,进而对工业大数据进行实时的智能化处理和分析,从而极大提高生产效率、产品质量。工业 4.0 技术的出现,让企业和社会对于碳排放数据处理的能力,无论是数量、精度还是空间,有了极大的飞跃,从而为欧盟进一步减排提供技术支撑。在时间节点的衔接上,工业 4.0 和绿色新政构成了一对完美的组合。

正是有了这些技术手段的支持,欧盟委员会将 2030 年欧盟减排目标从原有的在 1990 年水平上至少减排 40% 提高到 50%,并努力提高到 55%,到 2050 年实现气候中和。

3. 美国的绿色转型行动

美国也采取了和欧盟类似版本的绿色新政。2021 年,拜登宣布《美国就业计划》,投资总金额高达2.25万亿美元。这是美国面向未来8年的基建和经济复苏计划,旨在建立未来产业,振兴美国制造业,并创造高薪工作,同时保护一些社区免受环境污染的困扰。

具体到绿色转型方面,美国将重点发展低碳建筑、推广电动汽车、发展低碳农业、保护自然资源、重振电力基础设施等。其中涉及新能源的直接投资约3270亿美元,包括电动汽车(1740亿美元)、联邦政府采购清洁能源(460亿美元)及重点支持农村制造业和清洁能源(520亿美元)、解决气候危机的相关技术突破(550亿美元)。该计划提出,到2035年力争使美国实现100%的零碳电力。为了实现上述目标,美国将建设高速宽带网络,促进互联网供应商公平竞争,降低资费,提高使用率;加强研发,跟踪未来技术;设立区域创新中心和社区振兴基金,创建全国性的小型企业孵化器和创新中心网络等。

1.4.2 中国:打造绿色、智能、数字化的新型基础设施

在世界各国推动孪生转型的政策体系中,打造绿色、智能、数字化的新型基础设施成为政策的落脚点和核心抓手。各国的新基建通常是指建立在数字技术底座之上的三大社会基础系统的升级。如图1-14所示,以中国为例,目前中国社会正处于从工业经济向数字经济过渡升级的重要阶段,新型基础设施包含5G基站、特高压、城际高速铁路和城市轨道交通、新能源汽车充电桩、大数据中心、人工智能和工业互联网等内容,正是利用数字技术对通信网、交通网和能源网三大系统的重塑,驱动面向可持续发展目标的新一轮经济转型。

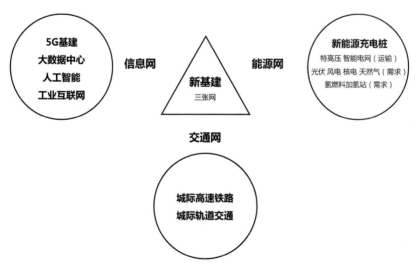

图1-14 新基建由信息网、能源网和交通网三张网构成

过去,以工业文明为代表的粗放式经济发展模式建立在以铁路、公路、机场等为代表的传统基建之上,是自上而下的静态实时路径。而未来以生态文明为代表的可持续高质量发展模式则需要新基建,是自下而上的动态竞争逻辑。新基建的意义不仅在于数字技术对传统基建的重新定义,更在于数字技术对传统产业数字化、智能化、网络化转型的推动和赋能,其本质目的在于为数字经济提供创新发展的种子和动能。新基建政策的提出,正是结合新一轮科技革命和产业变革特征,面向国家战略需求,为经济社会的创新、协调、

绿色、开放、共享发展提供底层支撑的具有乘数效应的战略性、网络型基础设施。

新基建打通有效要素链接，深度互联信息、能源、交通三大系统。过去，生产要素主要在"路"上流动。未来，生产要素主要在"网"上流动，即信息网、交通网和能源网。在新基建的 7 大领域中，5G 成为数据流动通道，特高压成为能源配置通道，城际高铁和轨道交通成为人员流动通道，工业互联网成为生产要素通道，大数据中心成为数据处理底座，人工智能普惠综合智能应用，新能源充电桩解决公共服务、设施服务短板，为交通网赋能，如表 1-2 所示。不难看出，新基建都是围绕数据流动的自动化发生交集关系，是数据作为生产要素的应用场景和物质基础。

表 1-2　新基建的连接价值

重 点 领 域	在链中发挥的作用
5G	数据流动通道
特高压	能源配置通道
城际高铁和轨道交通	人员流动通道
工业互联网	生产要素通道
大数据中心	数据处理底座
人工智能	综合智能应用
新能源汽车充电桩	解决公共服务、设施服务短板

新基建创新产业能力底座，实现绿色智能融合。以云计算、物联网、人工智能、数字孪生等为代表的智能技术群落，在不断融合、叠加和迭代升级中，为未来经济发展提供高经济性、高可用性、高可靠性、绿色的新一代基础设施能力底座。新能力底座推动人类社会进入一个全面感知、可靠传输、智能处理、精准决策、绿色可持续的万物智联时代，必将提高社会治理能力、经济运行效率。

事实上，不仅是中国，世界各国在进入 21 世纪的第二个十年之初，都纷纷发布了绿色基建规划，成为推动全球碳中和的重要基础和屏障，如表 1-3 所示。

表 1-3　全球各国相继出台的绿色基建规划

国家/国际组织	主要规划/立法文件	出台时间	主 要 内 容
中国	国务院《关于加快建立健全全绿色低碳循环发展经济体系的指导意见》	2021 年 2 月	2025 年，产业结构、能源结构、运输结构明显优化，绿色设施绿色化水平不断提高，清洁生产水平持续提高，生产生活方式绿色转型成效显著，碳排放强度明显降低，生态环境持续改善。到 2035 年，绿色发展内生动力显著增强，绿色产业规模迈上新台阶，重点行业、重点产品能源资源利用效率达到国际先进水平
美国	拜登总统《清洁能源革命和环境正义计划》	2021 年 1 月	拟在未来 10 年投入 4000 亿美元用于能源、气候研究及清洁能源基础设施建设。加快电动车推广，拟在 2030 年年底部署超过 50 万个新的公共充电网点

续表

国家/国际组织	主要规划/立法文件	出台时间	主要内容
加拿大	特鲁多总理《健康的环境和健康的经济》	2020年12月	计划在2020年秋季加拿大基础设施银行宣布的60亿加元增长计划的基础上,新增150亿加元新投资,包括64个新项目;在3年内投资15亿加元用于绿色社区建筑(15亿),改善房屋能源效率(26亿),零排放汽车奖励计划(追加2.87亿)等
日本	菅义伟首相新闻发布会讲话	2020年10月	设立2万亿日元基金在10年内投资低成本大规模制氢技术、氢动力飞机及货船、低成本储能电池等绿色投资。鼓励私营部门投资,刺激240万亿日元的现金和存款流入,并从世界范围吸引环保领域投资
韩国	文在寅总统《绿色新协议》项目	2020年10月	投资8万亿韩元以实现2050年碳中和目标,包括投资2.4万亿韩元以生态友好型设施对公租房和旧建筑进行环保改造;投资4.3万亿韩元增加加氢站和电车快充桩,扩大电动和氢燃料汽车供给至11.6万辆
欧盟	《欧盟绿色协议投资计划》	2020年10月	在未来10年内筹集至少1万亿欧元用于可持续领域投资,资金将用于住房节能改造、电车充电桩网络等各种规模项目
英国	《绿色产业革命的十项计划》	2020年11月	计划在清洁能源、建筑、交通、自然和创新技术等领域注入120亿英镑的政府投资,在英国创造和支持多达25万个高技能的绿色工作岗位,并在2030年前吸引撬动三倍的私营部门投资
法国	《法国重启计划》	2020年9月	投资300亿欧元于建筑能源改造、绿色氢能源、交通、农业转型领域的环保项目。经济复苏计划资金的40%由欧盟复苏计划基金提供
德国	《2020年德国经济刺激计划》	2020年7月	德国复苏计划中约460亿美元用于可持续发展性投资。包括提高电动汽车补助,投资25亿欧元建设充电基础设施,提供10亿欧元资金促进汽车制造商前瞻性投资。对德国铁路公司注资50亿欧元用于弥补损失和现代化电气化改造

新基建打造新的内需场景,牵引产业升级。新基建与新产业、新业态、新商业模式以及新产品新服务联系紧密,丰富工业、农业、交通、能源等垂直行业应用。随着新基建的加速,应用场景会越来越多,应用价值会越来越高。从消费互联网到工业互联网、智慧城市互联网,到能源互联网;从产业数字化到生活数字化、社会治理数字化;从企业可持续发展到商业网络可持续,到社会经济整体可持续,可以说无处不在、无所不能。

1.4.3 企业的选择:建设孪生转型企业,加速可持续发展转型进程

根据埃森哲在2020年11月对4000多家企业所做的一项研究,新冠病毒感染爆发后,企业普遍经历了"虚弱期""韧性期""反弹期"等三个发展阶段。如图1-15所示,每个阶段时长大约6个月,分化出胜利的企业(收入增加)和失败的企业(收入减少)。在取得

胜利的企业中,一个明显的趋势是将可持续发展与数字化相结合已经成为主流。

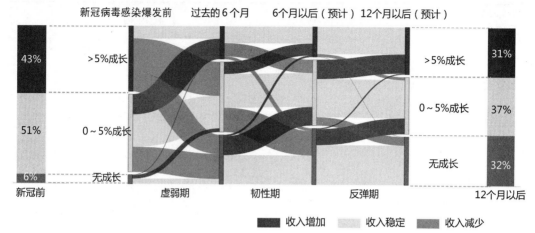

图 1-15 企业在新冠病毒感染中的分化表现

在数字化和可持续性的交叉点上,越来越多的企业发现了新的价值。对于能够将两者同时加以利用的企业——我们称之为"孪生转型企业"(twin transformer)来说,成为明天表现最强劲的企业的可能性是其他企业的 2.5 倍。

几乎在同一时期,SAP 也对不同数字化成熟度的企业的可持续发展绩效进行了对比关联分析。如图 1-16 所示,调查数据显示出明显的正向关联性。数字化程度高的企业,不仅在现金循环周期、库存周转天数、采购成本等经济效益指标上保持领先,在可持续发展领域,如单位营收碳排放占比降速、ESG 得分提速和年度碳排放平均降速等方面,都展示出更好的表现。同样,由埃森哲提出的协同转型企业也表现出同样的趋势。

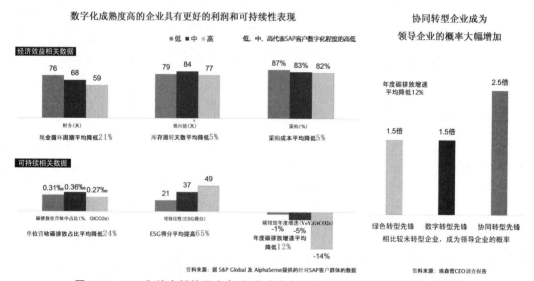

图 1-16 SAP 和埃森哲的研究表明,数字化与可持续发展之间存在正向关联性

显然,无论是埃森哲的调研还是 SAP 的数据,都反映出数字化和可持续发展之间的正向相关性,从而为建设孪生转型企业、加速转型进程作出很好的注解。

1.4.4 孪生转型下的可持续数字化转型

孪生转型推动了数字化转型本身的可持续性的问题。可持续的数字化转型是以持久、绿色和有机的方式将经济数字化的过程。可持续数字化包括

- 可持续的 B2B 数字化；
- 绿色技术和循环经济；
- 支持创新的政策和监管框架。

可持续数字化的对立面是不可持续的"短期"数字化。例如，因疫情而购买 Zoom 或钉钉只是一种将非数字公司转变为其他公司数字产品的最低技能终端用户的做法。这种短期的做法不会帮助该企业成为数字化领跑者。企业需要采取更加长远的战略，实现可持续的数字化转型。

可持续的 B2B 数字化始于传统企业与 ICT 企业接洽以获取专业软件解决方案，以将其商业模式从模拟转向数字化。这个过程需要时间。但最终，传统企业掌握了数字化技能，彻底重构了自己的运营，也成为数字化创新者。

此外，现有的实体供应链必须变得更加循环。循环经济的主要要素之一就是产品的可修复性(repairability)。为什么循环经济没有能够流行起来呢？事实证明，并非所有产品都可以合法维修(legally repaired)。事实上，维修主要是由充满活力的中小企业完成的。其只有在能够访问执行维修所需数据的情况下才能提供硬件维修服务。不仅是硬件，可修复性同样与软件的开放性有关。开源软件允许精通技术的专家免费访问和改进，通过强调共同利益从而完成修复。开放硬件也是如此。如果电子设备被第三方软件解锁，企业就可以开发出更好的应用程序来运行它们。同理，互操作性其实也是可修复性的另一个方面。总之，今天企业的数字化转型，已经从 2010—2020 年聚焦产品和服务，转向聚焦可持续发展，带来一系列新的机遇。

1.5 案例分析：德国德乐公司通过碳足迹管理，提供低碳健康的绿色食品配料

1.5.1 德乐公司介绍

德乐(DÖHLER)公司是天然配料、配料系统和配料一体化解决方案的全球领先制造商、营销商和供应商，其一体化方法和配料产品组合是饮料创新和安全应用的基础。图 1-17 展示了德乐公司的一些产品应用实例。

德乐公司最初是一家香料厂，起源于 1838 年德国埃尔福特的一家调料磨坊。经过 180 多年的发展，现已成为德国饮料行业最大的供应商以及全球果汁、主剂加工和销售的顶尖企业，涵盖天然香精、天然色素、保健和营养配料、豆类和谷物配料、奶制品和植物类配料、发酵配料、干果和干菜配料、水果和蔬菜配料等 2 万多种产品，客户遍及 130 余个国家，与百事、可口可乐、雀巢、达能、英博、联合利华等全球众多知名饮料及食品企业建立了长期的合作伙伴关系。

图 1-17　德乐公司将自然和健康的理念融入产品中

德乐公司不仅为客户提供配料产品,还为客户提供配料系统及配料一体化解决方案。其配料系统可为客户简化流程并节省研发和生产费用。德乐还提供行业和市场专门技术,为客户提供从创新的产品方案直至在增值链各个阶段提供综合全面的服务的一体化解决方案。德乐集团一共拥有50多种创新技术和120多种产品解决方案。

1.5.2　德乐面临的碳减排挑战

作为一家已经有180多年历史的企业,德乐毫无疑问擅长抵御商业风暴。但是,它是否能够在疫情、气候变化和其他全球灾难中继续存活? 它生存的秘诀就是技术驱动的心态。事实上,伴随着人口数量的持续上升和人均耕地面积的持续下降,可持续发展已经成为德乐必须关注的重要话题,而碳排放毫无疑问是其中的核心,如图1-18所示。

德乐为全球客户提供的产品范围十分广泛,从酒精饮料到非酒精饮料,从面包、糖果到乳制品和植物制品。该公司拥有5千多种不同的原料和2万多种产品,供应链极其复杂。这不仅意味着高的运营成本,还意味着高的碳排放。根据气候变化专家的意见,对于一家企业来说,供应链排放量通常是直接排放量的5倍多,会在环境中留下巨大的足迹,德乐为此非常重视供应链的碳排。

德乐的IT专家认为,按照目前的趋势,德乐的减排成本将会很快超过传统成本。因而德乐需要将排放与成本综合考虑。为了确保公司长期、持久的成功,需要综合平衡经济、生态和社会问题,从线性模式转向更可持续的循环模式,创造创新的食品解决方案和生产流程,将是未来几百年德乐的生存之道。

德乐认为,其目标是为客户和供应商消除供应链的复杂性。尽管这需要大量的物流工作,但是从业务的长期性角度来看,德乐非常注重可持续性。德乐认为只有成为数字领

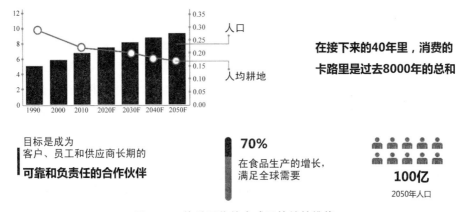

图 1-18 德乐面临的全球可持续性挑战

导者,才能实现可持续性的目标,重点主要在三个方面,如图 1-19 所示。

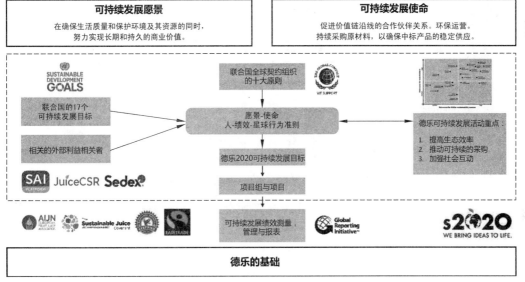

图 1-19 德乐的可持续发展战略

- 提高生态效率;
- 推动可持续的采购;
- 加强社会互动。

其中,以提高生态效率为例,主要体现在消耗更少的能源和水、减少碳排放、提高产量、减少浪费、减少运输对环境的影响、确保可持续的农业、支持农民并创造当地价值、促进生态保护。

虽然这些目标只是德乐可持续发展承诺的一小部分,但是在公司复杂的运营和供应链结构下,可持续发展的信息(如碳足迹的信息)通常很难获得,并且很难对应到端到端的业务流程中,这已成为困扰德乐实现可持续发展目标的障碍。

1.5.3 德乐的碳减排路径

德乐与其合作伙伴和供应商保持着密切的联系。受气候变化的影响，农民的植物和树木对气候变化很敏感，例如缺少雨水会导致减产，干燥的季节意味着苹果含水量少，浓缩果汁也随之减少。德乐的商业模式需要按照可持续发展的方式对供应链加强管理。

德乐在寻找创新解决方案方面拥有数十年的经验，例如用燕麦奶等植物性解决方案取代肉类和乳制品。它还生产天然成分，节省生产成本和原材料，例如，食品和饮料的天然水果口味和颜色。

为了保持创新，德乐与 SAP 密切合作，以找到更好的方法来管理供应链和减少排放，如图 1-20 所示。德乐坚信，要想成为食品和饮料行业的数字领导者，需要对气候有一个清晰的认识。为后代维持充足的粮食供应需要更好的数据收集和分析，以找到可以改进的领域。为此，德乐需要正确的软件和工具。

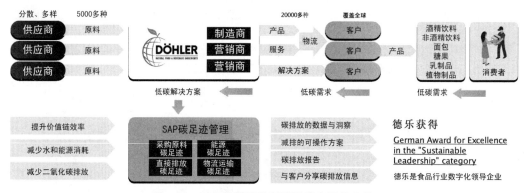

图 1-20　SAP 与德乐进行碳足迹方面的合作

德乐的供应链挑战也不例外。许多公司都拥有高度复杂的运营和供应链结构，其二氧化碳排放量难以评估。德乐的解决方案是创新的：它是第一家实施 SAP 产品碳足迹预测分析的公司，这是一种利用 SAP S/4 HANA 和 SAP 分析云跟踪碳排放的新工具。

德乐的策略是"减少碳排放的唯一途径是追根溯源"。德乐遵循的是可持续农业倡议（Sustainable Agriculture Initiative，SAI）的农场可持续发展评价（Farm Sustainability Assessment，FSA），通过扩展再生农业和农场，替代传统发电，减少农业碳足迹，以支持共同的行业目标。SAP 的产品碳足迹分析提供了按产品、工厂或利润中心划分的碳使用情况，并揭示了哪些生产步骤或原材料会导致高碳排放量。这些信息正是公司识别低碳机会所需要的，例如购买占地面积较小的原材料、用更现代化的机器取代低能效的机器或者购买绿色能源而非传统的电力组合。此类决策通常由董事会或首席执行官作出，但是需要在商业层面上进行仔细的权衡。过去，更换陈旧机械的决定纯粹基于成本计算。如今在德乐，排放与成本一起考虑。

对许多公司来说，分析生产过程的碳影响是一个新的业务步骤。它要求平日独立运作的部门之间紧密协作。例如，车间的生产数据专家需要与业务方面的流程专家更紧密地合作，这需要新的流程或职责。这同样适用于采购的货物或原材料、直接排放和出境运输。如果没有强大的系统支持,那么在德乐复杂的供应链体系中几乎是无法完成的。

1.5.4 德乐的业务需求

总之,德乐的需求如下。
- 碳排放管理:在公司复杂的运营结构和供应链结构下,跟踪碳排放。
- 碳排放分析:按产品、工厂、利润中心分析碳排放情况,揭示导致高排放的生产步骤和原料。
- 碳排放优化:识别减碳的机会,例如选择产品碳排放少的供应商、更新设备以降低碳排放、作出购买绿电的决策。

德乐需要识别并管理的产品碳足迹的四个贡献者如下。
- 购买的产品和原材料;
- 能源(生产过程中消耗);
- 直接排放;
- 出境运输。

2020 年上线 SAP S/4 HANA、SAP 主数据治理、SAP 集成套件和 SAP 销售云方案之后,德乐与 SAP 联合创新,利用 SAP S/4 HANA 和 SAP 分析云跟踪碳排放,成为 SAP 碳足迹预测与分析的标杆用户,实现以下功能。
- 使用 SAP 碳足迹分析工具跟踪采购原材料的碳足迹、能源碳足迹、直接排放碳足迹、物流运输碳足迹,并定期提供碳报告,实现碳足迹管理。
- 能够从产品、工厂、利润中心等多个不同维度实现对碳排放数据的分析,获得对碳排放数据的洞察。
- 基于碳排放数据分析结果识别碳减排机会,持续优化企业经营。
- 与客户共享碳足迹信息,提高客户体验。

在系统中,德乐可以维护排放因子,并与来自 SAP S/4 HANA Cloud 或内部系统的数量数据、物料清单和工艺数据结合起来,在 SAP 分析云上计算产品碳足迹。这允许德乐按照产品、工厂或成本中心进行分析(例如在某个业务单元或部门内进行比较或分析),进而采取下一步的行动。例如,某个生产步骤(活动类型)或购买的某种原材料会导致大量的碳排放,在报告中,这些隐藏在数据背后的事实会变得显而易见。对应的减碳解决方案之一是购买碳足迹较低的原材料,用更现代的机器替换低能效机器,或者是购买绿色能源而非传统的电力组合。

对德乐来说,可持续发展是一个平衡经济、生态和社会问题的机会,可确保长期、持久的成功。对于公司来说,人、地球和绩效同样重要。无论是在供应链中保护人权,参与公平贸易实践,还是减少碳排放,可持续性目标只能通过不断衡量和改进才能实现。这一信念已经开始在德乐公司的 DNA 中生根发芽。对于一家拥有从农田、野外到超市货架的全球价值链的公司来说,数字化是确保经营长寿的唯一途径。

"我们与供应商和客户一起踏上了这一征程",德乐公司的商业解决方案负责人 Pierre Wiese 解释道,"我们已经在一起创新,从线性模式转向更可持续的循环模式。从今天开始,创造创新的食品解决方案和生产流程将是我们在未来几百年的生存之道"。

第 2 章
如何将数字化转型与可持续发展相结合

对于企业来说,加快可持续发展的商业行动,不仅会对人类和地球产生巨大的积极影响,同时也是这个时代最大的商业机遇。客户、员工和投资者正在拒绝那些不采取可持续发展行动的企业。我们必须重塑企业,使之既有利可图又可持续发展。要做到这一点,必须把人、地球和利润放在同等重要的位置上。在未来,专注于可持续经营业绩的企业将获得更高的竞争效率,更严格遵守日益严格的监管,最终通过抓住新的商业机会,适应市场变化,取得飞速发展。可持续性不一定是企业的额外成本,而可能是一种竞争优势。

2.1 企业经营面临的变化和挑战

设立可持续发展目标,会让企业的经营目标和经营重点发生巨大的改变。如图 2-1 所示,企业经营从单纯关注财务资产和制造资产,转变为关注财务资产、制造资产、知识产权、社会人文资源、人力资源和自然资产。企业经营重点从为企业创造价值转化为综合考虑企业与外部组织的综合价值。

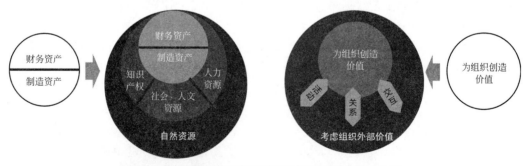

图 2-1 企业的经营对象和经营目标正在发生巨大改变

随着 ESG 投资理念的不断扩展,人们对企业无形资产的关注程度越来越高。若以标普 500 指数的上市公司总市值进行分析,可以发现在 1995 年到 2015 年的 20 年间,由品牌声誉、客户满意度构成的无形资产占比已由 68% 上升至 84%。ESG 代表对企业长期财务可行性和可持续性的评估,是对以下一些问题的审视。

- 企业是否具有一个可以承受来自气候变化及法规风险的商业模式?
- 企业的社会实践和政策是否被优化,以吸引和保留客户及企业的人力资本?
- 企业的治理环境是否能够承受中长期的不可预见的挑战?

虽然这些问题的答案可能不会影响当期财务报表,但却是财务业绩的先行指标。鉴于此,包含图2-2中的信息的ESG更适合被描述为"预财务"信息。毫无疑问,在无形资产占比不断提高的今天,"预财务"信息的重要性不言而喻。

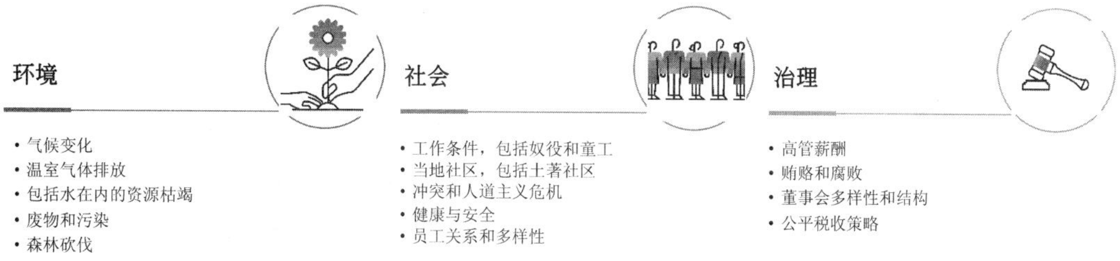

环境	社会	治理
• 气候变化	• 工作条件,包括奴役和童工	• 高管薪酬
• 温室气体排放	• 当地社区,包括土著社区	• 贿赂和腐败
• 包括水在内的资源枯竭	• 冲突和人道主义危机	• 董事会多样性和结构
• 废物和污染	• 健康与安全	• 公平税收策略
• 森林砍伐	• 员工关系和多样性	

图 2-2 ESG 所包含的元素

2020年对于全球而言都极为特殊。ESG框架的普及便是在这个大背景下展开的,例如环保压力增加(E)、社会局势动荡(S)、新冠病毒感染的影响(G)等。后疫情时代的投资可能更加看重长期,而且ESG投资抗风险能力更强。毫无疑问,可持续发展目标促使企业的经营对象和经营目标发生了重大改变。

为实现可持续发展目标,不仅需要重构治理规则,还要在决策、目标、路径、绩效、流程等多个领域实现变革,打破战略、市场、资源、方法等多个维度上存在的障碍。如图2-3所示,根据SAP的一项研究,影响企业可持续发展时间的障碍一共有15项。这些障碍虽然描述各异,但是从根本原因上分析,主要有3点:

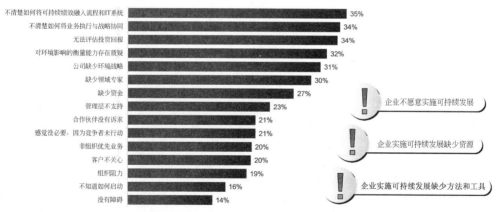

图 2-3 影响企业可持续发展实践的主要障碍

(1) 企业不愿意实施可持续发展;
(2) 企业实施可持续发展缺少资源;
(3) 企业实施可持续发展缺少方法和工具。

帮助企业正确认识可持续发展的价值,为企业提供实施可持续发展的资源、方法和工具,已经成为当务之急。

2.2 企业和政府在可持续性上作出转变

如第 1 章所述，来自企业各方利益相关者对可持续发展的关注，让可持续发展进入企业的核心战略的行列。目前，领先的企业正在使用数字技术，将可持续发展的挑战转化为重大的商机。通过数据分析产生的洞察力，正在改变商业和社会行为，并演化出可持续企业。

2.2.1 企业的转变原则

在应对气候变化及相关环境、经济和社会问题时，各国政府、企业、员工和消费者的紧迫感正在不断增强。人们越来越重视可持续商业，将其作为应对气候变化及相关环境、社会和经济影响的重要因素。

简言之，可持续性发展是一种创造长期价值的商业方法。它将企业置于生态、社会和经济环境中考虑运作方式，并坚信制定这样的战略可以实现高质量发展，延长公司的寿命。当企业环顾四周，意识到外部社会和环境已经发生重大改变之后，接下来就需要把眼光收回到内部，考虑如何重新配置业务运营，加速向可持续性的方向转型。对可持续性采取变革性方法的企业，已经作出了一些典型的转变，以不同的方式进行思考和行动，如表 2-1 所示。

表 2-1 企业在可持续性领域作出的转变

序号	转 变 前		转 变 后	
1	聚焦风险	企业通过颠覆和风险的视角看待可持续发展，关注可持续发展如何影响公司的盈利	聚焦机会	企业通过发展和机会的视角看待可持续发展，关注可持续发展如何提高公司的盈利
2	不透明	企业不透露有关可持续发展绩效的信息，选择回避报告披露，以避免暴露低劣的绩效	透明	企业采取先进的技术实现彻底的透明，并公开讨论可持续性的绩效和改进的领域
3	利润驱动	利润驱动的企业致力于为股东创造财务回报，用对利润的承诺推动战略和决策	使命驱动	以使命为导向的企业寻求为所有利益相关者而不仅仅是股东创造长期价值。其用使命指导战略和决策
4	关注企业	企业在公司的传统内部边界内运作。与外界利益相关者的互动（例如客户、供应商或社区）是交易性的而非互惠性的	关注生态	生态系统的方法旨在超越企业的传统边界，更广泛地参与生态系统，认识到公司与外部利益相关者的相互依存关系
5	咨询式	咨询式方法旨在提高认识、交流信息、构建信任和获得利益相关者的支持	协作式	协作式方法旨在与利益相关者进行共同创新和建立伙伴关系，在可持续的成果上构筑共同利益
6	预防型	预防型模式旨在维持当前状态，采取的是"不伤害"的可持续性方法	再生式	再生式模式旨在超越当前状态进行恢复和重建，采取的是"做更多的好事而不伤害"

通过这些转变,可持续发展的企业应运而生,具体表现在三大行动上。

首先是整合数字化转型及可持续性战略和努力,包括三个步骤。

(1) 分辨可持续性挑战在不同的业务领域里对客户、供应商、员工和投资者带来的影响,并将由此得出的洞察用作指导战略行动的基础。在这个过程中,可以考虑应用业务建模等工具来帮助识别环境目标、数字化转型和业务战略之间的关系。

(2) 部署数字技术,通过大数据分析获得洞察力,挖掘新的市场机会并管理潜在风险。通过使用指数级创新技术,尤其是人工智能,为企业提供更大的敏捷性和弹性。

(3) 使用数字技术作为催化剂,开发应对可持续性发展挑战的智能和创新的解决方案。可以采用设计思维(design thinking)等方法推动公司内部的可持续发展议程。

其次是将业务流程转变为绿色智能的工作流程,包括七个步骤。

(1) 定义将可持续性目标集成到工作流程中的数据需求,并确保其可访问且可使用。

(2) 将数据和洞察力应用到更广泛的业务流程转型中,实现韧性运营。

(3) 探索物联网、区块链和人工智能等指数技术开辟成果的新途径。

(4) 使用数字技术重新设计业务流程,减少公司的环境足迹,更加有效地利用资源的价值,并使用数字技术将环境数据和KPI整合到流程映射和设计中。

(5) 使用数据和洞察力监控、管理和减少运营面临的可持续性风险。

(6) 部署数字和通信基础设施和软件,使运营管理人员能够实时访问相关数据,以便对任何观察到的可持续性异常作出快速响应。

(7) 共享数据,并与更广泛的外部业务合作伙伴和利益相关者互动,使可持续发展成为整个价值创造过程中不可或缺的一部分。

第三是将可持续性融入企业的体验和文化中,包括两个步骤。

(1) 提供目标感和方向感,帮助员工培养能力,从可持续发展中创造新机遇。评估企业当前的人才库是否能够推动转型,然后填补那些可被确定的空白。

(2) 让可持续发展成为企业为客户、员工和其他利益相关者创造体验的一个关键组成部分。将这些体验转化为企业必须努力实现的结果,并加以明确定义。评估当前的治理和组织是否促进或抑制了这些成果的实现,并进行必要的调整。

2.2.2 政府的转变原则

与企业一样,政府可以在如下几个方面重塑其在可持续性上的角色,成为变革的赋能者和推动者。

- 努力吸纳来自不同领域的参与者,形成全方位的能力,实现可持续的创新和转型。促进和鼓励所有相关行为方的参与,共同推动变革和创新。思考如何让参与者能够更加积极地参与到解决环境挑战的队伍中,并相应地进行制度建设和立法。
- 以开放和安全的方式共享相关数据。制定必要的安全和隐私法规,实现相关数据的共享。支持开发数据共享平台,开发创新解决方案以应对环境挑战,并提高过程透明度,实现系统问责机制。
- 发展数据信息高速公路,推动环境问题能够得到实时纠正。使用人工智能和机器学习,实现自动化的数据连接和异常识别,将现实环境中的异常数据与负责相操作的数据无缝连接。及时对外公开是否针对异常数据采取纠正措施,并将相关信息提供给公众和业务附属机构(包括供应链经理、投资者和保险公司)以促进问责制。

相较于可持续发展的企业,政府需要在以下两个方面作出转变。

首先是利用数据和洞察力实现有效的市场机制,以及更精确的监管、政策和干预。

- 利用数据和数字技术部署有效的市场机制,以保护环境资产、控制污染和应对气候变化。通过将环境成本内化在价格中的方式激励经济参与者进行创新和转型,例如对排放碳和其他污染物收取费用。
- 利用数字技术创造更有效的监管环境。利用全面、细化和及时的数据洞察力确定最合适的变革杠杆。使用数字技术监控法规的执行效果和干预程度,并确定改进的机会。

其次是推动可持续创新。

- 以身作则,成为可持续创新的催化剂。政府应在推动政府组织内的可持续创新方面发挥积极作用,直接投资或引导资金改善环境成果。此举应包括公共部门利用其采购量,鼓励供应商提供更具环境可持续性的商业实践能力,并以数字方式监测和报告在这方面取得的成效。
- 与私营部门和其他利益相关者密切合作,为环境目标合理分配资源和预算。政府应将私营和非营利部门视为关键合作伙伴,共同实现所需的改变。这将需要在数据共享和工作方式方面保持开放。政府应该发挥关键作用,将这些新的、更具协作性的工作方式嵌入相关公共部门的组织方面。数字技术正在实现一种新的环境治理模式,推动私营部门和政府作为合作伙伴协同开展工作,实现"治理即协作"(Governance as Collaboration)。

2.3 行动指南:SDG 指南针如何根据可持续发展要求设定目标

可持续发展要求企业和政府作出转变。上文讲述的转变原则,还需要在实践中进一步转化为企业的目标。SDG 指南针就是这样一份指导企业设定目标的指南。

2.3.1 SDG 指南针概述

SDGs 涵盖与企业有关的广泛的可持续发展议题,可帮助企业将 SDGs 作为总体战略框架,引导企业根据 SDGs 制定、指导、沟通和报告战略目标及业务活动,从而实现以下几个目标。

- 通过确定高增长领域,帮助企业开发创新解决方案,实现全面转型变革。
- 引导企业更高效地利用资源,或者改为使用更可持续的替代解决方案,提高企业可持续发展的价值。
- 更统一、更高效地与利益相关方沟通业务影响和绩效,深化利益相关方关系,紧跟政策步伐。

SDG 指南针(SDG Compass)是全球报告倡议组织(GRI)、联合国全球契约组织(UNGC)和世界可持续发展工商理事会(WBCSD)的联合倡议,旨在为公司提供指导,帮助其调整战略,衡量和管理其对实现 SDGs 作出的贡献。SDG 指南针一共分为 5 个步骤,企业可以根据自身情况运用这 5 个步骤制定和调整相关的方针路线,确保可持续发展是核心业务战略的结果,如图 2-4 所示。

图 2-4　SDG 指南针包括 5 个步骤

(1) 了解 SDGs:帮助企业熟悉什么是联合国可持续发展目标。

(2) 确定优先事项:为了抓住最重要的商机并降低风险,SDG 指南针鼓励企业评估其业务在整个价值链上对 SDGs 会造成哪些正面的或负面的、当前的或潜在的影响,并在此基础上确定其优先事项。

(3) 设定目标:目标的设定对于企业能否获得成功至关重要,有助于企业内部就优先事项形成共识、推动提升整体绩效。通过将企业目标与 SDGs 进行对标,领导者可展示企业对可持续发展的承诺。

(4) 整合:将可持续发展整合到企业的核心业务和企业治理中,并将可持续发展目标落实到所有部门,是实现既定目标的关键。为了实现共同目标、应对系统性的挑战,越来越多的企业开始与价值链伙伴、行业伙伴、政府和民间组织展开广泛合作,进一步提升了整合的必要性和难度。

(5) 报告和沟通:SDGs 可帮助企业利用共同指标和优先事项,对外披露和沟通可持续发展绩效。SDG 指南针鼓励企业将 SDGs 纳入企业与利益相关方的沟通和报告中。

2.3.2　使用价值链分析确定 SDGs 中的优先事项

为了从 SDGs 所呈现的机遇和挑战中获益,企业应确定优先事项,专注重点加以执行。

对于企业来说,并非所有 17 个 SDGs 都同等相关。对于每一个 SDG,企业可以作出怎样的贡献,以及会由此带来何种不同的风险和机遇,是由许多因素决定的。从战略的角度看 SDGs,企业应该首先评估整个价值链上的业务活动,掌握其会对 SDGs 造成的影响,无论是当前、潜在、正面还是负面。这有助于企业识别并扩大正面影响,减少和避免负面影响。

企业对 SDGs 带来的巨大的社会和环境影响,甚至有可能会超出企业拥有或控制的资产范围。同时,这里面也蕴含着巨大的商机,可能潜藏在价值链的更上游或者更下游。企业可以考虑将整个价值链(从供应基地到入厂物流,从生产、运营到分销、使用,直至产品废弃)作为出发点,以及评估业务影响和确定优先事项的第一步。在对业务影响进行评估时,企业可以同时对价值链作一个高层次的映射分析,识别出对 SDGs 议题最可能造成负面或正面影响的领域。无论这种影响是当前的还是未来的,都应纳入考虑范围。

如图 2-5 所示,企业无须对价值链所有环节进行 SDGs 详细评估,只须重点关注影响最大的领域。这意味着企业需要对评估范围内的价值链的每一个环节进行分析,识别和评估出以下内容。

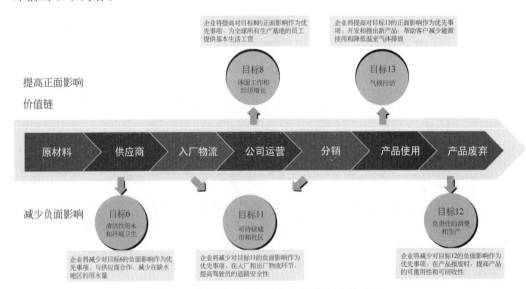

图 2-5 在整条价值链的各个环节上映射 SDGs

- 公司的核心竞争力是什么。
- 在现有或潜在的技术和产品组合中,有哪些能够为实现一个或多个 SDGs 发挥积极作用。
- 有哪些行为或活动可以横跨整个价值链,直接或间接对一个或多个 SDGs 造成负面影响。

2.3.3 制定可持续发展目标

制定具体的、可衡量的、有时限的可持续发展目标,有助于在组织内部就优先事项形成共识,推动绩效提升——这一做法正在日益普及。通过就 SDGs 进行对标,企业能够设置更加具有意义的目标,并有效地对内对外进行沟通,推动利益相关方对达成这些目标作出承诺。

为每个目标设定基线非常重要,它与前面介绍的评估流程密切相关。基线可能涉及如下目标。

- 在某个特定的时间点的目标,例如,设立的目标是至2020年底,董事会中女性成员人数相较于2013年底增加40%;
- 在某个特定的时间段的目标,例如,设立的目标是2018—2020年三年间的平均用水量相较于2006—2008年间的平均用水量减少50%,从而消除短期变动可能带来的影响。

企业如何定义基线会显著影响可持续发展目标实现的可能性。因此,建议企业对基线选择的方式和原因保持高度透明。如图2-6所示,目标的设定一般有两种方法:"由内而外"和"由外而内"。目前,仅关注企业内部的目标设定方式已经无法满足全球的需求。采用全球视角,探索外部需求并设定相应的目标,可以让企业缩小当前绩效与期望绩效之间的差距。与较温和的目标相比,雄心勃勃的目标能够推动产生更大的影响,创造出更出色的绩效。根据基线水平大幅提升目标水平,或设定尚无人知晓究竟如何实现的目标,将有助于企业推动创新和激发灵感。

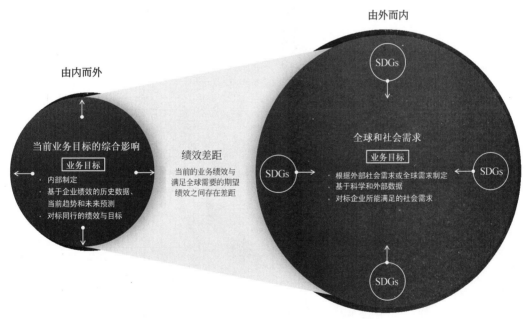

图2-6 "由内而外"和"由外而内"两种制定可持续发展目标的方法

2.4 如何将可持续发展目标转化为执行

可持续发展已经成为全球各界的共识,紧迫性正在不断增强。在气候领域,为达成把温度控制在比工业化前高出1.5℃以内的目标,全球温室气体排放量需要在2030年相比2010年减少45%。但是按照今天的进展,估计很有可能反倒会增加13.7%。在绿色领域，2050年地球将有120亿吨塑料垃圾，地球将变成"塑料星球"。而今天的塑料实际回收率只有9%。在社会责任领域，形势也不容乐观。2020年全球贫困人口反弹，疟疾死亡率恢复到20年前水平，近一半劳动力正面临失业危险。所有这些数据，都凸显了可持续发展已经成为刻不容缓的行动要求。

2.4.1 将可持续发展的目标转化为行动是普遍难题

作为2030议程的核心，联合国提出的17个SDGs目标反映了人类的大胆愿景。以"30·60"为标志的双碳目标，由于作出了明确的时间承诺，已成为目前中国最热门的可持续发展的话题。但实际上，减碳只是整个可持续发展的一小部分，是17个SDGs目标中气候目标的一个子目标。从全世界范围来看，推动企业投身可持续发展都是一个难题。当世界各国领导人于2019年在联合国会晤时，发现这17项可持续发展目标无论是在实现速度还是在推广规模上都远远不及预期。

为什么会这样呢？以IBM在2022年发布的一份调查研究报告（面向全球32个国家1958位高管）为例，尽管53%的受访企业都认为环境可持续性是未来3年内最主要的优先任务之一，甚至其中39%的企业认为它是目前最重要的优先任务（没有之一），但是承诺与表态是一回事，行动与结果又是另外一回事。很多企业承诺有余，行动不足。调研表明，有86%的企业制定了可持续发展战略，但是只有35%采取了行动。如图2-7所示，只有6%的企业全面实施了战略和执行计划。这些结果凸显出企业在将其可持续性意图和承诺转化为现实的方面，面临着巨大的挑战。

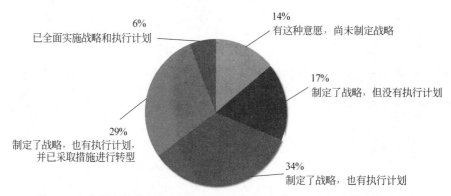

图2-7 大多数组织都制定了可持续发展战略，但真正采取行动的只有小部分

在中国国际商会、普华永道和联合国国际开发署2021年底发布的报告里，94.9%的企业都愿意开展与可持续发展目标相关的项目。但是，企业普遍面临诸如顶层战略方法缺失、缺乏可持续发展目标评估等共同挑战。有80%的企业正在开展可持续发展目标评估，其中43%的企业不知道如何开展。此外，不少企业缺乏披露目标和现状的勇气和动力，仅有55.6%的企业公开披露。

那么挑战究竟是什么呢？挑战主要来自客户的阻力、技术障碍、法规障碍和缺乏数据与洞察，包括：

- 客户虽然不会拒绝甚至会更加喜爱绿色、低碳的产品和服务，但是在作出实际购买决策时，却不太容易接受价格上涨或产品和服务内容的改变。
- 法规也被视为可持续发展的一种障碍，而非促进因素。长期以来，在可持续发展方面，政府都十分喜欢通过发号施令和监管控制，而不是寻找协作和激励的方法。过多强制的命令和控制，往往会与企业自身的营利意图相矛盾。
- 技术障碍也是最主要的挑战之一。尽管技术层出不穷，但是进行大规模部署、集成和应用仍然具有挑战性。此外，还有一些重要的技术仍处于发展过程中，未来的走向存在不确定性，投资回报难以得到保证。
- 缺少数据和洞察毫无疑问与数字化水平相关。可持续发展的很多数据（如碳排放数据）在很多企业里并没有建立起精准的盘查机制，而且从数据的实时性、与其他业务数据的集成性来讲，都不理想。

上述这些挑战妨碍了企业将可持续发展的愿景转化为切实的行动。改变现状的根本手段，首先是要改变企业的思维模式，不能再把可持续发展仅仅视为监管要求或利益相关方的期望，而是要将其视为商机和转型的催化剂。IBM的调研表明，只有不到半数的企业领导愿意以牺牲利润为代价来改变现有的业务实践，以此改善可持续性。仅有27%的高管将可持续发展视为企业价值的核心要素。这些调查结果表明，人们需要从根本上改变可持续发展与业务发展两层皮的现状，创造新的价值配置方式。

2.4.2 将可持续发展转化为商机和转型的催化剂

目前，很多企业都制定了改善可持续发展的计划，让可持续发展的报告光鲜亮丽，但是在运营与创新领域却进展缓慢。不少企业将合规作为可持续发展的主旨，反而助长了"只需要满足最低标准"的思维模式。

根据企业对可持续发展的认知和实践，可以对企业从以下三个维度进一步细分。
- 可持续发展承诺：企业董事会成员和最高层主管对可持续发展的承诺。
- 可持续发展有效性：衡量方法是将企业与可持续发展相关的业务流程与竞争对手进行比较。
- 可持续发展整合程度：衡量标准是企业可持续发展战略与数字化转型/IT战略的一致性。

根据IBM的调研结果，按照这三个维度，可以将企业分为4种类型，如表2-2所示。

表2-2 企业对可持续发展的认知和实践的4种类型

类 型	可持续发展承诺	可持续发展有效性	可持续发展整合程度
12%"转型开拓者"	董事会和最高管理层对可持续发展有坚定的承诺	与可持续发展相关的业务流程非常高效	可持续发展与数字化战略高度一致
10%"发展奋斗者"	董事会和最高管理层对可持续发展有坚定的承诺	与可持续发展相关的业务流程非常高效	可持续发展与数字化战略一致性有限
38%"执行掉队者"	董事会和最高管理层对可持续发展有坚定的承诺	与可持续发展相关的业务流程效率有限	
40%"承诺局外人"	董事会和最高管理层对可持续发展没有承诺		

- "承诺局外人"：占受访企业的40%，董事会和最高管理层对可持续发展没有承诺。
- "执行掉队者"：占受访企业的38%，对可持续发展有高水平的承诺，但是缺乏有效的行动。
- "发展奋斗者"：占受访企业的10%，既有承诺又非常有效地执行，但未能将可持续发展与数字化转型相结合。
- "转型开拓者"：占受访企业的12%，既有承诺，又非常有效地执行，并且将这些工作与数字化转型相结合。

如图2-8所示，从收入的增长来看，毫无疑问，"转型开拓者"在收入增长方面表现出色。但是有趣的是，"执行掉队者"甚至还不如"承诺局外人"。这说明如果没有好的执行，可持续发展反而会消耗企业的资源。

对于"转型开拓者"来说，可持续发展是转型的机遇。他们利用数据和数字技术的力量推动变革和创新，导致企业与社会之间的关系发生深刻调整，帮助企业采用全新的变革方法，以前所未有的速度、范围和规模开展可持续发展工作。数字化成为推动可持续发展转化为商机和转型的催化剂。

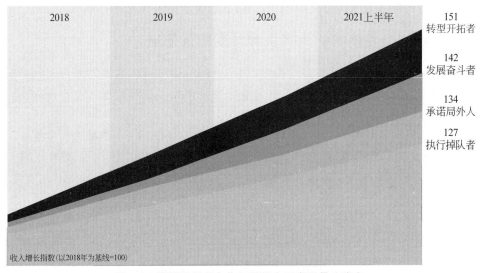

图2-8　转型开拓者在收入增长方面表现最为出色

2.5　行动框架：SDG雄心计划

2.5.1　数字化转型加速可持续发展

欧盟一直都是全球可持续发展的排头兵，提出了把数字化和绿色化进行"孪生转型"的口号。具体的方法就是将可持续发展与数字化结合起来，通过企业数字化转型推动可持续发展。他山之石，可以攻玉。为此，联合国全球契约组织联合SAP和埃森哲启动了SDG雄心计划（SDG Ambition），用数字化手段帮助企业提速可持续发展。

SDG 雄心计划是一项加速计划,旨在为参与联合国全球契约的公司提供帮助,将其雄心勃勃的企业目标与 17 个可持续发展目标(SDGs)结合起来,融入核心业务和绩效管理的范围。SDG 雄心计划使这些企业能够比渐进式更快地加速转型变革,释放业务价值、提高业务弹性并实现长期增长。SDG 雄心计划的第一轮项目于 2021 年 6 月成功结束。65 个国家的 600 多家公司参加了该项目,1200 多家公司领导参加了加速器研讨会。参与企业的平均满意度达到 81%,认同加速器帮助他们找到了公司为可持续发展目标作出贡献的新方式,如图 2-9 所示。

图 2-9　SDG 雄心计划加速实现企业可持续发展转型

为什么 SDG 雄心计划能够获得参与企业的好评?它成功的关键是把可持续发展目标转化为清晰落地的数字化转型路线图。该计划包括两个部分:可持续发展实现框架和实施落地蓝图。

2.5.2　可持续发展实现框架

图 2-10 所示的是 SDG 雄心技术遵循的可持续发展目标的实现框架,包括了将可持续发展目标融入企业的战略和治理、深化跨业务的集成、增强利益相关方的参与等三个方面的内容。图中列出的这些要素相互之间高度依赖,为实现企业可持续发展目标的战略提供了路线图。

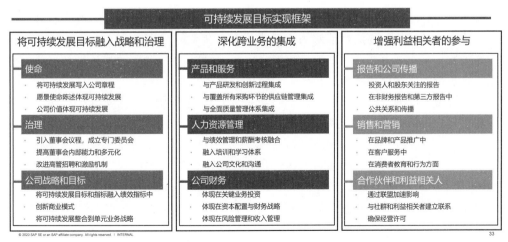

图 2-10　SDG 雄心计划提出的可持续发展目标实现框架

第一步是融入战略与治理,将可持续发展融入企业的战略和治理中。

首先也是最重要的一点,为了认真尝试实现可持续发展目标,企业必须在战略和治理方面树立雄心——重新定义业务的目的、治理以及战略和目标,实现使命驱动,确保企业在未来的发展方向作出关键决策,让可持续发展目标发挥更大的作用。

第二步是深化跨业务整合,在业务集成中体现可持续发展。

企业一旦在战略层面建立了可持续发展的目标,就必须保证必要的业务转型,深化业务整合,并在产品和服务、人员管理和企业财务等领域实施可持续的业务流程。例如,企业对可持续发展目标作出贡献的一个关键杠杆是通过创新的核心产品和服务,满足不断变化的客户需求(如对更可持续材料的需求),帮助企业长久发展(如减少对稀缺资源的依赖),同时带来有益的社会和环境效果。此外,还需要将与可持续发展相关的目标整合到产品组合战略当中,改变研发的前期流程,例如实施新的设计标准,将可持续性、生命周期评估等目标与成本和性能等典型指标放在一起考虑。此外,产品变革还需要更广泛的运营配合,从原材料的采购到建立更可持续的供应链,确保制造和支持服务与可持续发展目标密切相关。随着新产品上市,还应该建立相应的机制,在产品使用中和寿命结束时加以管理而非放任自流。

第三步是加强股东/客户/合作伙伴/员工等利益相关者的参与。

今天越来越多的企业开始重视利益相关者的参与。企业可以通过公开报告和对外传播手段、销售和营销渠道,以及推动合作伙伴关系和利益相关者的参与,努力扩大影响。除了发布正式报告,企业正越来越多地使用多种渠道来沟通可持续发展战略和绩效。有效的报告不仅是与关键利益相关方的一种沟通形式,还能为企业建立社会信任并创造价值,在通过综合绩效管理来推动内部变革和决策方面,它能够成为企业强有力的工具。通过企业网站、社交媒体、企业活动、产品和服务标识、营销和广告等众多手段和渠道,可让企业与利益相关方就可持续发展进行有效沟通。无论是大企业还是中小企业,都可以通过公开报告和对外沟通其对SDGs的贡献而受益。

2.5.3 从业务整合的视角看待可持续发展的转型

在SAP最近对200位大型跨国公司高管进行的一项调查中,75%的人表示,以可持续性为核心的良好执行的战略能够为企业带来竞争优势。尽管许多企业领袖认为,可持续发展绩效是与法规遵从性相关的一项困难成本,但是它正成为一项战略性的当务之急,可以为企业带来竞争优势和增长机会。然而今天的现实却是另外一番景象。大多数企业尚未将可持续发展纳入核心战略。以牺牲可持续发展绩效为代价优先考虑利润,或以损害营利能力为代价优先考虑可持续发展,都是不可取的。可持续发展必须植根于财务、人力资本管理、产品和服务设计、制造、供应链管理及客户体验等每个主要业务职能当中,实现可持续发展与业务高度整合。首席执行官们应该要求各个职能领导制订清晰一致的计划,逐步提升并实施整体可持续商业战略。

业务整合是实现可持续发展的一种独特方式:从简单的静态数据的采集,到使用智能的系统采集数据、生成洞察和采取行动,从而将可持续发展目标链接到核心业务决策中。

事实上，常见的一种情况是，可持续发展的数据往往并没有被跟进，就停留在孤立的系统或电子表格中。这种状况导致的结果是只能在"事后"为了报告的目的，将它们与如何影响可持续发展目标结合起来，而不是预先定义目标和指标，然后通过整个企业的持续管理来推动这些目标和指标。

SDG 雄心计划提出了绝对的、可以衡量的基准，并且让业务可以被跟踪和管理。例如，为了努力实现净正向(net positive)的水资源影响，需要对当前水资源管理有更精细的信息掌控，需要通过实时监控来跟踪和优化水资源使用情况。

随着企业转型为数据驱动型的企业——以优化、预测和持续学习为特征，企业可以随时访问和使用可持续发展数据。通过与核心系统的集成，将推动企业建立问责制，形成更灵活的决策机制，引导企业为实现可持续发展目标不断创新和合理投资。表 2-3 列出了将可持续发展融入业务管理为企业带来的转变和价值。

表 2-3 将可持续发展融入业务管理为企业带来的转变和价值

过 去	现 在	业 务 价 值
收集静态数据，依赖滞后的数据达到编制可持续性发展报告的目的。例如，基于月底的水费单进行水补偿跟踪，以及年度报告编制	通过数字化的端到端的系统，实时采集数据，专注于生成洞察，指导业务行动。例如，在设施中安装智能仪表和传感器，实时跟踪水数据并自动管理	缩短处理时间以加快业务产出，同时在任何时间点掌握绩效，实现快速优化，而不是对过时的数据作出缓慢滞后的响应
汇总数据，为公司、地区或站点级别的可持续发展绩效提供统计数据。例如，跟踪每个设施的废物排放并汇总到公司级别进行报告	提供细颗粒度的数据和洞察力，细化到产品和交易级别。例如，按产品线和生产阶段测量的废物排放量	查明挑战领域，建立责任制，为生产和产品组合决策提供支撑数据，并推动成本更低、重点突出的改进项目
有大量信息孤岛，数据保存在本地，难以访问和获得洞察。例如，每个业务部门和地区都各自保存员工人数、晋升和薪酬等数据，互不打通	集成和内聚的数据集，具有跨业务部门的可见性。例如，在分析工具的支持下，将薪酬、员工数量和招聘数据导入集中式人力资源系统	打破信息孤岛，提供可操作的、整个组织范围内的洞察力，同步推动在整个企业内采取战略行动

2.5.4 从目标分解到实施落地蓝图

在实现框架之下，SDG 雄心计划为企业建立了一整套"目标-路径-行动-子目标-指标-流程-系统-决策"的分解体系(见图 2-11)，让每一个可持续发展目标都可以分解到指标上，由流程承接，用系统执行，为参与项目的企业描绘出一张清晰落地的数字化转型路线图。这种以"咨询+软件"为模板的一体化落地方式，将可持续发展目标与 IT 系统进行链接，可以极大地加快企业的可持续发展建设进程。对于当下的中国企业，具有重要的借鉴和学习意义。

SDG 雄心计划的这个分解体系分为 8 个步骤。

(1) 确定影响可持续发展目标事项的优先级，并通过优先级原则，确定可持续发展目

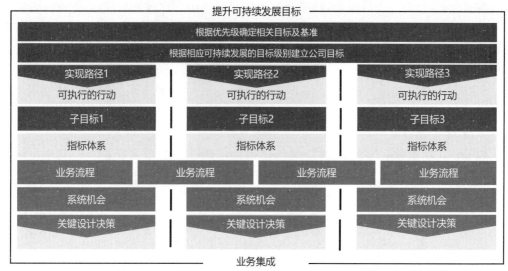

图 2-11 SDG 雄心计划提供方法体系,帮助企业加快实现可持续发展目标的落地进程

标及基准。

(2)选择符合或超过可持续发展要求的目标和基准,设定为目标或调整现有目标。

(3)确定每个目标的实现路径,并形成可以执行的行动建议。

(4)定义子目标,用于跟踪进度并指导与利益相关者的沟通。

(5)建立用于评估进度和影响的绩效指标,为决策提供信息并确定所需数据。

(6)确定所需数据以及驱动执行的业务流程。

(7)识别系统机会,加速数据集成,快速释放价值和带来对可持续发展目标的影响。

(8)通过制定业务系统实施的关键设计决策,抓住可持续发展机遇,加快数字系统落地进程。

显然,在上述步骤中,指标体系是连接目标和业务流程的关键。一旦确定了指标,企业就应该努力使其数据反映目标的执行情况,并持续进行管理。虽然指标的设计应该支持外部报表(与公司现有的报表和标准保持一致),但是它的主要目标是为了更好地决策。在这个过程中,需要考虑以下一些问题:

- 企业取得可持续发展目标的关键指标是什么?
- 哪些数据在推动可持续发展绩效方面可提供有意义的洞察,并且可帮助改善决策?

定义指标体系之后,下一步就是将指标映射到可以搜集、管理和操作数据的流程。选定的指标可能需要从整个企业收集数据。了解哪些流程可能正在记录相关的数据点,以及哪些地方存在差距,在这里显得至关重要。为了确保可持续发展数据在整个企业中得到有效管理和应用,需要在相关职能部门中建立相应的角色和职责,将可持续发展数据管理的职责嵌入员工角色、绩效结构和能力发展当中。在整个过程中,需要考虑以下问题。

- 数据在哪里?收集和分析数据需要哪些流程?
- 当前的系统是否跟踪这些数据,以及存在哪些差距?

- 谁应该负责可持续发展数据的管理？如何建立正确的能力和绩效结构？
- 需要什么样的治理来确保可靠的数据管理？

从数据到系统的对应过程，实际上也是打造与可持续发展相关的数据、洞察和执行的智能系统的过程。企业必须评估其技术蓝图——包括现有的系统以及市场上可用的工具，并对新兴技术进行评估和探索。在这个过程中，通常需要考虑以下一些问题：

- 哪些工具支撑着企业当前的数据收集和管理系统？
- 当前的系统和可用工具具备哪些支持这种业务流程的功能？
- 应该引入和开发哪些创新的解决方案来实现理想的数据流？
- 哪些新型技术可以帮助提升企业的可持续发展绩效？

最后，企业还需要将系统机会和关键设计决策（Key Design Decision，KDD）联系起来。如果一项技术可以提供实现某个可持续发展目标所需的功能，接下来就是应该如何设计业务系统以将其用于该目的。例如，如果可以使用人工智能监控企业在运营中丢弃了多少垃圾，不管是在商业厨房中的厨余垃圾还是在办公室中的生活垃圾，那么企业的关键设计决策就应该是如何使用可用技术将其应用到运营中。因此，KDD 就可能应该是：如何实现废物跟踪的自动化？在这里，重要的是 KDD 的背后并不像购买技术或服务那么简单。企业需要确保有合适的人管理解决方案，用正确的流程实现，以及确保搜集的数据得到有效的存储和处理，以获得可操作的见解。以上都是 KDD 的核心内容，即思考如何设计系统，切实地实施系统和购买工具，推进可持续发展在数字化环境中落地。

2.6 可持续发展与数字化转型相结合的实施路线

今天，衡量企业成功的依据不再仅仅是利润，必须还要加入使命，这两者需要同时满足所有利益相关者的需求。在数字化转型展示对企业利润的提升能力之后，可持续发展便成为数字化转型的新战场。2019 年的新型冠状病毒的传播加速了将可持续发展作为下一波数字化转型的需要。将可持续发展与数字化转型相结合，不仅是数字化转型的发展趋势，也是可持续发展的必然选择。

2.6.1 可持续业务的五大行动步骤

如图 2-12 所示，进入信息化时代以来，企业软件和服务都在不断推动全球经济转型，经历了两股浪潮。第一股浪潮以企业资源计划（Enterprise Resource Planning，ERP）和供应链管理（SCM）为主要手段，实现了企业内部的信息化管理，带动建设了外部现代化供应链，产生出明显的经济效益和社会影响力。第二股浪潮以数字化转型为手段，进一步将全球化和敏捷供应链的建设推动到新的技术水平，数字化的全球触达能力和社会影响也达到新的高峰。目前，可持续发展业务正在成为全球经济转型的第三次浪潮，可持续发展治理已成为企业最高管理层面临的问题，可持续的智慧企业解决方案则相应成为了这一时期的新的数字化建设内容。

在可持续发展与数字化转型相结合的实施路线下，领先的企业将按照五大行动步骤推进。

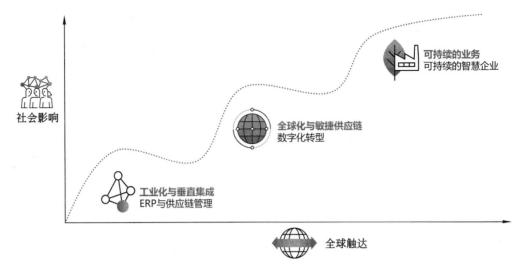

图 2-12　建设可持续的智慧企业引发第三次全球经济转型

行动一：建立可持续的商业战略。确保可持续性是企业整体业务战略的核心，所有的公司职能都应该有助于实现可持续发展。企业需要随时衡量进展，将其作为与财务状况同等重要的内容进行衡量和发布。

行动二：将可持续的业务数据嵌入企业的流程和网络中。在业务流程中使用可持续发展数据，作出可持续的、有利可图的决策，并衡量绩效。然后与供应商、行业协会、监管机构和非政府组织分享可持续性绩效数据，包括碳排放量、用水、产品回收或劳动力等信息。

行动三：在整个业务过程中管理碳和气候行动。通过碳盘查和管理价值链各个部分，直至将每个产品和每项服务的服务水平与气候行动挂钩，降低财务和声誉风险。

行动四：拥抱循环经济，实现产品再生。在运营过程中避免和减少浪费，做到材料的再利用、再循环和回收，以最大限度地减少浪费并加快循环经济流程。不仅要"少做坏事"，而且还要"多做好事"。

行动五：推动企业为社会责任作出贡献。通过尊重员工多元化、安全和人权，提供学习和成长机会，以及利用企业对外购买力，增强企业的社会责任。

2.6.2　可持续发展与数字化相结合的三个发展阶段

可持续发展的企业无疑会得到客户（忠诚度）、投资者（资本）、公民（声誉）和员工（参与度）的回报。虽然大多数企业仍然专注于监管合规性，但先行者看到了一个机会，可以通过可持续发展驱动业务核心，转变商业模式，创造出新的价值，或在新市场中创造并赢得胜利，从而在行业中保持领先且实现差异化。运营最好的公司，也就是智慧企业，将是那些能够营利和使营利能力可持续的公司。

将可持续发展与数字化转型相结合，已经被 SDG 雄心计划证明是加速可持续发展的不二选择。伴随着数字化进程的不断推进，从"数采"到"洞察"再到"转型"，可持续发展的进程经历了"合规"到"优化"再到"创新"，可持续发展的业务价值不断提升。

人们对于数字化转型早已不再陌生。对采集的数据运用大数据、人工智能和高级分析等技术,获得业务洞察,从而达到提升生产效率、改善客户体验、拓展企业边界的目的,进而实现转型甚至颠覆——数字化转型背后的这个深层逻辑,与可持续发展的三个阶段相互呼应,如图2-13所示。

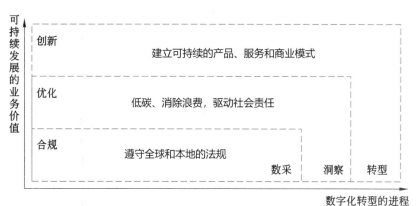

图 2-13 可持续发展与数字化转型相结合的实施路线

- 阶段一——合规:定期进行衡量和报告,满足监管和合规要求。企业不但需要采集可持续发展数据,更要求建立业务数据、财务数据和可持续发展数据的整合机制。这些工作有助于应对监管、税收和制裁等要求,生成综合、可审计和实时的报告。
- 阶段二——优化:减少资源消耗,同时提高运营效率,降低成本。这一阶段,在前面建立的数据整合机制的基础上,实施端到端的方案,把可持续发展嵌入业务流程中并持续优化,例如评估和降低碳足迹,减少浪费和实现循环商业模式,并推动社会责任。
- 阶段三——创新:建立更具韧性、可持续发展的企业,为迎接颠覆和机遇做好准备。这一阶段,基于企业数据、流程的全面了解,结合企业的差异化因素和行业的最佳实践,创建新的产品、服务和解决方案,实现商业模式的创新和颠覆。

2.7 案例:宝马集团的可持续发展与 SDGs

汽车行业是一个高度复杂的产业系统。由于汽车对环境、经济和人都有重大影响,因此汽车行业在可持续发展中发挥着重要作用。监管机构一直在加强对汽车和汽车零部件公司的监控,以确保这些公司符合环境标准,减少生产过程和产品本身对环境带来的负面影响。在这种压力之下,汽车企业不断采用创新的商业战略和尖端的信息和通信技术,以期实现环境和经济目标。

例如,以减少温室气体的排放目标来支持可持续发展的使命,是目前每家汽车厂的战略重点。作为高端车型的代表厂商,宝马集团也不例外。如图 2-14 所示,该集团的十大可持续发展目标,与联合国可持续发展目标 SDGs 之间形成了清晰的对应关系。这些目标被分为三个领域:

- 产品和服务；
- 生产和价值创造；
- 员工和社会。

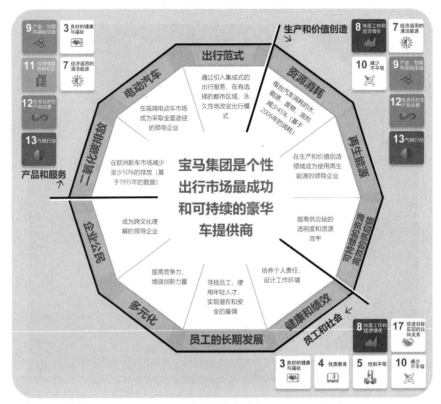

图 2-14 宝马集团的可持续发展目标与 SDGs 之间的对应关系

以产品和服务为例，包括了二氧化碳排放、电动汽车和出行范式三类目标，它们在一起为 17 个 SDGs 中的第 $9^\#$、$3^\#$、$11^\#$、$7^\#$、$12^\#$、$13^\#$ 作贡献。在二氧化碳排放领域，宝马在 2020 年实现了相对 1995 年减少 50% 的目标之后，计划到 2030 年将汽车生命周期中的碳排放量减少 40%。为此，宝马制定了三条实现路径。

路径一，通过采用能够减少污染的有效技术和解决方案降低排放。
- 根据每个车型的生命周期和不同的发动机类型，测量和控制二氧化碳和污染物排放。
- 测量和控制对应各种车型和不同发动机类型的二氧化碳和污染物排放量。
- 按驱动类型分列的二氧化碳排放量。
- 根据每个车型的生命周期和不同的发动机类型，测量和控制氮氧化物（NO_x）。
- 开发氢燃料电池汽车作为补充电气化选项，以保持替代动力系统的灵活性。

路径二，在每个客户细分市场和市场类型中增加电动车型的数量。
- 设定雄心勃勃的电动汽车销售目标。
- 地域拓展：挖掘有兴趣购买电动或氢动力汽车的客户。

- 在选定的经销商开展促销活动：当客户从德国选定的经销商处购买电气化车型时，为其提供套餐，其中包括长达 10 000 千米的充电服务。
- 绿色电力协议：使用 100% 可再生能源为家中的电动车辆充电。
- 根据市场反馈，投资新车型的规划和开发，并加快推出 25 款电气化车型。

路径三，支持制定统一的政府法规和政策。

- 通过提供补贴、减税和其他福利，促进国家和超国家层面不同法规之间的协调。
- 支持"绿色电网"等对气候变化作出重要贡献的措施和政策。
- 推动供需双方在政策措施执行上达成一致性。
- 当取消外部激励措施（如税收激励措施），客户购车需求可能减少时，提供财务激励手段。
- 提供功能性激励手段，例如停车场优先考虑电动汽车而非内燃机汽车。
- 集团内各大区需要独立制定、沟通和实施"电气化战略"。

针对每一条路径，宝马集团都定义了相应的指标，例如针对路径一的主要指标是：

- 能源消耗（按燃料类型、排放类型）；
- 业务单元的能源消耗；
- 每个业务单元的 NO_x 排放量；
- 不同市场和不同位置的排放量；
- 估算上下游二氧化碳排放量。

实际上，大多数汽车企业都采取了类似的方法，将绝大多数 SDGs 都纳入企业的可持续发展战略目标当中。一般来说，被纳入的 SDGs 数量至少 12 项。宝马为 12 项，本田则将所有的 17 项 SDGs 全部纳入，现代达到 14 项。这些企业具有以下一些共同的特点。

- 领先的汽车公司不断增加更环保的汽车系列，包括电动和混合动力汽车以及燃料电池汽车。
- 在其供应链中，公司会对商业伙伴提出减少对环境的有害影响的要求，从而提高商业伙伴的责任水平，同时也加强对劳工权利的保护。
- 特别注意为员工提供教育机会，适应新的业务挑战，例如数字化技能培训。此外，还为员工提供越来越有利的工作条件，在企业里推动发展尊重多元化的企业文化。
- 鼓励开展志愿者活动，支持慈善组织。
- 鼓励使用可再生能源，减少生产中的资源消耗，引入基于出行服务的新商业模式，并在生产过程中引入与产品性能、价值链相关的改善可持续发展的机会。

第3章 SAP的可持续发展战略和解决方案

实现SDGs的一个主要障碍是在相关的业务流程中没有嵌入可持续发展的数据。正因为如此,不少企业既不了解如何将关键的可持续发展KPI映射到价值链,也不了解这些KPI的实际状况,更无力对这些KPI施加影响,从而无法在考虑到这些关键KPI的情况下,主动作出运营决策。对应的解决方案是将可持续发展的相关数据融入各个业务流程中。领导者在这些可持续发展数据的基础上,结合其他业务数据,在整个价值链中作出有意识的决策,从而推动真正的变革——这就是实现可持续发展目标的路径。

SAP系统不仅覆盖了企业内部的业务流程,而且在跨企业的业务网络中也具有主导地位,可以有效地帮助企业推动这一变革。例如,计算一家企业的产品和服务以及整个生命周期的环境和社会影响的过程非常复杂,在整条供应链上的排放量平均比内部运营的排放量高11.4倍。因此,仅关注企业内部的单个操作排放不够,还需要将系统部署到整个产业链上。事实上,这还只是第一步,持续扩展和接下来的不断优化都是挑战。

了解复杂的业务问题,建立业务流程自动化系统,扩展业务网络,并不断优化业务流程,这些一直都是SAP的优势所在。SAP的行业专业知识跨越50年,所具有的广度和深度足以使其能够帮助当今企业优化业务流程,扩展和重塑业务流程,这是任何其他IT企业都无法做到的,而这恰恰就是企业面对可持续发展挑战时必须应对的。

3.1 SAP的使命、愿景和商业模式

思爱普公司(SAP)成立于1972年,总部设在德国的沃尔多夫市,是全球最大的企业应用软件提供商,同时也是欧洲最大的科技公司。SAP提供面向25个行业的端到端解决方案,致力于帮助全球企业实现智慧化、网络化和可持续发展。目前,SAP全球员工总数超过10万人,在150多个国家和地区设有分支机构。SAP在法兰克福和纽约两地上市。2021年全球营收278亿欧元。SAP的客户创造了全球87%的贸易额,SAP的系统也由此被称为"数字经济底座"。

3.1.1 SAP的使命和愿景

SAP的使命是"让世界运转更卓越,让人们生活更美好"(to help the world run better and improve people's live)。在努力实现这一目标时,技术是核心。技术可以帮助人们解决这个时代一些最深刻的环境、经济和社会挑战——预测和预防灾难、让城市更智能、推

动负责任的消费和生产、减少组织的碳足迹并改善生活质量。

SAP的愿景是"重塑世界作为智能的、可持续的企业的网络化运行方式"(reinvent how the world runs as a network of intelligent, sustainable enterprise)。如图3-1所示，这一愿景分为三个发展阶段。

图3-1　从智慧的、可持续的企业到可持续发展世界的三个发展阶段

- 首先是让每个企业成为智慧的、可持续的企业。这样的企业离不开数据的支持，其嵌入了人工智能和体验管理，可以消除业务流程之间的隔阂和摩擦，并通过创新不断推动增长。
- 第二步是将这些企业带入全球商业网络。当业务边界扩展到社区和生态时，行业将发生革命性的变化，形成由众多智能的、可持续的企业支持的无边界商业模式。
- 最终的愿景是一起建立可持续发展的世界。只有当企业成功地实现加速的业绩增长和效率提升，迈向建设可持续世界，人们才会取得成功。

3.1.2　SAP的商业模式

如图3-2所示，在SAP的综合报告中，SAP给出了自己对商业模式的理解，即"一个组织通过业务活动，将投入转化为产出和结果的系统，旨在实现组织的战略目标，并在短期、中期和长期创造价值"。SAP的商业模式通过识别客户的业务需求，然后开发和提供满足这些需求的软件解决方案、服务和支持来创造价值；通过获得客户反馈，努力地改进解决方案，确定进一步的业务需求，并在整个生命周期中为客户提供增强的价值。

这个过程不是凭空发生的，而是由来自内部和外部的一系列输入推动实现的，最重要的是客户洞察、客户体验和与更广泛的利益相关者的对话、金融资本、员工专业知识、知识产权、产品和服务，以及所依赖的IT基础设施。

SAP的解决方案可以帮助客户以及通过客户在世界范围的业务创造影响。虽然SAP直接或间接地影响联合国所有17项可持续发展目标的进展，但在以下目标可以发挥更大的影响。

- 可持续发展目标3：良好的健康与福祉。
- 可持续发展目标4：优质教育。
- 可持续发展目标8：体面工作和经济增长。
- 可持续发展目标9：产业、创新和基础设施。

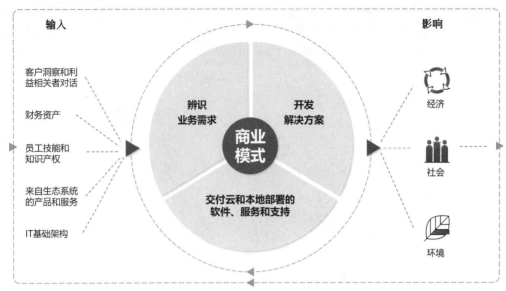

图 3-2　SAP 的商业模式

- 可持续发展目标 10：减少不平等。
- 可持续发展目标 12：负责任的生产和消费。
- 可持续发展目标 13：气候行动。
- 可持续发展目标 17：促进目标实现的伙伴关系。

例如，SAP 的软件可以帮助企业：

- 更好地为世界各地的人们带来经济繁荣和薪酬公平的工作；
- 组织优化资源利用，迈向一个零浪费的世界；
- 提高整体资源生产率，对业务进行转型，减少碳足迹。

为此，SAP 使用以下财务和非财务指标管理企业（来自 2020 年 SAP 全球综合报告）：

- 成长（2020 年为 279 亿欧元，2025 年目标是 360 亿欧元）；
- 利润（2020 年为 85 亿欧元，2025 年目标是 115 亿欧元）；
- 客户忠诚（2020 年客户净推荐值[①]为 4）；
- 员工敬业（2020 年员工敬业度[②]为 86%）；
- 碳影响（2020 年温室气体排放净值为 13.5 万吨，从 2023 年开始为 0）。

3.1.3　SAP 的产品策略

SAP 的应用软件组合是其产品战略的核心，它可以让企业优化管理企业的资源、支出、人力资本和客户关系。如图 3-3 所示，这些应用软件在云端运行，支撑这些应用软件组合的是 SAP 的业务技术平台（Business Technology Platform，BTP），即 SAP 的生态系

---

① 净推荐值（Net Promoter Score，NPS）是计量某个客户向其他人推荐某个企业/品牌/产品/服务的可能性的指数，是一种衡量客户满意度的工具。
② 员工敬业度反映员工为公司投入智慧、感情和承诺的程度。

统平台。SAP 的目标是在云端提供卓越的用户体验、更多的创新、更好的集成、本地化和卓越运营。通过将平台和应用组合结合在一起，SAP 可以支持特定行业的端到端的流程和业务流程洞察力——这就是 SAP 如何实现其愿景并使客户成为智慧的、可持续发展的企业的方式。

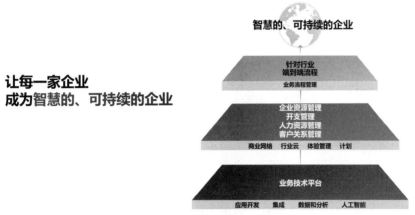

图 3-3　SAP 产品旨在让每一家企业成为智慧的、可持续的企业

3.2　SAP 在可持续发展领域的双重角色

如第 1 章所述，数字化已经成为实现可持续发展最重要的武器。绿色转型和数字化转型，构成了"孪生转型"这一枚硬币的正反两面。因此，可持续发展既是 SAP 公司自身的企业目标，也是 SAP 助力客户实现可持续发展的一类产品和服务。在可持续发展领域，SAP 具有双重角色：

- 一是作为榜样践行，在可持续业务运营和实践中以身作则；
- 二是赋能者，提供满足客户应对可持续发展迎接挑战和机遇所需的产品和服务。

图 3-4 展示了 SAP 在可持续发展领域作为榜样和赋能者的双重角色。可持续发展与 SAP 的使命"让世界运转更卓越，让人们生活更美好"直接相关。SAP 如何实现这一使命呢？

作为榜样，意味着 SAP 需要做好自己的功课，在行动中以身作则。基于自身可持续发展经营的努力，SAP 学习并获得了作为赋能者的信誉。榜样和赋能者这两大支柱都很重要，关键在于如何来推动。2019 年，全球 370 亿吨二氧化碳排放来自于企业，其中 SAP 前 2000 家大客户的排放，就占了近三分之一——高达 100 亿吨。试想一下，如果 SAP 能够通过提供数字解决方案来让这 2000 家企业降低碳排放，让所有的客户都能够高效地管理自己以及地球上有限的资源，毫无疑问，SAP 将为可持续发展作出巨大的贡献。

为此，SAP 确定了四个对客户和地球影响最大的领域。

首先是采取气候行动——应对气候变化及其影响，减少环境足迹。这主要包括提供数字解决方案，让客户能够采取措施将其产品和运营造成的温室气体足迹降至最低。在榜样方面，SAP 对气候变化持认真的态度，为自己设定了大幅减少生态足迹的目标。自

图 3-4 SAP 可持续性发展一览

2014年以来，SAP一直在全球所有的数据中心和设施使用100%可再生电力。SAP的目标是在2023年实现碳中和，2030年实现净零。

其次是实现循环经济——高效地管理有限的资源，引导向循环经济过渡。在过去的50年里，助力循环经济一直是SAP的核心竞争力。SAP对供应链的端到端管理功能，是实现供应链透明度、交付适合循环的产品、将生产者与可预测和可追踪的二次材料来源联系起来，并将废弃物管理与基础设施投资联系起来的重要实现手段。

实际上，气候行动与循环经济这两个话题密切相关。今天，人们在谈到解决气候危机的时候，重点是能源效率和转向可再生能源。但是根据艾伦·麦克阿瑟基金会（Ellen MacArthur Foundation）的一项研究，这其实只能解决55%的排放，而剩下的45%则来自"废物制造"经济。因此，人们需要改变生产和使用产品的方式，这也是为什么SAP的气候行动和循环经济需要紧密联系起来的原因。

第三，在对可持续发展的整体理解中，SAP重点推动社会责任价值链，创造积极的社会影响。SAP促进人人平等，致力于内部和外部的多元化、公平性和包容性，建立一只熟练的劳动力队伍，让每个人都具备在数字世界中茁壮成长的技能，支持给人们带来健康和福祉的工作场所文化，促进社会企业家精神，提供从激励早期创新到发展成为成熟社会企业的计划。

第四是全面指导和报告。在可持续发展领域，对于如何衡量企业成功的期望已经超越了单纯的财务指标。从关于公司宗旨的商业圆桌会议宣言①到贝莱德的投资标准②,以及今天的气候风险等,都可以看到这一点。SAP 自 2012 年以来便发布了第一份综合报告。为了推进全面指导和报告这一主题,SAP 成为"价值平衡联盟"(Value Balancing Alliance)的创始成员,旨在为企业活动的货币化和披露影响创建一个具有全球影响的衡量标准。该联盟作为欧盟"可持续金融"平台的成员,受欧盟委托制定绿色会计原则,目标是建立一个统一的、国际公认的估值方法来计算可靠的可持续性指标。在解决方案层面,SAP 不断地推出解决方案,旨在基于底层端到端业务流程数据,实现财务、运营、合规、环境和社会关键人物的透明,以显示企业对环境、社会和社区的影响。

3.3　SAP 可持续发展的历史里程碑

如图 3-5 所示,SAP 在可持续发展领域耕耘了超过十年的时间,取得了一系列的里程碑。回顾这些里程碑,可以从一个侧面帮助我们了解一家全球领先企业推动可持续发展的历程。

- 2000 年,SAP 是最早的 50 个联合国全球契约组织(UNGC)的签署成员。UNGC 是目前全球最大的企业可持续发展组织,已有 160 个国家的 1.2 万家企业加入。
- 2009 年,SAP 将可持续发展作为公司长期战略目标,与公司的愿景和使命保持一致。
- 2009 年,SAP 创立 SAP 可持续发展精英网络(champion network),在企业员工内部推动和传播可持续发展,分享理念,交换最佳实践和推动项目。
- 2009 年,发布第一份"环境政策"、第一份"全球健康与安全管理政策"、第一份"国际劳工标准承诺"和第一份"供应商行为规范"。
- 2009 年,设定减碳目标,计划将 2020 年的排放减少到 2000 年的水平。
- 2009 年,收购 Technidata 和 Clear Standards 两家企业,增强 SAP 可持续发展的解决方案能力。
- 2010 年,设立监事会女性代表占比的目标。
- 2011 年,第一个环境管理系统通过 ISO 14001 认证。
- 2011 年,建立"外部可持续发展顾问小组"。
- 2011 年,采纳"人权承诺宣言"。
- 2012 年,发布第一份综合报告,实现财务 KPI 和非财务 KPI 之间的定性"连通性"。
- 2013 年,发布"可持续发展仪表板"。

---

① 2019 年 8 月 19 日,181 家美国顶级公司的 CEO 在华盛顿召开的美国商业组织"商业圆桌会议"(Business Roundtable)上,联合签署了《公司宗旨宣言书》,宣称公司的首要任务是创造一个更美好的社会,引发了市场有关推翻"股东利益最大化"的研讨热潮。

② 2020 年初,全球最大的资产管理公司贝莱德(Blackrock)宣布,"将把环境管理放在该公司近 9 万亿美元资产投资方式的核心"。

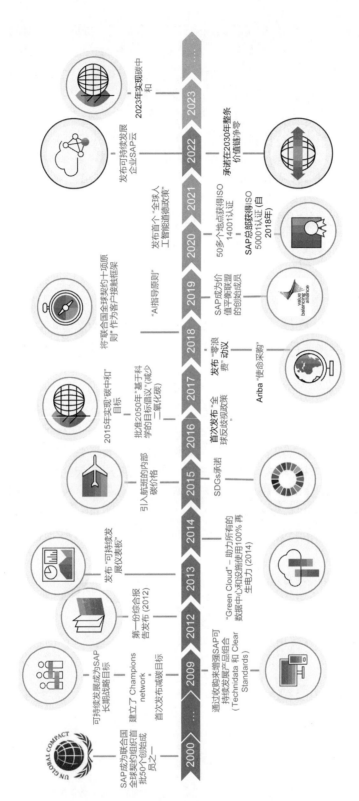

图 3-5 SAP 可持续发展的重要里程碑

- 2014 年，提出"绿色的云"（Green Cloud）目标，在所有的数据中心和设施使用 100％再生电力。
- 2014 年，建立"内部可持续发展委员会"，作为 SAP 可持续发展的治理机构。
- 2014 年，公布财务 KPI 和非财务 KPI 之间的"定量连接性"（例如，评估"员工敬业度"，看看 1％的变化对公司的营业利润意味着什么）。
- 2015 年，SAP 从一开始就支持联合国可持续发展目标，成为 IMPACT 2030 和全球可持续发展目标伙伴关系的创始成员。
- 2016 年，设定 2025 年 SAP 实现碳中和目标。
- 2017 年，批准 2050 年基于科学的目标倡议（SBTi）减少二氧化碳。
- 2017 年，提前实现 2020 排放目标。
- 2017 年，发布第一个"全球反歧视政策"。
- 2017 年，实现管理层 25％为女性的目标。
- 2018 年，SAP 董事会指派可持续发展团队寻找一种处理不符合公司愿景的客户的方法——将"联合国全球契约十项原则"作为公司与客户进行接触的行为框架。
- 2018 年，发布"人工智能指导原则"。
- 2018 年，在"循环经济"的背景下，与客户和合作伙伴一起推出"零浪费"目标。
- 2018 年，包括总部在内的 55 个地点通过 ISO 14001[①]认证（代表大约 70％的员工群体）。
- 2018 年，在总部引入 ISO 50001 认证的能源管理系统。
- 2022 年，SAP 全球人工智能道德政策自 1 月 1 号生效。
- 2022 年，发布可持续发展企业 SAP 云。
- 2022 年，SAP 承诺在 2030 年实现价值链上的净零，与 1.5℃的未来一致，比最初的目标提前 20 年。

3.4 SAP 作为可持续发展的榜样

如前所述，作为榜样是 SAP 在可持续发展领域的双重角色之一。这里重点介绍碳排放、社会责任和对外报告披露等三个领域。

3.4.1 碳排放

如图 3-6 所示，SAP 从 2009 年开始树立首个减碳目标，目前设定了 2023 年实现碳中和以及 2030 年实现净零的目标。为此，SAP 采取了一系列有效的手段确保实现目标。采用避免、减少和补偿手段，在 2023 年实现 SAP 自身运营的碳中和。碳中和的范围包括所有的直接（范围一）、间接（范围二）和价值链上的选择类目（范围三）的排放，如图 3-7 所示。为此，SAP 在自身运营中加速采取支持气候行动的措施，包括：

---

① ISO 1400 是 1996 年首次由国际标准化组织发布的环境管理体系认证，可证明被认证组织在环境管理方面达到了国际水平，能够确保对各过程、产品及活动中的各类污染物控制达到相关要求。

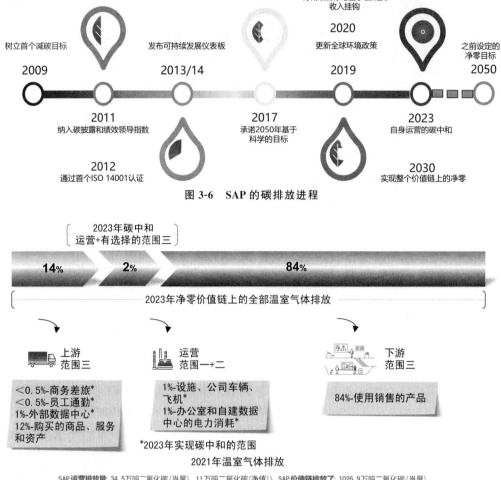

图 3-6　SAP 的碳排放进程

图 3-7　SAP 的碳足迹——碳中和净零目标

- 在所有的设施和数据中心(无论是内部还是外部)使用 100% 可再生电力,打造"绿色的云";
- 从 2025 年开始,SAP 公司车队只采购零排放的新能源汽车;
- 为所有的商业航班计算内部碳价格,以抵销相应的碳排放;
- 对 Livelihoods 等农业生态和碳基金等进行战略投资,进行碳抵消(carbon offset);
- 2025 年在 SAP 所有的设施都 100% 实现环境管理系统,并通过 ISO 14001 认证。

这些目标将通过下述方法实现。

- 避免:首先是避免制造温室气体,例如采用远程会议避免乘坐商务航班来减少碳排。
- 减少:如果无法避免,SAP 的对策是推动创新和效率,以减少温室气体排放(例如,提高建筑保温效率、改善数据中心运营、鼓励拼车和共享汽车等出行服务)。
- 补偿:作为最后一步,扩展现有的补偿模型,例如,建立内部碳定价模型、碳中性燃料卡,与满足标准的合作伙伴开展协作。
- 2030年实现净零,承诺企业雄心,按照基于科学的目标倡议(SBTi)的要求,将减碳目标设定为1.5℃,包括范围一、二和三的所有绝对温室气体排放。为此,SAP围绕整个价值链开始展开行动,包括
  - 加速客户从本地部署向云部署转型;
  - 加强与关键供应商开展合作,承诺在碳中和的基础上实现产品交付和服务的净零;
  - 建立或采用一流的自建数据中心、共用同一地点或第三方的数据中心,对所有的SAP云解决方案进行碳足迹计算;
  - 增强对可再生电力以及其他相关基金的直接投资,中和剩余的碳排放。

3.4.2 社会责任

在社会责任领域,SAP聚焦在三个领域:推动人人平等,助力社会创业和包容性创业,以及促进熟练、健康、包容的劳动力(见图3-8)。为此,SAP开展了多项计划,朝着成为世界上最具包容性的软件公司的目标迈进,例如,其一项目标是在2025年将5%的采购量用于社会企业和多元化的供应商。为此,SAP启动了一系列的项目,如推动建立面向女性员工的商业女性网络等,极大地帮助SAP在社会责任领域取得显著进展。

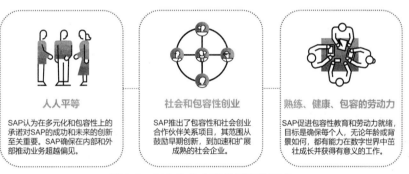

图3-8　SAP在社会责任领域的亮点

SAP的外部企业社会责任活动侧重于三大战略支柱,如图3-9所示。它们包括打造数字化技能、加速非营利和社会化企业以及用使命连接员工。这三大支柱促进了数字包容性,并为所有人创造了机会。

3.4.3 对外报告披露

在开展上面提到的这些实践的基础上,SAP进一步遵循多元资本会计(Multi Capital Accounting,MCA)的原则,将财务数据、社会数据和环境数据结合起来,以便作出更好的商业决策。自2012年开始,SAP开始提供综合报告。

长期以来,企业对外发布信息的主要形式是年报。传统的年报主要披露的是企业的业务和财务信息。而碳排放和其他社会责任的信息则较少有直观的披露。随着可持续发展成为SAP重要的发展战略,SAP开始在对外信息披露中加入相关内容。如图3-10所示,SAP从2007年开始对外提供第一份可持续发展报告。随着更多的相关内容持续披

图 3-9　SAP 作为企业公民带来的影响

露,SAP 在 2012 年开始提供第一份综合报告,将财务、环境、社会和治理等信息一并发布,不断推动在全面指导和报告领域的工作。

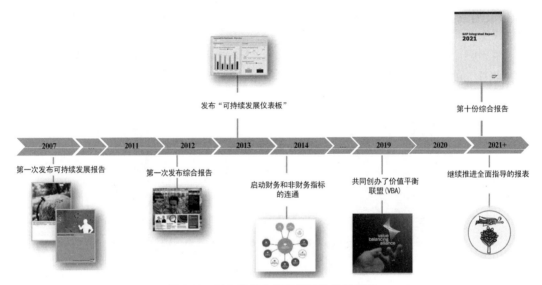

图 3-10　SAP 在综合报告领域的发展历程

其中特别需要指出的是,SAP 在 2014 年启动了"财务和非财务指标的连通性",用量化的方式揭示其中的联系,如图 3-11 所示。例如,从 2014 年到 2018 年,SAP 使用线性回归等技术来分析四个非财务指标的财务影响:商业健康文化指数、员工敬业度指数、员工保留率和碳排放量,对每个指标进行评估,以了解每一个百分点的变化对公司营业利润意味着什么。例如,2018 年的结果显示,商业健康文化指数每变化 1 个百分点,就会影响营业利润 9 千万欧元至 1 亿欧元。实际上,这项研究也展示了 SAP 对外部社会的影响。2017 年的数据显示,SAP 从供应商处购买的商品和服务为大约 12 万个全职员工创造了就业机会,供应链的碳排放导致每年约 1.6 亿欧元的社会成本等。

同样,为了帮助 SAP 的每一位员工积极投入可持续发展的活动中,SAP 还在 SAP 分析云平台上推出了可持续发展仪表板,结合每一位员工所在的组织和工作地点,提供个性化的绩效图表,包括温室气体排放、航班碳排放、员工保留率、员工调查结果等通过在SAP的综合报告中连通财务和非财务指标，全面审视绩效　　　　提供所有员工可访问的可持续发展仪表板，并下钻到他们对KPI的贡献值　　　　成为价值平衡联盟的创始成员，帮助衡量公司为社会提供的环境、人力、社会和财务价值

 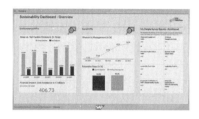 

图 3-11　SAP 围绕综合报告领域开展的工作

信息。

在图 3-11 中，基于在连通财务和非财务指标方面的多年经验，SAP 与巴斯夫、博世、德意志银行等八家企业于 2019 年共同创立了价值平衡联盟（Value Balance Alliance，VBA）。该联盟着眼于企业如何更好地了解其对社会和环境影响，制定企业战略解决可持续发展问题，并得到哈佛商学院、全球四大会计师事务所等一流大学以及政府、民间社会和标准制定组织的利益相关者的支持。通过参与 VBA 的方法开发和试验阶段，SAP 在塑造影响测量和评估的未来方面发挥着积极作用。图 3-12 所示的就是 VBA 展示的企业报告演进历程。在可持续发展领域，报告起到了非常重要的作用：对外进行披露，对内指导业务改进。传统的基于企业资源计划（ERP）的报告，首先关注的是"业务活动使用了哪些资源"这样一些外部输入数据。接下来，系统可以根据业务活动和输出，推导出碳排

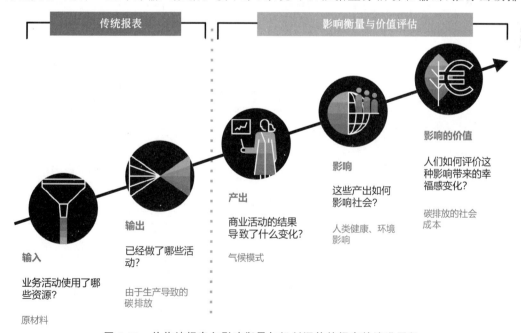

图 3-12　从传统报表向影响衡量与机制评估的报表的演进历程

放情况,这也就是碳排放"计量法"的基本原理。这两类报表,都属于传统报表范畴。接下来,更多的关于 ESG 的指标(如气候模式、人类健康、环境影响、社会成本等),需要通过更高阶段的报表展示出来,与企业的经营指标相结合,不仅提高了企业满足监管要求的报告能力,也加强了 ESG 指标对企业业务的引领能力,从而帮助企业更好地了解对社会和环境的影响,并制定企业战略以引领可持续发展。例如,企业的首席营销官可能会发现,关于产品对气候造成影响的说法在报表中得到证实,就会采取相应的行动。

3.5 SAP 作为可持续发展的赋能者

SAP 可以就所有 17 个联合国可持续发展目标为企业提供价值。如前所述,SAP 的重点是其中的 8 个方面。在这 8 个方面,SAP 可以帮助企业更高效地运行,转变业务模式,并实现颠覆性增长。作为企业应用软件领域的领导者,凭借 SAP 成立 50 年来的创新、影响力和相关性,在财务、供应链、采购和人力资源管理等领域的领导者可以释放分析、区块链、人工智能、数据管理和商业智能等技术组合的力量,将商业和消费者的洞察力整合到其核心的和行业特定的业务流程中,激活在整个价值链上的大规模可持续发展的潜力。

3.5.1 SAP 的可持续智慧企业的整体框架

首先来看一下 SAP 对客户和地球影响最大的三大具体的可持续发展领域:气候行动、循环经济和社会责任,如图 3-13 所示。

图 3-13 SAP 在可持续发展的三大领域

在气候行动领域,SAP 的目标是沿着 1.5~2℃的路径,对全球温室气体减排目标作出贡献。SAP 将现有的 SAP 产品和解决方案与可持续发展方案结合起来,同客户建立战略合作关系,推动气候行动计划。诸如能源和自然资源、化工等高排放行业,以及食品、汽车和运输等行业,是 SAP 气候行动解决方案的重点。

在循环经济领域,SAP 的解决方案可显著提高工艺循环度,减少包括塑料在内的废弃物泄漏量,推动实现零垃圾填埋、零有害污染物排放、100%可持续材料投入和使用结束后 100%的回收。食品、农业、消费品、汽车和运输行业,是 SAP 推动循环经济解决方案的重点领域。与此同时,SAP 也将积极推动循环过程向其他行业的价值链扩展。

在社会责任领域,SAP 通过不断将新的数字科技引入解决方案,帮助客户推动提高劳动力的多元化、确保公平和人权,并帮助员工满足学习和技能发展的需求,同时为企业实现社会化采购提供支持。

3.5.2 SAP 的可持续发展方案策略和架构

可持续发展是数字化转型的下一个前沿。无论是投资者、监管者还是消费者,都对产品和服务在社会、环境和经济上的责任提出了越来越多的要求。企业期望减少温室气体排放、减少污染、促进循环经济,并在产品的整个生命周期和全价值链上采用对社会负责任的业务流程。而关键的业务问题是既让可持续性实现营利,也要让营利保持可持续性(make sustainability profitable, and profitability sustainable)。毫无疑问,现在是采取行动的时候。

可持续发展本质是一个资源管理问题。它的实现是一个旅程而非一个终点。不同的企业和不同细分行业,处于不同的成熟阶段。对于企业领导来说,其行动计划有三点相同的地方:

- 满足今天和未来期待的法律合规要求;
- 通过将可持续发展的指标和洞察嵌入核心流程和差异化流程中,提高现有系统的效率;
- 创建社会公平的新产品、服务和商业模式。

显然,收集和分析可持续发展数据是实现全面可持续管理的关键步骤。管理专家经常引用这样一句话:"如果你不能衡量它,你就无法改进它。"然而,世界经济论坛(World Economic Forum,WEF)的报告称,只有 9% 的公司积极使用支持环境、社会和治理(ESG)数据收集、分析和报告的软件。在 SAP 进行的一项调查中,只有 21% 的企业高管表示,他们对为可持续发展收集的数据的质量和可用性完全满意。对实时数据的洞察提供了公司绩效的连续视图,而基于定期更新的电子表格的手动流程无法与之匹配。通过数字化,用户可以深入公司内部和整个业务网络的每一个战略领域,根据财务和非财务指标作出明智的决策。拥有更多数据的公司往往对其业务有更全面的看法,这使其能够更细致地了解自己可以作出的权衡,以提供更好的总体结果。例如,品牌经理可以在成本、进度与可持续发展影响(如材料可回收性或碳强度)三者之间作出更好的权衡;首席财务官可以更快速、更准确地估算作为或不作为的"真实"成本,计算新碳税的成本或不符合环境或社会标准的成本。

毫无疑问,实现可持续发展所需的转型之旅既需要全面的数据洞察,也需要业务流程的激活。如图 3-14 所示,将可持续的业务数据嵌入企业的所有流程和网络当中,是确保成功的关键。在业务流程中使用可持续性数据,作出可持续的、有利可图的决策,并衡量绩效,然后与供应商、行业协会、监管机构和非政府组织分享可持续性绩效数据,其中可能包括计算得出的碳排放量、用水、可回收性或劳动力信息,这其实也就是在可持续发展领域进行数字化建设要实现的目标。

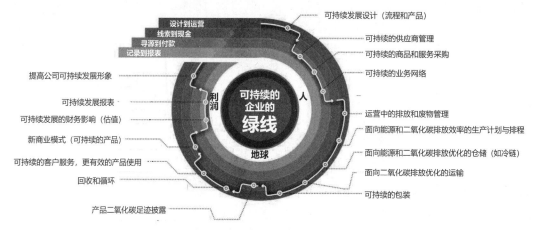

图3-14　将可持续发展融入端到端的业务流程中

让可持续发展成为企业的战略核心,推动增长、效率和社会责任,以及对合规和监管风险作出快速响应——所有这些都可通过将可持续性嵌入整个业务网络当中,分布到端到端的业务流程中来实现。对于许多企业来说,要实现这些目标,并不是一件简单的事情。许多企业必须在没有专门的可持续发展专家、IT资源最少的情况下管理绿线(Green Line),同时又不失去推动业务的动力,这就需要一个系统的解决方案。如图3-15所示,为实现这一目标,SAP推出了SAP可持续发展企业云(SAP Cloud for Sustainable Enterprise),它汇集了一系列解决方案,使企业能够快速建立全面管理可持续性发展的系统蓝图。

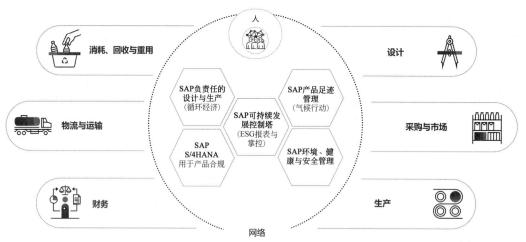

图3-15　SAP可持续发展企业云汇集了一系列解决方案

如图3-16所示,SAP可持续发展企业云是SAP宗旨、SAP对可持续业务的理解以及SAP在可持续发展领域作为榜样和实践者的方案落地,它包括了四大解决方案。

- 全面指导和报告:将财务角度和非财务角度的指标进行组合并连接到一个整体报

图 3-16　SAP 可持续发展企业云

告中。通过嵌入的、经验证的实时数据,有效地理解、分析和指导企业的合规、对外报告和业务转型机会。

- 气候行动:通过有效地管理排放和环境足迹,包括合规性、法规和碳交易,实现创新和增长。
- 循环经济:从根本上重新定义产品的设计、制造和管理,实现可重用性和新的价值创造。
- 社会责任:帮助实现与劳动力和利益相关者有关的发展目标,以帮助确保平等、多元化、心理/身体健康和福祉、终身学习和社会创业。

3.5.3　可持续发展目标实现框架引领下的 SAP 整体解决方案

第 2 章介绍了如何在联合国 SDG 雄心计划的基础上,对可持续发展目标进行分解,从"路径-行动-子目标-指标-流程-系统-决策",逐步实现系统落地。这套方法论构成了可持续发展目标的实现框架,可以用来指导企业可持续发展的战略规划和项目实施。在图 3-17 中,它们构成了最上面的一层。

本章前面介绍了 SAP 在可持续发展领域提供的四个解决方案,它们是全面指导和报告、气候行动、循环经济和社会责任。全面指导和报告方案,承接了上述可持续发展目标实现框架的输出,从指标层面定义了可持续发展的整体绩效衡量,提供了实施操控的仪表板。气候行动、循环经济和社会责任等三个方案,是全面指导和报告在具体的可持续发展领域的业务实现。在图 3-17 中,它们构成了中间的一层。

最下面的一层是 SAP 的智慧企业整体方案。SAP 认为,智慧企业是数字化转型的目标。智慧企业使用最新的技术,如人工智能、物联网、大数据和高级分析等,将洞察力实时转化为整个企业的行动,由此加快数据驱动的创新和流程自动化,推出新的商业模式,提供卓越的体验。SAP 的智慧企业方案,由业务技术平台、智慧套件和行业云构成。它们与上一层的可持续发展解决方案融合在一起,构成了完整的企业数字化建设内容。

图 3-17　可持续发展目标实现框架引领下的 SAP 整体解决方案和"咨询-方案-产品"体系

上述三层构成了一个完整的可持续发展目标实现框架引领下的 SAP 整体解决方案，也是着力建设的完整的可持续发展"咨询-方案-产品"体系。

3.6　案例：昕诺飞(Signify)通过可持续发展实现业务创新

3.6.1　公司介绍

昕诺飞(Signify)的前身是飞利浦照明，由弗雷德里克·飞利浦和杰拉德·飞利浦于 1891 年在荷兰埃因霍温创立，拥有 100 多年的历史，2018 年正式更名。昕诺飞是专业照明、消费者照明和物联网照明领域的全球领导者。如图 3-18 所示，昕诺飞在全球 71 个国家和地区开展业务，有 3.7 万名员工，2021 年销售额达到 69 亿欧元。

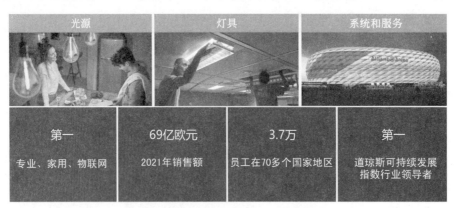

图 3-18　昕诺飞是全球照明行业的领导者

3.6.2　昕诺飞的可持续发展战略

昕诺飞的使命是"释放光的非凡潜力，创造更美好的生活、更美好的世界"(to unlock the extraordinary potential of light for brighter lives and a better world)。可持续发展在

昕诺飞的使命和战略中居于核心地位。

从2016年开始,昕诺飞制定了相应的可持续发展目标,如图3-19所示。至2020年,昕诺飞实现了运营中的碳中和,并100%使用可再生电力。目前,昕诺飞25%～27%的收入来自照明创新,21%～25%的收入来自循环产品。在下一个截至2025年的发展阶段中,昕诺飞将加倍关注对环境和社会的影响,加快《巴黎协定》1.5℃情景的步伐,实现32%的收入来自循环产品、系统和服务。

图3-19 昕诺飞设定的可持续发展目标

3.6.3 照明即服务

今天,碳中和已经成为许多企业和政府共同作出的基本承诺,其背后的节能运行理念得到了广泛传播。一方面,节能运营每年可节省的费用通常超过采用更高效的产品和服务的成本;另一方面,越来越多的企业开始将碳足迹规模作为其购买的重要决策因素。照明系统每年产生大约20亿吨温室气体,约占全球二氧化碳排放量的6%,对照明系统的改造已进入人们的视野。

与此同时,ESG理念推动下的绿色资金筹措和运用方式,也加快了照明系统的绿色改造进程。世界银行于2009年发布了第一批绿色债券,受到各界的广泛欢迎。2019年又继续发行了价值1570亿美元的绿色债券。许多绿色投资者将他们的资金用于较小规模的可持续项目上,例如通过提供照明改造、建筑改造等领域,从而从节能和绿色融资中受益。

围绕着照明的使用阶段,昕诺飞开发了四种照明模式,过渡到循环经济:
- 可更换零件(延长使用寿命的模块);
- 可维修的灯具(带有可更换驱动器、控制装置和LED板的灯具,以延长使用寿命);
- 照明资产管理系统(生命周期监控和预防性维护计划);
- 循环服务(延长灯具使用寿命的服务以及在合同终止时触发退货选项的服务)。

在这四种模式下,昕诺飞进一步运用数字技术,将创新的金融模式引入照明系统解决方案当中,提出照明即服务(Light as a Service,LaaS),如图3-20所示。按照传统的照明采购方法,企业通过购买和维护自己的照明设备来获得照明,需要有数千个灯具以及操作和管理它们所需的布线、控制器、服务器、网关、开关、传感器和其他基础设施组件。LaaS彻底改变了这种模式,让企业无须拥有自己的照明设备,而是定期从照明供应商那里"租用"照明设备。照明供应商保留设备的所有权,并在很大程度上承担维护和升级的责任。不仅如此,照明供应商还提供了 LaaS 平台,作为部署传感器技术和数据分析的基础。带有嵌入式传感器的 LaaS 系统可以从照明场所的每一平方米收集信息。当自然光照射到设施时,智能照明会变暗。当照明系统需要维护时,会提前发出信号,避免计划外关闭。这些数据可以安全地被传回云端并进行分析,例如比较不同设施的照明能源使用方式,从而为节能决策提供信息。

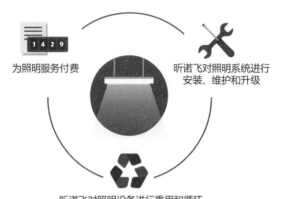

图 3-20 从销售灯泡转向照明即服务

在这个 LaaS 项目中,昕诺飞使用了"交互式"的物联网平台,从客户那里捕获消费数据。该数据在 SAP 云平台上进行分析,帮助昕诺飞获得近乎实时的数据洞察力,帮助客户将照明成本从资本支出转移到运营支出,以适应客户的业务增长。

图 3-21 显示了采用 LaaS 如何为公司节省 10% 的能源和维护成本。如果公司继续使用 LaaS 的话,第六年将可以节省 50% 的能源和维修成本。当然,财务部门还发现,在 LaaS 模式下,与拥有照明相关的资本支出变成了对组织资产负债表影响较小的运营成本,从而改善了自由现金流。

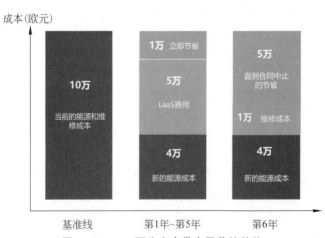

图 3-21 LaaS 可为客户带来显著的效益

第二篇
可持续发展的数字化方案原理

第4章 通过气候行动实现零排放

在过去几十年里,人类向大气中排放了大量的温室气体,尤其是自1950年以来,全球范围内温室气体的排放持续增加,导致地球天气和气候系统发生了复杂转变,简言之就是气候变化(climate change)。气候变化不仅包括平均气温上升,还包括极端的天气事件、野生动物种群和栖息地的变化、海平面上升以及一系列其他影响。

CO_2 浓度上升的主要原因是人们为了获取能源而燃烧化石燃料。煤炭和石油等化石燃料含有碳,植物通过光合作用在数百万年的时间里从大气中吸收碳,而人们在短短几百年里就把这些碳都返回到大气层。

为了应对气候变化,人类开始采取各种气候行动(climate action),减碳就是其中最重要的手段。经过近30年的探索和发展,人们在减碳领域已经发展出一整套科学理论、标准法规和操作体系,成立了为数众多的国际组织、政府机构、非政府组织以及产品和服务供应商。减碳涉及的内容极为广泛,几乎触及了社会、经济和生活的方方面面。从本质上说,气候行动是一个发展问题,是广泛而深刻的系统性变革。它不仅是政府的目标,也将深刻地改变企业的经营方式。

通过阅读本章,读者可以快速了解这一领域的基本知识,重点掌握与减碳数字化相关的背景知识、名词概念、计算方法,以及SDG雄心计划中关于减排的IT系统规划原则,从而为搭建实现零排放的数字系统打好基础。

4.1 推进低碳发展成为社会和企业的共识

4.1.1 严峻的全球气候挑战

2019年,包括土地利用变化在内的温室气体排放总量达到新高——591亿吨 CO_2 当量,包括中美在内6个国家的排放量占全球排放量的60%以上。2020年,全球大气中平均 CO_2 浓度为414.24ppm[①],不确定性范围为±0.1ppm。今天的 CO_2 水平比过去80万年以来的任何时间点都要高。事实上,上一次大气中的 CO_2 含量如此之高是在300多万年前,当时的温度比前工业时代高出2~3℃,海平面比今天高出15~25米,人类的祖先正

---

① ppm(parts per million)浓度是用溶质质量占全部溶液质量的百万分比来表示的浓度,也称百万分比浓度,经常用于浓度非常小的场合。

在从类人猿进化为远古人类。

2020年是人类有记录以来最温暖的年份之一,野火、干旱、风暴和冰川融化加剧。如果全球气温上升4℃,就可能会导致人均GDP下降30%。气候变化将对全球经济造成重大损害——这一点已被各种研究所证实。例如:

- 在美国,到21世纪末,与气候有关的经济损失可能达到GDP的10%;
- 在东亚,如果按照目前的发展模式继续下去,到2100年,气候变化造成的平均损失可能达到年度GDP的5.3%;
- 仅以中国为例,恶劣的气候变化可能会在未来20年带来3890亿美元的损失;
- 世界上最大的200多家公司估计,如果不采取行动,气候变化将使它们损失近1万亿美元。

4.1.2 减碳成为全球共识

自20世纪90年代,人类对于气候变化逐渐形成了科学的认知和系统性的治理架构。在这一背景下,国际社会发生了一系列标志性事件。

- 1992年,《联合国气候变化框架公约》(*United Nations Framework Convention on Climate Change*,UNFCCC)首次承认气候变化及其不利影响是人类共同关心的问题,规定发达国家必须采取具体措施限制温室气体排放,而发展中国家只承担提供温室气体源与温室气体汇总的国家清单的义务,不承担有法律约束力的义务。
- 1997年,《京都议定书》是《联合国气候变化框架公约》的补充条款,首次为39个发达国家规定减排目标。该协议的限排指标距离延缓气候变暖的差距很大。自1997年到2011年,全球温室气体排放量依旧增长了25%。
- 2005年,欧盟启动了全球第一个跨国碳排放交易机制,利用市场化的手段推动企业减排。
- 2015年,186个国家和地区一起签署《巴黎协定》,明确气温控制的硬指标,即在21世纪末温度上升不超过2℃(要求<2℃),并努力限制在1.5℃以内(最好<1.5℃)。按照1.5℃的目标,需要全世界在30年左右的时间里,即在2050年前,将温室气体排放量从目前的约400亿吨净二氧化碳当量减少到零。《巴黎协定》对发达国家的减排目标提出了绝对值的要求,也鼓励发展中国家根据自身国情尽可能达标。
- 2019年,欧盟发布"绿色新政"(European Green Deal),提出在2050年实现净零排放的目标,并在2021年通过碳边境调节机制(Carbon Border Adjustment Mechanism,CBAM),对欧盟进口的商品逐步征收碳税。

为什么《巴黎协定》要求温度上升最好控制在1.5℃呢?联合国政府间气候变化专门委员会(Intergovernmental Panel on Climate Change,IPCC)提示,只有在工业化前温度的基础之上将温度上升控制在1.5℃,才可以避免气候变化的灾难性影响。为实现这一目标,温室气体排放量必须在2030年前减半,并在2050年前降至净零,如图4-1所示。

截至2021年初,占全球CO_2排放量65%以上和占世界经济70%以上的国家都对碳

气候变化将继续是监管的关键驱动力

- 为碳定价
- 奖励采用可持续能源的方法

可持续发展趋势正在改变市场

- 消费者正在转向更可持续的产品和服务
- 投资者正在关注灵活性和韧性

气候变化影响所有商业领域

- 本地复杂性给气候决策带来难度
- 一个连贯、可行的全球战略需要投资,但同时这也是一个市场机会

50% 的CO_2排放需要在接下来的10年里减少,才能实现1.5℃路径

43% 的消费者如果对一个品牌在社会问题上的言行感到失望,他们往往会走开

**$90万亿** 的投资将会在2030年以前用于气候基础设施

图 4-1　气候行动已经迫在眉睫

中和作出雄心勃勃的承诺。美国、欧盟、日本和韩国等126多个国家承诺到2050年实现碳中和。中国提出2030碳达峰、2060碳中和的目标。根据世界银行发布的碳定价仪表板,截至2021年4月,在全球范围内,已经有64项碳定价举措到位或正在计划实施,而2018年仅为51项。这些举措已经占据2021年全球温室气体排放的21.5%。根据各国作出的气候承诺,这一数字还将继续增长。

4.1.3　中国双碳目标的压力和机遇

中国的碳排放量在全球范围内"一枝独秀",遥遥领先其他国家,承受着巨大的国际压力。2020年,习近平主席在联大一般性辩论上提出2030年前达到峰值、2060年前实现碳中和的目标,正式向全世界递交中国减排的时间表。

毫无疑问,中国实现"30·60"双碳目标具有很大的压力,如图4-2所示。

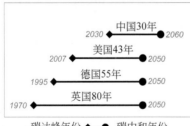

图 4-2　双碳目标对中国短期有压力,长期是机遇

第一是时间短。留给中国从碳达峰到碳中和的时间只有30年,相当于其他发达经济体的一半左右。例如,英国从1970年实现碳达峰开始,到预计的2050年碳中和,有长达80年的时间。

第二是任务重。目前,中国的碳排量远高于其他经济体,约占全球30%,超过美、欧、日等所有发达国的总和。不仅如此,碳排放强度(单位GDP所产生的二氧化碳)也是世界平均水平的2倍。

第三是约束多。首先,发达国家的减排是在发展到发达阶段后的自然转型,已经实现了减排和经济增长的同步。中国在减排的同时还需要兼顾GDP发展目标,跳出中等收入陷阱。其次,中国的产业结构仍处于工业化的中后期阶段,高投入、高能耗、高污染的产业占比较高,产业结构转型尚需时日。再次,中国当前的能源结构高度依赖火电,占比超过70%,其中近90%都是煤炭,占全国碳排放量的50%。最后,目前的新能源、碳捕集等新技术虽然发展迅速,但是在技术路线上仍存在很多不确定性和约束条件。

第四是规则新。围绕减碳,国际上出现了很多新规则,给中国企业出海和参与国际贸易带来了挑战,典型的例子就是碳关税和碳标签。欧盟计划从2023年起试行碳关税,即碳边境调节机制(CBAM)。据测算,2020年中国对欧盟出口产品的平均碳排放强度是0.89千克/美元,是欧盟对中国出口的3倍以上(0.28千克/美元),挑战不言而喻。而为了满足碳标签的要求,需要企业投入更多成本对产品碳足迹进行追踪,也会导致出口成本增加。

然而同时,"30·60"双碳目标也会带来很多新的机遇,如图4-3所示。

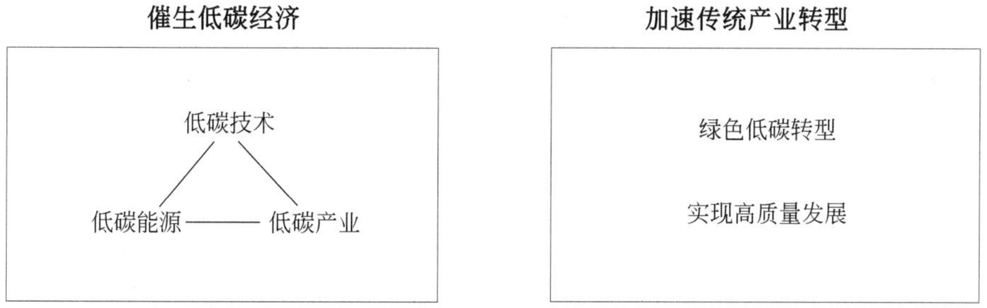

图 4-3 双碳目标带来的两大机遇

催生低碳经济	加速传统产业转型
低碳技术 低碳能源 —— 低碳产业	绿色低碳转型 实现高质量发展

首先是低碳经济意味着大量的商机,如伴随出现的低碳能源、低碳技术和低碳产业。以低碳能源的光伏产业为例,2000年中国的光伏上市企业只有18家,总市值约740亿元。截至2020年,光伏上市企业超过130家,总市值超过4万亿,其中13家市值超过千亿。

其次是双碳目标可以推动传统产业加速转型升级,实现高质量发展。在双碳目标下,很多产业都会发生重大转变,甚至在某种意义上会推倒重来,包括汽车产业、能源产业、绿色食品产业等,这会给很多企业带来换道超车的机会。

目前,地方政府和企业这两类主体承担了减碳的主要压力。其既有减碳的动力,也面临着不同的挑战,如图4-4所示。

对于地方政府来说,为实现双碳目标面临着四大难题。

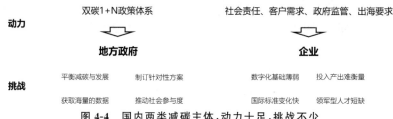

图 4-4 国内两类减碳主体,动力十足,挑战不少

(1) 平衡减碳与发展:减碳进程需要与当地经济发展取得平衡,制定明确的战略。

(2) 制订针对性方案:需要结合城市禀赋,制订针对性方案。

(3) 获取海量的数据:需要各方面的数据,特别是与经济运行相关的碳排数据而不仅仅是环保信息。

(4) 推动社会参与度:推动社会各界参与,调动地方企业积极性,将减碳与高质量发展的目标相结合。

对于企业来说,在双碳任务面前,也同样面临着四种困局。

(1) 第一种是观望,这部分企业并未真正认识到减碳的价值,缺乏减碳的切实动力。

(2) 第二种是迷茫,这些企业有减碳的动力,但是缺乏路径方法和相应的系统和工具,只能暂时将减碳搁置。

(3) 第三种是畏难,面对层出不穷的新的技术标准和新的监管措施,减碳的复杂性不断上升,让一部分企业产生了畏难情绪。

(4) 第四种是急迫,这些企业迫切地需要满足海外合规要求,以及越来越多的贸易规则,如欧盟碳边境调节税已迫在眼前。

这些困局的背后则是企业面临的四大挑战。

(1) 数字化基础薄弱:减碳需要强大的数字化基础。大量的企业仍处于使用手工方式进行碳盘查的阶段,缺乏现代化的数据采集、计算和评估能力。

(2) 国际标准变化快:对国外标准不熟悉,加上国外新标准、新法规层出不穷,难以应对。

(3) 投入产出难衡量:减碳意味着需要额外投入,成本压力大,短期内难以衡量回报。

(4) 领军型人才短缺:国内相关人才特别是领军型人才短缺,项目立项和开展有难度。

从长期来看,调动市场经济的主体尤其是企业的减碳积极性,是确保一手实现减碳目标,一手实现高质量发展的必由之路。因此,纾解企业面临的挑战,具有明显的现实意义和商业价值。

4.1.4 通过气候行动为企业创造商业价值

今天,已经有众多企业提出自身碳中和的目标和路线图。根据普华永道(Pricewaterhouse Coopers,PwC)的统计,截至 2021 年 8 月,有超过 1700 家企业公开加入科学碳目标倡议,其中 715 家设定了实现 1.5℃的减排目标。波士顿咨询认为,到 2050 年,实现 2℃排放目标需要全球投资 75 万亿美元。气候行动可以为企业带来显著的商业价值。

碳中和目标的推进和实施,不仅给诸多产业戴上了"紧箍咒",例如能源、工业、交通、建筑等重点行业也都将面临更加严格的排放约束,对企业发展模式也会带来深远的影响。通常情况下,企业可持续发展面临的一大挑战就是如何平衡与收入和利润之间的关系。事实上,绿线(减碳)与顶线(收入)和底线(营利)一样重要。企业需要在三者当中找到最佳平衡点,为企业创造出最大的商业价值,如图4-5所示。

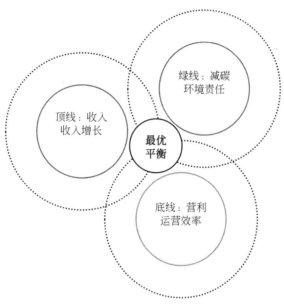

图4-5 可持续发展实现顶线、底线和绿线的平衡

在碳中和目标下,产业链内企业之间的经济交换,不再仅限于传统的产品与服务,还包括每一个环节的碳排放量。为了实现自身的碳中和,企业不仅需要降低自身经营中可控的直接碳排放水平,也需要减少各类能源消耗带来的间接排放,以及运输、配送、生产废弃物处理产生的其他间接排放,还要减少供应链上下游其他环节,包括原材料生产、产品运行等阶段的排放。同时,各国政府也在积极启动碳边境税的研究与试点。这些新的价值视角与监管要求,必然会催生新的竞争优势,改变现有产业链内各方的议价能力,进而引发产业链在全球范围内分工格局重构。

4.2 碳管理体系简介

欧美等发达国家实现碳达峰时间较早,在减碳领域已经积累很多成熟的经验,并在全球进行了普遍应用。

4.2.1 低碳相关名词定义

在双碳领域,有很多常用的概念。为了便于读者理解,特将部分定义列举如下。
- 温室气体(Greenhouse Gases):在大气中能吸收地面反射的长波辐射,并重新发射辐射的一些气体。它们的作用是使地球表面变得更暖。根据《京都议定书》的规定,一共有六种温室气体,即二氧化碳(CO_2)、甲烷(CH_4)、氧化亚氮(N_2O)、氢氟碳化合物(HFCs)、全氟碳化合物(PFCs)、六氟化硫(SF_6)。

- 二氧化碳当量(CO2e):一种用来比较不同温室气体排放的量度单位。由于有六种温室气体,为统一度量整体温室效应的结果,因此需要一种能够比较不同温室气体排放的统一量度单位。又因为二氧化碳对于全球变暖的贡献最大,所以规定二氧化碳当量(CO2e)为度量温室效应的基本单位。
- 碳达峰(Peak Carbon Dioxide Emissions):是指碳排放量[①]达到峰值之后不再增长,并逐渐下降的过程。
- 碳中和(Carbon Neutrality):又称二氧化碳净零排放,指在尽最大可能采取减排措施后,对于少量难以避免的二氧化碳排放,通过吸收二氧化碳实现等量平衡。碳中和并不是零排放,而是指在特定的时间里,碳的排放量与大自然吸收量平衡,温升不再发生,保持地球生态系统的完整性。
- 净零(Net Zero):净零(排放)指一个组织一年内所有温室气体排放与人为吸收之间达到平衡。
- 气候中性(Climate Neutrality):人类活动对气候系统不造成净影响的一种状态。也就是说,碳中和仅考虑二氧化碳,净零排放则涵盖所有温室气体,气候中性除考虑温室气体净零排放外,还考虑辐射效应等其他影响,三者之间是依次递进的关系。
- 碳捕集、利用与封存技术(Carbon Capture, Utilization and Storage, CCUS):是指将生产过程中排放的二氧化碳进行收集、提纯并继续投入生产过程当中,实现对碳的循环再利用。
- 碳汇(Carbon Sink):是指通过植树造林、植被恢复等措施,吸收大气中的二氧化碳,从而减少温室气体在大气中的浓度的过程、活动或机制。
- 碳信用(Carbon Credit):又称碳权,指在经过联合国或联合国认可的减排组织认证条件下,国家或企业采用提高能源使用效率、减少污染或减少开发等方式减少碳排放,因此得到可以进入碳交易市场的碳排放计量单位。
- 碳泄漏(Carbon Leakage):碳排放从严格限制排放的地区转移到气候相关法规较为宽松的地区。
- 碳补偿(Carbon Offsets):是指个人或组织向二氧化碳减排事业提供相应资金,以充抵自己的二氧化碳排放量。
- 碳披露(Carbon Disclosure Project,CDP):是一家国际非营利性组织,为公司与城市、国家及地区提供测量、披露、管理和分享重要环境信息的系统。2021年是创纪录的一年,超过1.3万家公司通过CDP报告了其对环境的影响,尽管全球正在面临新冠病毒的挑战。这一数字比2020年增加了37%,比2015年各国政府签署巴黎气候变化协议时增加了135%。其中,2021年披露的公司占全球市值的64%以

---

① 碳排放量是狭义的二氧化碳排放,还是广义的温室气体排放,有时会比较模糊。例如,2060年碳中和是狭义还是广义,目前尚无进一步明确。

上，其中 FTSE 100 的公司占比为 96%，标普 500 的公司占比为 80%，中国公司超 1500 家。

- 碳会计(Carbon Accounting)：核算"可持续发展"是从计算出的盈利获取GDP，减去相关的机会成本(如自然资源的耗竭和污染)之后所得的净值。碳会计就是用于核算后者的方法。例如，造纸厂反映在财务报表上的成本，包括割锯、运输和加工木材的成本，但并不包括因伐木而引起的环保成本。一棵树被砍伐，将失去其本来可以对环境带来的好处，失去这部分机会成本，这并不属于传统的成本计算范畴，但却恰恰是造纸消耗的最重要的可再生资源。通过碳会计揭示生产活动对环境产生的影响，并在决策中加以考虑，就能够改进对稀缺资源的消耗。
- 碳标签(Carbon Label)：是一种环境标识，把贸易商品在生命周期内排放的温室气体(碳足迹)用量化指数标识出来，以标签形式告知消费者此贸易品的碳排放量。
- 生命周期评估(Life Cycle Assessment, LCA)：是一项自20世纪60年代开始发展的一种重要的环境管理工具。在这里，生命周期是指某一产品(或服务)从取得原材料，经生产、使用直至废弃的整个过程，即从摇篮到坟墓的过程。按ISO 14040的定义，生命周期评估是用于评估与某一产品(或服务)相关的环境因素和潜在影响的方法，它是通过编制某一系统相关投入与产出的存量记录，评估与这些投入、产出有关的潜在环境影响，根据生命周期评估研究的目标解释存量记录和环境影响的分析结果来进行的。

4.2.2 完整的碳管理体系愿景

完整碳管理体系是以过程方法、PDCA循环、生命周期评估(LCA)、风险管理体系(Risk Management System, RMS)、ISO管理体系标准的高阶架构(High Level Structure, HLS)为编制基础，囊括了碳交易、碳资产、碳排放、碳中和＋碳信用评级的系统性管理体系。

碳交易管理体系是指碳排放配额、核证自愿减排量等买卖过程，其作用如下。

- 碳交易行为合法、合规；
- 参与多元化碳市场交易；
- 交易流程制度化。

碳资产管理体系是指特定主体所拥有或控制的、预期会带来经济利益的、与温室气体活动相关的各种有形或无形的资源，其作用如下。

- 碳排放绩效评价体系；
- 建立、完善碳资产预算机制；
- 优化金融机构信用评级；
- 碳资产风险控制。

碳排放管理体系是指以二氧化碳为典型的温室气体向大气中的释放，其作用如下。

- 助力组织控制、管理与碳排放相关的产品设计过程、采购过程；
- 组织碳排放数据核算需要；

- 建立数据库,传递信任。

碳中和管理体系是指在一个时间段内,排放主体的 GHG 排放量与 GHG 清除量之和接近或为零时的状态,其作用如下。

- 形成碳中和目标、指标;
- 基于碳足迹数据对接国际贸易规则;
- 与国际规则对接,打通外贸渠道。

企业碳信用评级体系是通过揭示各类经济主体在全球碳中和下的适应性和竞争力,具体通过评价碳风险和碳价值来表征经济主体的碳信用,形成对标国际信用体系,融合中国经济、文化与社会特色的信用评级方法。

以上构成了碳管理体系的"4+1"模块,如图 4-6 所示。

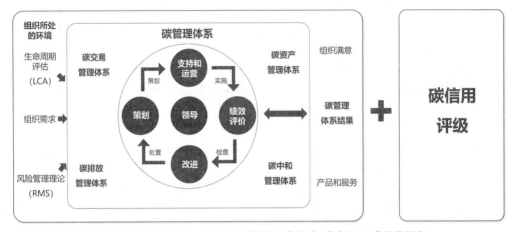

图 4-6 碳管理体系:碳交易、碳资产、碳排放、碳中和+碳信用评级

4.2.3　碳交易是重要的市场化减排工具

不同的企业由于所处国家、行业或是技术、管理方式上存在差异,其实现减排的成本不同。碳交易的目的就是鼓励减排成本低的企业超额减排,将其所获得的剩余配额或减排信用通过交易的方式出售给减排成本高的企业,从而帮助减排成本高的企业实现设定的减排目标,并有效降低实现目标的履约成本。政府不需要规定每个企业可以排放多少,而只需设定年度总量。这一由加拿大经济学家约翰·戴尔斯(John Dales)在 50 多年以前提出的概念,已成为如今政府设计碳交易市场的理论依据,如图 4-7 所示。

欧盟的排放交易体系(Emissions Trading Scheme,ETS)是全球第一个碳排放交易系统,始于 2005 年。如图 4-8 所示,欧盟的碳交易市场是目前全球参与国数量最多、规模最大、最成熟的碳交易市场,已经运行多年,发展较为成熟,有着十分清晰的发展和演进路径。ETS 覆盖范围包括 1 万多座电站、工厂及其他工业设施,几乎占到了欧洲碳排放总量的一半。以 2019 年的汉莎航空为例,其受到欧盟排放交易体系约束的碳排放约 870 万吨,占总排放量的 26%,其中 37% 被无偿配额覆盖,余下的 63% 需要购买碳配额。按照 2019 年平均碳价格 30 欧元/吨计算,需要支出 1.6 亿欧元,占当年汉莎航空税前利润的 8%。

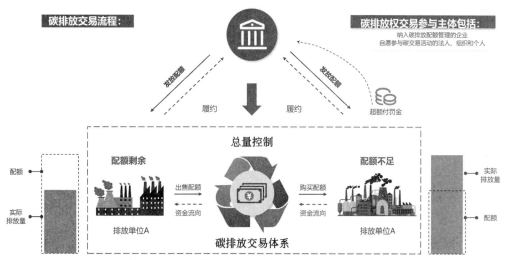

图 4-7　政策驱动交易的合规型企业碳交易机制

	第一阶段	第二阶段	第三阶段	第四阶段
时间	2005—2007年	2008—2012年	2013—2020年	2021—2030年
覆盖部门	电力、水泥、钢铁、玻璃、造纸、陶瓷等	新增航空业（覆盖来往欧盟内部的航班）	新增石化业、铝业	计划2023年起将海运业排放量的20%纳入，2026年实现完全纳入
配额分配	95%无偿分配	90%无偿分配	>50%配额通过拍卖发放	免费配额从2026年后由30%逐步降低至2030年的0%
参与门槛	覆盖行业二氧化碳当量排放量>2.5万吨/年企业强制参与，排放量较小企业根据所在国家的碳税制度征税，不纳入强制碳交易市场			

图 4-8　欧盟的排放交易体系 ETS 的发展历程

ETS 制度的主要受益者是在欧洲运营的能源密集型公司，其获得了大量的免费配额。在免费分配中，前 20 家公司占了三分之一以上。因此，一直以来有着强烈的声音，认为这种免费配额保护了现有资产，在激励绿色新技术投资方面几乎没有发挥作用。一般认为，碳配额价格达到 40 欧元/吨才是影响煤炭发电的边界值。

ETS 经历了四个发展阶段。

- 第一阶段（2005—2007 年）：采用国家分配计划，边学边做，参与企业几乎全部都是免费获得配额。此阶段配额大于排放量，造成 2007 年配额价格甚至降到零。
- 第二阶段（2008—2012 年）：欧盟开始慢慢降低配额上限。2008 年经济危机引起减排超过预期，造成配额大量过剩。

- 第三阶段（2013—2020 年）：用整个欧盟排放上限取代每个国家的上限，>50% 的配额被拍卖。从 2018 年开始，ETS 制度开始改革，配额价格从当年 2 月份的 9.68 欧元/吨，上涨到 8 月份的 18.5 欧元/吨。
- 第四阶段（2021—2030 年）：进一步控制免费碳配额，直至 2030 年取消免费配额。同期碳配额价格大幅上升，截至 2022 年中超过 80 欧元/吨。

2021 年，欧盟通过一系列的立法提案，计划于 2050 年之前在欧盟实现碳中和，并在 2030 年至少将温室气体排放量减少 55%（为此该法案又被称为 FIT 55）。欧盟下一步对 ETS 改革的方向是引入碳关税，即前文提到的碳边境调节机制（CBAM），从欧盟以外的其他国家（特别是从碳排放限制较为宽松的国家和地区）进口特定产品时，以向欧盟购买配额证书的方式支付自身碳排放费用。CBAM 原计划从 2023 年 1 月 1 日生效，经过 3 年过渡期，于 2026 年 1 月 1 日正式征收，征收对象行业为钢铁、水泥、铝、化肥和电力，计算碳排的排放范围为直接排放。2022 年 6 月，欧盟最终投票通过碳关税，加快 ETS 免费配额退出，将纳税范围扩大（增加了有机化学品、塑料、氢和氨），纳入了制造商使用外购电力的碳排数据，同时将生效时间推迟一年到 2027 年。

CBAM 对中国的影响较大。根据高盛的估算，当碳关税正式起征之时，中国对欧盟每年总出口量可被征收高达 350 亿美元的碳关税，约占中国每年对欧盟出口总额的 7.7%。

4.2.4 碳标签是未来产品的绿色通行证

在国外，碳足迹是很多法律法规要求披露的事项。碳足迹需要记录贸易商品在整个生命周期所有环节的碳排放，贸易品的生命周期包含从原料、加工、制造、储存、贸易、运输、消费、废弃和回收各个过程的全部链条。所有环节的数据收集和计算均存在较大的挑战。从上游的供应商、中游的加工商、下游的品牌商及制造商，整个生命周期的碳足迹记录需要外贸企业投入一定的成本，依靠数字化、流程化的有效管理才能完成。经第三方测算，欧盟碳标签对中国出口尤其是纺织品出口具有显著的负向影响，致使中国纺织品生产成本平均增加 3%，对欧盟出口额平均减少 1.3%。

英国最大的超市 Tesco 在 2011 年开始标注其产品的碳足迹，但是很快发现该计划需要大量投入并且会让客户感到困惑，因此不再继续进行。但不到十年后，带有碳标签的产品通过不同途径依旧还是进入 Tesco 商店。根据 CDP 的披露，尽管相当数量的消费品厂家披露了整个价值链中的排放信息，但"计算方法的稳健性各不相同"。那么，什么是产品的碳足迹呢？

生命周期产品碳足迹衡量的是产品从原材料提取到报废期间产生的总温室气体排放量，它以二氧化碳当量（CO2e）计量。产品碳足迹与范围或边界相关联，最常见的列举如下。

- 从摇篮到大门（Cradle-to-Gate）：主要用于企业对企业（B2B）产品，它测量的是从原材料提取到产品制造到工厂大门的总温室气体排放量。
- 从摇篮到坟墓（Cradle-to-Grave）：主要用于企业对消费者（B2C）产品，它衡量的是从原材料提取到产品制造、分销、使用和最终处置的总温室气体排放量。

对于公众来说，碳足迹标签比气候行动的长期目标和轨迹更切实。标签有能力通过消费者的购物篮，将这些问题带入人们的日常生活。据统计，法国、意大利和西班牙的民众对碳标签支持程度最高，分别有 80%、82% 和 79% 的消费者认为标签是个好主意。

事实上，碳标签还仅仅是个开端。欧盟在碳标签的基础上，进一步提出了数字产品护照（Digital Product Passport，DPP）的概念，并在立法层面加以确定和推动。DPP 旨在收集有关产品及其供应链的数据，并在整个价值链中共享这些数据，以便让包括消费者在内的所有参与者更好地了解他们使用的材料和产品及其对环境的影响。该计划的目标是到 2024 年，在至少三个行业逐步引入 DPP，这些行业包括纺织品、建筑、工业和电动汽车电池，以及消费电子产品、包装和食品等行业中的至少一个。

以电池护照标准为例，从 2026 年开始，每个工业和电动汽车电池都必须附带 DPP。DPP 所包含的信息需要与满足电池安全和回收要求的目标相印证。更具体地说，必须提供以下数据：

- 材料采购；
- 碳足迹；
- 使用的回收材料的百分比；
- 电池耐用性；
- 再利用和回收指南。

对于很多企业来说，DPP 的实施，可以为其带来新的商机，包括以下几个方面。

- 获得竞争优势。通过 DPP，产品可以获得值得信赖和可量化的可持续性声明。这种可追溯性数据将使产品的价值超越供应链层级，并激励整个供应链网络上的每一位成员进行可持续发展转型。
- 引入循环商业模式。在过去，循环商业模式往往是不可行的，因为整个价值链的关系和连接不连贯，尤其是在最终客户使用产品到产品生命终结这一段。DPP 毫无疑问将彻底改善这一现状。
- 成为可持续发展的领导者。当企业必须为产品提供报废处理选项时，DPP 将有助于为可持续性挑战提供简单且具有成本效益的解决方案，并避免有价值材料在环境中沉淀积累。此外，通过实施 DPP 的过程，制造商还可以更好地了解其材料流向和流程缺陷，然后采取针对性的改进。

4.2.5 企业气候战略的关键工作领域

如图 4-9 所示，企业实施气候战略，需要在五个关键领域开展工作。

- 报告是法规遵从性的核心。报告企业活动中的范围一、二、三的排放量仍然是所有企业气候战略的基础。随着法规要求披露更加详细的碳排放，例如碳边境调节机制（CBAM），对数据披露的要求继续增加。与此同时，相应的报告框架也正在整合。由国际财务报告准则牵头的全球报告标准正在审查当中。
- 需要采取有效的干预措施来有效减少排放。对于企业来说，碳排放是一个越来越大的负担。为了保护企业价值，无论是财务价值还是声誉价值，公司都需要干预其范围一、二、三的排放。必须避免产生新的排放，减少现有的排放，并可能补偿那些无法避免或减少的排放。究竟采取哪种策略,取决于排放源的性质和成本分析。

- 通过抵消外部碳市场的排放,实现净零。低碳产品和服务只能通过在网络中进行交易来创造价值。作为交易价值的碳在价值链中是一种越来越不可替代的商品——如果有保证且可信的话。补偿是气候行动不可或缺的一部分,除了市场之外,还需要认证和保证。
- 全球能源系统面临脱碳的压力,从碳基发电向无碳发电过渡。为此还需要电气化和大规模使用可再生能源(尤其是生物质和氢气)。对于一些碳密集型行业来说,减排是不够的,在低碳世界中生存的唯一途径是创新,需要重新设定企业的商业模式。
- 随着碳的外部成本越来越高,企业需要培养作出响应的韧性。韧性既包括财务方面的,也包括物理方面的,只有将两者结合起来才能保护企业免受气候和法规变化的影响。物理韧性对于避免运营和供应链中断至关重要,而财务韧性对于维持业务连续性则将变得越来越不可或缺。

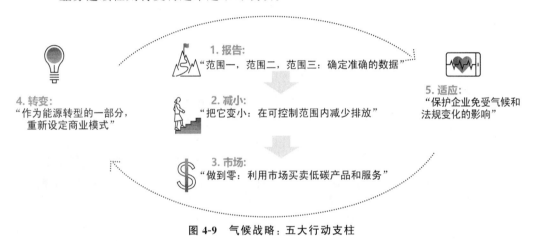

图 4-9　气候战略:五大行动支柱

4.3　企业碳盘查方法

企业减碳在本质上是一个对资源从碳的视角重新进行审视的过程。评价企业在碳排放上是否达标、如何有更大的优化空间、如何对业务提供创新支持,都需要数据来支持。企业碳排放盘查可为碳视角的审视提供数据依据。

由于碳处理的形式多样,过程复杂,缺乏标准,因此统计难度很大,大量的企业缺乏碳核算机制。这也是很多中国企业需要补课的地方。

4.3.1　明确碳排放范围

明确和框定碳排放范围,是整个碳盘查的基础。如图 4-10 所示,按照世界资源研究所(World Resources Institute,WRI)和世界可持续发展工商理事会(WBCSD)共同发布的《温室气体协议：企业核算与报告标准》，碳排放分为三类。这个分类提供了一个全面的全球认可的框架，可以测量和管理来自任何行业的企业和组织的运营、价值链、产品、城市和政策的排放。

- 范围一：报告企业拥有或控制的排放源产生的排放，例如企业燃烧化石燃料的锅炉排放、企业拥有的车辆排放、企业运营设施的废物或废水处理产生的排放。
- 范围二：报告企业消耗的、购买的电力、蒸汽、供热或制冷产生的排放。这些排放尽管不是企业直接产生，但都是企业活动导致的。对于大多数企业来说，范围二是三者中最容易计算的。例如，范围二核算一家企业所消耗的外购电力产生的排放，它实际上产生于电力生产设施，尽管电力的消耗是在这家企业。
- 范围三：报告企业价值链上发生的所有间接排放（范围二中未包括的），包括上游和下游的排放。它是一家公司活动的结果，但并不是产生于该公司拥有或控制的排放源。例如开采和生产采购的原料、运输采购的燃料，以及售出产品和服务的使用。

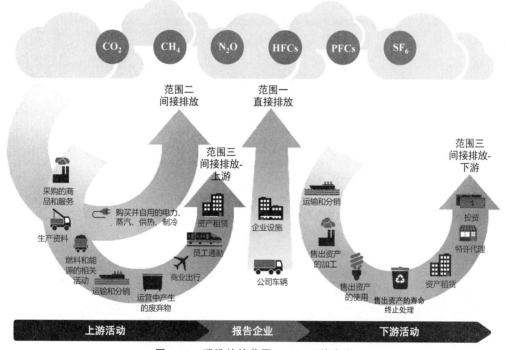

图 4-10 碳排放的范围一、二、三的定义

4.3.2 测量碳排放是目前减碳的拦路石

目前，测量是妨碍减碳工作重要的拦路石。

根据波士顿咨询公司在 2021 年对 1290 家企业和组织的调查，有 85% 的企业关心减排，但是只有 9% 的企业能够全面地测量排放。在过去的 5 年里，只有 11% 的企业能够按照计划实现减排。值得一提的是，这些企业估计自己的碳测量值平均有 30%~40% 的误

差。即便是全球财富500强企业有93%承诺到2050年实现净零排放,但实际上也只有63%制定了对实现该目标至关重要的临时指标,只有30%涵盖包括范围三在内的所有排放范围。

那么是什么造成了企业的雄心壮志与大多数企业迄今为止采取的行动之间的差异呢?常见的有三类主要的挑战。在这三类挑战的背后,测量碳排放,获得正确的数据,是应对挑战的重要前提。

第一类挑战是如何减少范围三的排放。对于很多企业,尤其是那些拥有复杂供应链(如消费品、电子产品和工业设备制造商)的企业,核算和控制范围三的排放是一项重大的挑战。当前,计算供应链上的排放不仅耗时费力,而且容易出错。通常情况下,供应链都非常灵活,上下游供应商所需的材料随着成本、需求、生产能力和新产品的开发等带来的变化而不断改变。这种不确定性伴随着新冠病毒感染的冲击而不断加强,使得企业不仅难以解释与供应商相关的碳排放,而且难以预测和管理这些排放在未来的演变。此外,对于中小企业来说,更加难为准确的范围三会计提供必要的数据准备和透明度。

事实上,范围二可以认为是从范围三中剔除出去的,它们都不是企业直接排放的。范围二很容易测量,因此一般不构成什么难题。剩下来的范围三是温室气体协议的致命缺陷。在《温室气体协议:企业核算与报告标准》中,给出范围三定义的本意是鼓励企业对其不直接控制的排放施加影响。例如,可以向范围一排放量较低的公司购买原料或产品,并与供应商和客户合作以减少其价值链中的温室气体排放。但是,在跨多层次的供应链中跟踪来自多个供应商和客户的排放量十分困难,企业几乎不可能可靠地估计范围三的数字。

然而,这恰恰正是计算碳排放的难题和精华所在。对于企业来说,现在仅仅关注单个操作排放已经不够了,可持续发展的商业领袖必须计算整个企业在产品和服务生命周期里对环境和社会造成的影响。尽管这很复杂,但很重要。一般来说,供应链排放量平均是运营排放量的11.4倍。正如温室气体排放超出了一家公司的四面墙,减少这些排放的努力也必须超出单个企业,进入企业的商业网络。虽然每家企业都可以从专注自己的供应链开始,但只有在可持续发展道路上走得更远,才可以利用商业网络来实现规模化。

可持续发展的商业领袖必须清晰掌握产品在整个价值链(包括生产、原材料、能源使用和运输)中的碳排放。生产商还可以整合产品数据库和第三方解决方案的数据进行分析,充分理解排放明细。例如,对于在多个地点生产的一个产品,可以对价值链的每个活动进行比较,确定在每个地点生产该产品所排放的二氧化碳量。生产商可以使用这些数据进行模拟,从而优化碳足迹。一家公司关于碳足迹的数据越多,就越能利用这些数据在价值链上减少排放,更好地识别并减少每个产品或服务在整个生命周期中的成本核算"足迹"。随着公司在各个职能部门获得更好的可见性,公司可以利用有关供应商和材料的见解和信息优化供应链,实现更可持续的结果,并通过分享做法的方法,实现积极、系统的加速变革。

第二类挑战是对新技术大规模部署的依赖。对于一些企业来说,短期内通过提高能源效率和燃料转换等措施,实现近期的净零排放目标是可行的。但是对于有些行业,例如水泥制造、航空等高排放行业,则需要引入新的技术。不过新技术的引入,又会带来预计成本和有效性的不确定性。

第三类挑战是采用补偿战略时,有多种不同的形式。这些形式缺乏明确性,例如未来成本的不确定性、每种补偿类型的碳去除潜力等,给企业的碳战略规划带来困难。

4.3.3 开展碳会计工作,建立高质量的碳分类

碳会计涉及一系列不同的实践,既包括碳资产和负载的财务价值的会计处理,也包括一组相互间非常不同的实践,包含与国家、企业或产品对应的温室气体排放的物理计量,以及因为减碳而采取的特定政策或行动下排放的变化记录。事实上,碳会计已经存在20多年。自1997年《京都议定书》签署以来,碳会计这个领域就已被创建。碳会计的核心,就是将原材料的信息和数据转换成为对应的碳排放过程。

对企业来说,比较熟悉的是财务分类账(Finance Ledger),无论是一般公认会计原则(Generally Accepted Accounting Principles, GAAP)还是国际财务报告准则(International Financial Reporting Standards, IFRS),都对财务账定义了相应的标准。可以在财务分类账中,对一些外部收入/成本(如碳价格、限额和交易信用)以及风险(气候对资产的影响、相应的风险准备金)等进行记录,一些ESG标准(如TCFD)对此进行了定义。

碳分类账(Carbon Ledger)如何运作? 如图4-11所示,就像上面提到的财务分类账一样,它也记录贷方和借方,但跟踪的是碳排放、贷方和抵销,而不是钱。这样一个碳账本依靠跨业务功能的通用数据模型、可审计的框架以及正确的流程和控制来生成单一事实来源,为战略决策提供信息并满足透明度的需求。

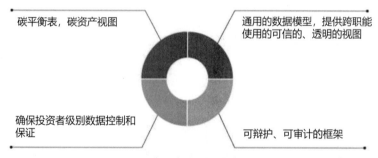

图4-11 碳分类账必须具备的特点

碳分类账可以让企业的减碳工作不再孤立,而是嵌入企业资源计划(ERP)及其支持的所有业务流程和功能中。想象一下,企业的某种原材料有供应商A和B两个来源。与供应商B相比,供应商A具有显著成本优势。但供应商B生产的材料其温室气体排放量要低得多。当成品售出时,企业如何衡量和比较实现碳中和目标和成本的进展情况? 只有将气候变化与整个公司的每一项职能联系起来,才能实现这一目标。

在财务账的基础之上,人们进一步提出了绿色账(Green Ledger)的概念。绿色账与碳分类账相对应,包括环境、社会和治理等多方面的数据,碳账也是其中的一部分。目前,企业往往就多个ESG框架提交报告,通常是手工完成。这会带来巨大的工作量、时间和资金,也会引发审计和保证问题,因此碳会计软件系统的引入必不可少。

除了财务账定义的标准成本之外,为了加快企业的减碳进程,目前已经有越来越多的

企业着手制定内部碳价格（Internal Carbon Pricing，ICP）。以气候变化为形式的碳排放代价高昂，对碳进行内部定价有助于"内部化"气候变化的潜在外部成本。虽然世界各国政府已经制订了60多个碳定价计划，但不同行业和地区的公司越来越多地使用内部碳价格，将低碳经济的风险和机遇转化为其特定的业务和决策。公司利用内部碳定价为未来监管做准备，减少温室气体排放，回应股东的担忧，建立更具弹性的供应链，获得竞争优势，并展示其可持续性进展。2000多家公司（包括近一半的全球最大公司）披露其目前正在使用或计划在2022年之前实施内部碳价格。一些公司设定碳的理论价格或"影子价格"，以评估投资、测试假设并指导商业战略。一些人使用"碳费"为企业单位的排放量指定明确的货币价值，以改变行为，并为清洁能源和能效项目筹集资金。还有一些人结合使用这些或其他方法设定一个内部碳价格，为企业提供财务清晰性，以指导加快可持续商业行动和创新所需的决策和投资。

4.3.4 MRV 和 IPCC 是进行碳核算的基础

评价企业是否实现了碳达峰和碳中和，需要有坚实可靠的碳排放和碳处理的数据支撑。目前，不少企业缺少核算机制，缺乏采集、计算并评估碳排放和碳足迹的能力，急需补上这一短板。

碳核算是实现碳达峰与碳中和所有工作的基础，它有两个重要的依据，如图4-12所示：

- 一是核算依据，它是来自联合国政府间气候变化专门委员会（IPCC）[①]的清单指南，为全球各国提供了清单编制的方法学依据；
- 二是保障依据，它是温室气体的监测（Monitoring）、报告（Report）、核查（Verification）制度，简称MRV，是国际社会对温室气体排放进行监测的基本要求，也是《联合国气候变化公约》下国家温室气体排放清单和《巴黎协定》中国家自主贡献的实施基础。

图 4-12　IPCC 方法学和 MRV 体系是碳核算的基础

---

① 联合国政府间气候变化专门委员会是世界气象组织（WMO）及联合国环境规划署（UNEP）于1988年联合建立的政府间机构，其主要任务是对气候变化科学知识的现状，气候变化对社会、经济的潜在影响以及如何适应和减缓气候变化的可能对策进行评估。

无论是欧洲、美国还是中国,都依据这两种依据,并根据各自国家的情况进行适当的改良。

基于《IPCC 清单指南 1996》《IPCC 清单指南 2006》及配套文件,中国已完成多次碳排放核算,同时已建立涵盖 24 个行业的企业碳排放核算方法体系。但是,大量的企业尚缺少核算机制,缺乏采集、计算并评估碳排放和碳足迹的能力。

碳减排标准体系尚在建设之中,企业的数字化转型将推进碳排放监测。由于碳处理的形式多样、过程复杂、缺乏标准,因此统计难度很大。目前碳排放量的主要测定方法有"计量法"和"监测法"两种方式。随着碳排放市场的成熟,监测法将会逐渐成为主流。工业企业的数字化转型,将从技术手段上扫清数据获取的障碍,从而加速推进监测法的落地。

1. IPCC 方法学是碳核算的依据

1992 年联合国通过的《联合国气候变化框架公约》(UNFCCC)确立了发达国家与发展中国家"共同但有区别的责任"原则,成为全球在应对气候变化问题上进行国际合作的一个基本框架。《公约》要求所有缔约方采用缔约方大会议定的可比方法,定期编制并提交所有温室气体人为源排放量和吸收量国家清单。

世界气象组织(WMO)和联合国环境规划署(UNEP)在 1988 年共同建立了联合国政府间气候变化专门委员会(IPCC)。IPCC 的一项活动是通过其在国家温室气体清单方法方面的工作,为 UNFCCC 提供支持。IPCC 的清单方法学指南是世界各国编制国家清单的技术规范(不同国家会在 IPCC 清单指南的基础上根据国情略有调整,但都会与 IPCC 保持兼容)。IPCC 清单指南旨在确保即使存在不确定性,源排放和汇清除的估算也是真实的。估算中的不确定性视国情而定,在切实可行的范围内已将不确定性减少。

IPCC 估算的基本方法为

$$排放 = AD \times EF$$

其中,AD 是活动水平,是人类活动发生程度的信息;EF 是排放因子,是量化活动产生的排放系数。

IPCC 鼓励使用符合国情的本国参数和高层级方法,强调参数的本地化。如图 4-13 所示,碳排放的估算方法层次可以分为层级一、层级二和层级三。从层级一到层级三,准确性和精度不断提高。

目前,欧盟、美国和中国都采用了 IPCC 推荐的核算方法。中国向 IPCC 提交国家温室气体清单的部门是生态环境部,到目前为止先后颁布了 24 个行业企业指南。

2. MRV 是碳核算的保障

可监测、可报告和可核查是碳排放核算和交易的基石。MRV 包括监测、报告、核查三个组成部分,源自国际公约《联合国气候变化框架公约》第 13 次缔约方大会形成的《巴厘岛行动计划》中对于发达国家支持发展中国家减缓气候变化的国家行动达到可监测、可报告、可核查的要求。从市场角度来看,一个完整的 MRV 监管体系,可以实现利益相关方对数据的认可,从而增强整个碳交易体系的可信度,是碳市场平稳运行的基石,也是企

图 4-13　IPCC 不同方法层级的准确性和准确度

业低碳转型、区域低碳宏观决策的重要依据。

在 MRV 体系中,碳排放统计监测系统尤为重要。与环境监测相比,碳排放监测系统更为复杂,其核心是二氧化碳的核算,包括二氧化碳的直接排放和间接排放。直接排放即排放源直接排放出二氧化碳,而间接排放则是指使用外购的电力和热力等所导致的温室气体排放。二氧化碳的核算有基于计算的方法和基于测量的方法。直接排放产生的二氧化碳可以通过相关仪器设备对温室气体的浓度或体积进行连续测量,也可以利用公式计算,而间接排放的碳排放量则只能通过计算得到。如图 4-14 所示,IPCC 计算碳排放可以有三种方法。

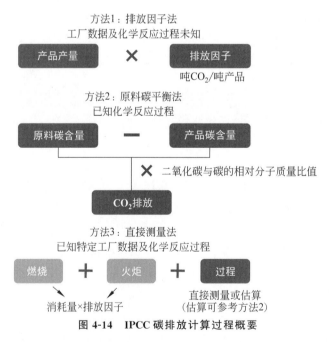

图 4-14　IPCC 碳排放计算过程概要

- 第一种方法是排放因子法(应用最为广泛),适用于工厂数据及化学反应过程未知的情况,可用于排放的粗略估算。
- 第二种方法是原料碳平衡法,适用于已知化学反应过程的情况,采用基于具体设施和工艺流程的碳质量平衡法计算排放量,可以反映碳排放发生地的实际排放量。
- 第三种方法是直接测量法,适用于已知特定工厂数据及化学反应过程,通过直接测量得到最准确的结果。

MRV体系在不同国家的发展情况存在一定的差距。如表4-1所示,相对而言欧盟和美国较为成熟和严密,采取自行核查的方式,并引入电子信息平台,分为电子系统核查和现场核查两种方法。以美国为例,推广直接测量法的力度最高,对于所有年排放超过2.5万吨CO_2e的排放源必须全部安装烟气排放连续监测系统(Continuous Emission Monitoring System,CEMS),并通过专门的网上电子报告系统上报美国环保署,可以对提交的报告进行错误检测,还要提供报告者,进一步记录其数据是如何形成的。这与中国目前主要采取第三方核查,形成了鲜明的对比。

表4-1 欧盟、美国、中国的MRV体系对比

国家/地区	欧盟	美国	中国
政策法规	欧洲议会和理事会2003/87/EC指令、温室气体排放监测和报告指南(MRR)和认证与核查指南(AVR)	《温室气体强制报告法规》	《全国碳排放权交易管理办法(试行)》/各试点政策法规和指南
监测主体和方法	监测主体:企业排放源设施 监测方法:计算法、测量法	监测主体:分为上游排放源和下游排放源两类 监测方法:实时排放监测、排放因子计算法	监测主体:企业及企业内部单元 监测方法:计算法、测量法
报告内容	CO_2的直接排放活动	CO_2的直接排放活动	CO_2的直接排放活动和间接排放活动
核查方式	线上电子系统核查和线下现场抽查	线上电子系统核查和线下现场核查	第三方核查
质量保证与控制	制定标准化模板	3年留存期,对质量控制有明确要求	抽查或复查等双重核查制度

4.4 企业气候行动的数字化三阶段战略

在中国,运用数字化进行碳治理已经逐渐成为一批领先企业的共识。根据施耐德电气2021年对来自十个纵深行业领军企业的100余位高管的统计,93.7%的企业会把数字化技术用于企业的碳治理,约80%的企业已经观察到或表示担心来自产业链下游在低碳方面的施压,93%的企业认为数字化可以综合性帮助企业实现能源优化,包括碳资产的管理、碳追踪和风险预测与控制。

企业在制定气候行动的数字化战略时,既要立足实现近期的合规目标,又要高瞻远瞩,放眼未来,规划气候行动中长期战略及实施路径,将气候行动作为企业未来的核心竞争力,实现企业的使命和愿景。这就是企业气候行动的数字化"三阶段"战略路线,如图4-15

所示。

- 阶段一：报告——第一步确定准确的碳排放数据。它为企业提供自动化的、集成的、可审核和实时的报告，清晰认知目前的碳排放基线，提升碳排放透明度，并将法律合规的要求嵌入系统中，从而解决法规、税收和制裁的问题。
- 阶段二：优化——在可控的范围内减少排放。它在获得排放数据的基础上，帮助企业在公司、运营和产品等各个维度掌握温室气体的排放情况，从而为减排提供决策支持。此外，对产品足迹进行评估并降低碳足迹，对减排方式、减排潜力进行模拟。最后，以减碳为指引，基于碳数据与业务数据的融合，对企业的供应链、工作流程、产品及各方面体验进行优化，助力企业可持续发展。
- 阶段三：创新——创造和销售低碳产品和服务。它在前一阶段企业绿色经营持续不断得到优化的基础上，引导企业进一步向新的气候智能产品和服务转型，为企业带来新的收入来源，推动新的价值创造和差异化，甚至建设生态系统，推动产业内的协作创新，从而进一步引领整个产业实现绿色转型。

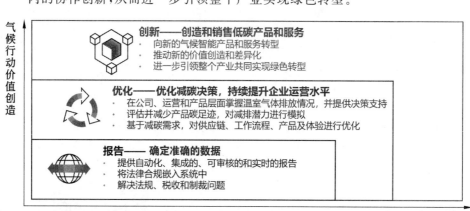

图 4-15　企业气候行动的数字化"三阶段"战略

4.4.1　阶段一——报告：确定准确的数据

在第一个"报告"阶段中，企业的主要任务是借助科技，捕获数据，进行分析和洞察，评估差距。为了制定双碳合规的目标和路径，企业应首先需要摸清碳排放的基线，评估差距。这项工作是最关键也是最困难的部分，首先将目前碳排数据完全透明化，并在此基础上进行深入的洞察。

企业的碳排放与企业从事的活动密切相关。这些活动，大多数都被以企业资源计划（ERP）为代表的企业应用软件所记录。因此，通过 ERP 中的活动数据，辅之以排放因子，就可以推导出企业的碳排放数据。这种方法的好处，是不仅适用于范围一和二，也是计算范围三的重要手段。

此外，企业也可以借助物联网技术，以前所未有的颗粒度，实时捕获范围一碳排放的结构化和非结构化数据，并对这些数据进行高级分析、提取出有价值的洞察，从而相对准确地评估目前的范围一的碳排放总量、影响最大的碳排放来源以及类型。

在上述基于 ERP 的碳排放计算和物联网数据采集的基础上,企业可以进一步进行碳成本核算,将之前因信息和数据缺乏而成为"外部效应"的环境成本充分内化,纳入产品和服务的定价机制和经济决策中。

4.4.2 阶段二——优化:优化减碳决策,持续提升企业运营水平

在阶段二"优化"中,企业的战略目标不能仅仅满足于碳达峰合规,而是要创造更大的业务价值。企业应该以碳中和目标为指引,释放碳数据和数字科技的巨大力量,对企业内的供应链、业务流程、产品及体验进行优化,助力企业持续发展。

首先,许多企业发现,来自供应链的间接碳排放,包括企业上下游活动的碳排放,占到企业总排放的 90% 以上。因此,对于这些行业,要实现可持续发展,必须全面地审视和理解整个供应链。例如,如果电动汽车的电是通过烧煤产生的,或者电动汽车的储电设备中含有无法安全回收的重金属,那么电动汽车行业实际上可能对环境造成更大的破坏;由于牛油果营养丰富,其消费剧增,为了满足市场需求,需要砍伐森林清理出更多的土地以供种植,并使用大量化肥和水,这些都增加了碳足迹。因此,企业必须在整个供应链中都采取减碳行动,才能产生效果。不能指望在单独的"孤岛"中进行研究和采取行动,就可以取得成功。

另外,如果组织没有准确的供需计划,还会产生连锁反应,在供应链中的其他领域产生浪费。因此,要实现供应链绿色低碳,就需要准确、实时的全局库存视图,并且能够以可信方式在整个供应链生态系统中共享数据。例如,当最终客户对产品的某些可持续发展 KPI 提出要求时,企业需要立即做出反应;在采购过程中,企业可能需要在成本低、运输过程碳排放高的供应商与成本稍高、但运输过程碳排放较低的供应商之间进行选择。

第三,越来越多的消费者要求非常透明地了解所购买产品的更多信息,尤其是关于食品:在哪里种植?如何处理、运输、生产和包装?这就需要企业在整个供应链都要协同一致,提供从原材料到成品的完整的端到端可追溯性,赢得消费者的信任,建立品牌优势,避免声誉风险。如果企业缺乏与供应商的透明合作和数据共享,就很难以可信和可控的方式在从原产地到交付的整个过程中跟踪产品。不具备这种能力的企业很难发现供应商风险,因此也无法保护自己的品牌。

最后,将可持续性发展纳入公司的运营流程将对组织责任产生直接影响。今天,可持续发展报告通常由独立的可持续发展团队在日常运营之外完成,未来碳排放规划和可持续发展的资源规划将成为采购商或供应链规划师工作的一个组成部分。企业在可持续发展的投入,将不断转化为企业运营水平的提升。

4.4.3 阶段三——创新:创造和销售低碳产品和服务

企业在"创新"这个阶段的战略目标是借助低碳商机,打造和销售与低碳相关的产品和服务。它既可以是以双碳为商机对商业模式的创新,从而为企业带来全新的产品和服务收入;也可以是站在行业范围的视角,通过参与碳排放权交易平台,开发碳排放权资产,为企业创造新的收入来源;还可以是通过拓展碳中和服务,建设科技赋能的碳中和服务平台,助力行业实现双碳达标。

第 3 章介绍的昕诺飞案例就是一个典型的商业模式的创新,其通过照明即服务实现了新的收入来源。其减少的碳排放量作为碳排放权产品,包括现货产品和远期产品,可以通过交易为企业带来新的销售收入。具有前瞻性的公司正在证明,气候解决方案创新就是创造价值。

欧洲的半成品生鲜配送商 HelloFresh,为消费者提供菜谱和配套食材包采购配送服务。消费者在网站上浏览菜谱后,通过设置选择用餐人数、菜品数量以及每周配送日就可以完成下单购买,最后会有专人把订购的菜品送货到家。按照 HelloFresh 提供的菜谱进行简单的烹饪,就能制作好理想的一餐,之后平台会默认消费者继续订阅,然后在下周同样时间配送其他不同的菜品。HelloFresh 的模型利用高级分析和机器学习来高精度预测订单量。这种以消费者绿色、新鲜、低碳需求为导向的拉动模式将供应链的复杂性和效率提升到一个新的水平,并显著减少碳排放和食物浪费。HelloFresh 通过抵消其 100% 的直接碳排放达到了一个重要的里程碑,成为全球首家碳中和餐包公司,如图 4-16 所示。

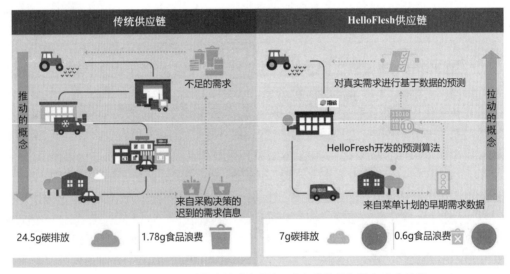

图 4-16　HelloFresh 对供应链进行创新,减少碳排放和避免食物浪费

4.5　SDG 雄心计划中关于减排的基准参考

在第 2 章介绍的 SDG 雄心计划中,给出了与 1.5℃ 路径一致的基于科学减排的基准参考。图 4-17 给出了一个目标-路径-行动-子目标-指标-业务流程-系统机会-关键设计决策的示例。

当企业准备实现碳减排工作时,通常会采取"减少-中和-补偿"的三组行动。

- 减排:降低企业在价值链上的碳排放,这显然是必须且最高优先级的事情。
- 中和:这涉及在足够长的时间里消除排放,例如通过直接空气碳捕获和储存。
- 补偿:企业可以为价值链之外的气候项目提供融资,帮助社会走向全球净零排放。

图 4-17　在气候控制领域，SDG 雄心计划的目标-路径-行动-子目标-指标-业务流程-系统机会-关键设计决策

这些投资通常可以帮助企业补偿剩余的排放，例如作为碳汇的解决方案——种树或者对新兴气候技术进行投资等。

企业在制定碳减排目标时，可以参考 SBTi 发布的指南。该目标已经成为全球公认的企业设定碳减排目标的标准，旨在为企业提供基于气候科学减排目标的清晰指导框架，从而确保企业设定的减排目标和速度与《巴黎协定》中控制全球平均气温上升幅度小于 2℃

的目标相一致。

SBTi 要求企业在设定目标时,应该覆盖至少 95% 的范围一和范围二的排放量,鼓励企业努力根据全球平均气温升幅控制在 1.5℃ 内的情景设定碳目标。针对范围三目标的设定,当企业范围三的排放量超过企业总排放量 40% 时,企业需要制定范围三的减排目标,且目标设定应至少覆盖范围三总排放量的 2/3。在执行 SBTi 时,企业需要注意,"碳抵消"和"避免排放"不算入目标中,这是为了鼓励企业实施积极的减排行动,减少绝对排放。目前一些企业热衷的"绿证",即可再生能源电力证书(Renewable Energy Certificates,REC),在不恰当的操作和不纯粹的目的驱使下,在一些地区已经变成了"洗绿"的手段,被越来越多的大众和投资机构识别。

图 4-17 中定义了两条路径——"减排和中和"及"补偿",并在这些路径下,给出了一些常见的行动例子,对应到制造、采购、物流、销售、分销等整个业务流程,逐一映射到不同的系统机会,并产生出一系列的关键设计决策。图中给出了四个关键设计决策的例子。

- 在实现排放计算数据收集方面,可以通过物联网技术实现自动化。追求整个价值链中温室气体排放的可见性,是为低碳商业模式和产品创新提供有用信息的关键。通过物联网和人工智能等数字技术,企业可以从手工输入数据转向实时监控和对排放源进行管理。世界经济论坛估计,当与 5G 和人工智能等其他技术相结合时,物联网可以帮助全球排放减少 15%。
- 在与供应商整合以提高能见度和排放性能方面,定义供应商排放数据可视性的流程已向自动化迈进。这可以通过第三方(如可持续性评级机构)整合或直接共享供应商的数据来实现。
- 在准确测量范围三的排放量方面,建立范围三的完整视图,了解产品设计、消费者使用材料的能源强度以及公司的内部运营(如员工差旅)非常重要。
- 在有效预测排放量,以优化碳消除投资方面,建立持续的实时排放预测模型,确定实现 1.5℃ 路径的差距,有助于根据所需的温室气体补偿,作出清除策略的决策。

此外,各种整合技术在帮助企业减少排放领域可以发挥巨大的作用。第一个例子是使用物联网和传感器监控设备的能源消耗,打通与现场设备的连接并实现集成,找出效率低下的地方,降低生产过程的能源强度。第二个例子是对产品整个生命周期的碳排进行跟踪。例如,在确定 60% 的洗衣粉的碳排发生在使用阶段后,联合利华推出了新产品,让人们能够在较低的温度下洗涤衣物,从而将相关的温室气体排放减少了 50%。

4.6 气候行动的数字化解决方案

气候行动数字化解决方案的核心是碳会计(Carbon Accounting)软件。碳会计软件可以帮助组织了解其碳足迹,并简化和优化减少碳和温室气体排放的流程,以实现更好的企业可持续发展。通过碳会计软件与业务系统的集成,可以按来源识别和跟踪碳排放,以便让企业确定可以改进的地方。

根据 Technavio 的预测,全球碳会计管理市场规模会在 2021—2025 年之间增长 64 亿美元,在预测期间内的复合年增长率(Compound Annual Growth Rate,CAGR)将超

20%。新冠病毒感染加速了各行各业的数字化转型，为领导者提供了一个机会，让他们在实践中进行根本转变，以所有利益相关者的长期增长和价值创造为基础，为企业重新设定战略愿景。考虑到这一点，碳会计软件的实施既被看作是朝着绿色低碳创新的第一步，也被视为企业减少能源使用和执行成本削减措施的一种方式。

2022 年是 SAP 公司成立 50 周年。50 年以来，SAP 一直在帮助企业更有效地管理各类资源。在数字化时代，基于人工智能、高级分析、物联网等技术，SAP 进一步提出了智慧企业的方案。面对可持续发展的战略目标，企业必须将可持续发展置于商业模式的核心，与各类资源紧密结合在一起。目前，企业普遍存在不连贯的业务流程，数据复杂且分布在各处，使可持续发展的落地面临挑战。为此，SAP 提出了一个将可持续发展与智慧企业相结合的产品战略。

如图 4-18 所示，SAP 在气候行动领域打造的解决方案，是建立在一个与企业业务需求和使用场景高度吻合的愿景之上的。SAP 方案的目标，不仅是进行碳盘查，更重要的是支持用户的业务，把碳数据与业务场景结合起来，发挥出最大的商业价值。这些价值体现在三个方面。

- 一是合规需求：可以根据客户的商业模式、产品组合和运营方式，采集相应的数据并进行排放计算和分摊，适应碳排放法规的要求，确保企业经营许可，降低合规风险。
- 二是经营需求：可以将产品上的每一个组成部分、每一项服务，从采购到出厂直至使用过程的碳足迹，清清楚楚地加以跟踪和优化，提高企业低碳经营的效率。
- 三是用户体验：对于有低碳产品和服务消费需求的用户，可以将产品和服务的碳足迹信息，明明白白地展示给用户，让用户作出负责任的购买决定，提高用户体验。

对于企业来说，SAP 的解决方案，满足了合规、经营和用户这三个层次上的需求，将绿色低碳的战略切实转化成企业的竞争力，体现 SAP 方案在可持续发展领域里"业务至上"的理念。

合规需求
使商业模式、产品组合和运营方式适应碳排放法规，确保经营许可

经营需求
对产品和服务的碳足迹进行全程跟踪，覆盖从采购到出厂直至使用过程的全过程

用户体验
通过产品和服务的碳足迹信息，为用户提供负责任的购买决定

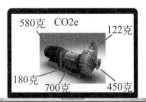

图 4-18　SAP 在减碳管理领域的方案构想

4.6.1 提升企业"碳"竞争力的三个数字化建设阶段

要理解数字化在企业减碳进程中的意义,可以与传统方法进行一个对比。

传统的做法主要依靠手工方式核查碳排,采集的是静态的、滞后的、与业务割裂的数据,仅反映过去一段时间的累积结果,只能满足较低的监管要求。

采用数字化的手段进行减排,可以分为四个步骤和阶段,如图4-19所示。

- 碳盘查:企业通过数字化转型,实现业务数字化,在开展业务的同时记录追踪碳排放和碳足迹,提高碳计算的频率和精度。例如本章后面介绍的案例,奥地利镁业公司(RHI)是全球防火材料的领导者,属于高能耗企业,每年消耗的能量可以让20万辆汽车绕赤道跑一圈。该公司全球35家工厂共生产1.5万种产品,碳排放计算工作量巨大,合规要求艰巨。SAP软件帮助其大大提升了碳排放计算的自动化水平,让平均碳排规模在20万吨的工厂的碳排计算精度达到公斤级。

- 业务优化:由于碳计算内嵌在业务系统中,因此可以帮助企业建立与业务数据关联集成的碳账本,帮助企业作出优化的减碳决策,根据市场变化,灵活调整减碳路径和目标,提高企业竞争力。例如前文提到的德国食品配料厂商德乐的案例,面对消费者对安全、环保、低碳的要求,德乐针对5千多种原料、2万多种产品,在SAP系统的支持下,为每一种产品的碳足迹进行分析,可满足130个国家的合规要求。当市场上需要一款低碳产品时,德乐可以灵活调整生产布局、采购组合,进行生产成本测算、供应商采购议价以及最终产品的销售成本核算,提高企业竞争力。

- 模式创新:随着数字化进程的发展,企业能够进一步结合市场上的绿色低碳需求,进行产品和服务的创新,提高市场竞争力。例如,荷兰照明公司昕诺飞提出"照明即服务"的新商业模式,帮助客户显著降低能源成本和减少碳排(当年减少10%的能源和维护成本,第6年可节省50%)。SAP为昕诺飞提供BTP平台,搜集照明设备的传感器数据并进行分析,提高运营效率。

- 创新经济:减碳离不开整个产业链的通盘合作和创新,需要打通上下游产业链,交换碳排放、材料、回收等信息,实现绿色循环的可持续发展路径。例如,SAP目前正与德国主流汽车厂家合作,建设汽车产业云Catena-X,打造打通汽车全产业链的碳数据交换网络和循环经济网络,从产业层面打造"低碳创新经济"。

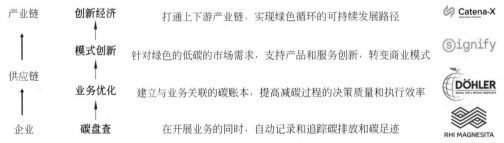

图4-19 数字化可以帮助企业提升"碳"竞争力,打造"低碳创新企业",进一步推动"低碳创新经济"

4.6.2 智慧企业是零排放方案的基础

SAP的绿色低碳解决方案通过将企业重塑为智慧的、可持续发展的企业，来帮助企业实现可持续发展的战略目标。其中，智慧企业是整个解决方案的基础。

什么是智慧企业呢？智慧企业使用最新的技术，如人工智能、物联网、大数据、高级分析等，将洞察力实时转化为整个企业的行动，由此加快数据驱动的创新和流程自动化，推出新的商业模式，提供卓越的体验。

如图4-20所示，SAP将智慧企业的建设分为"技术-应用-业务流程"三个层次。

- 应用层包括智慧套件和行业云两个部分，前者由SAP开发，是支持客户业务流程的核心业务系统。后者由合作伙伴和SAP共同开发，提供行业创新和行业特定解决方案。
- 业务流程层在应用层的基础上，加入了面向产业链的业务支持，如研发网络、采购网络、制造网络、物流网络、碳数据交换网络等，实现跨越企业所有职能和跨企业间的端到端业务流程。
- 技术层的业务技术平台使用SAP和非SAP数据，实现数据库与数据管理、分析、应用开发与集成、智能技术等，为SAP的软件和合作伙伴的软件提供统一支撑。

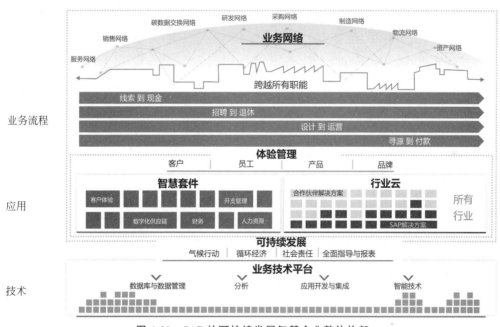

图4-20 SAP的可持续发展智慧企业整体构架

图4-20中的SAP可持续发展解决方案正是基于SAP的技术层，构筑在应用层和业务流程层之上。

基于图4-20的可持续发展智慧企业整体构架，SAP打造的零排放数字化解决方案实现了与ERP和其他业务条线IT系统的业务流程的一体化。2000年，SAP发布了"气候21"(Climate 21)计划，旨在帮助企业了解、披露和最小化其产品和服务的全部碳足迹。

SAP 的技术路线是将所需的功能构建到核心的交易和分析系统中,帮助企业对运营和供应链中的温室气体排放进行分析,以便确定单个产品级别的碳足迹。如图 4-21 所示,它的实现方式如下。

- 在"设计到运营""线索到现金""寻源到付款"等几大业务流程的基础上,一方面,围绕减碳需求,在重用这些业务流程的数据基础上,开发出一系列如碳盘查表、碳足迹等碳会计产品;另一方面,对原有的这几大业务流程围绕减碳需求,补充相应的内容,实现与减碳产品之间的互动。
- 在此基础之上,SAP 进一步将减碳流程从企业内部扩展到业务网络上,跨供应链上的不同企业,基于业务网络实现碳数据交换网络,从而帮助企业在供应链上下游实现低碳的产品和服务,实现商业模式的创新。

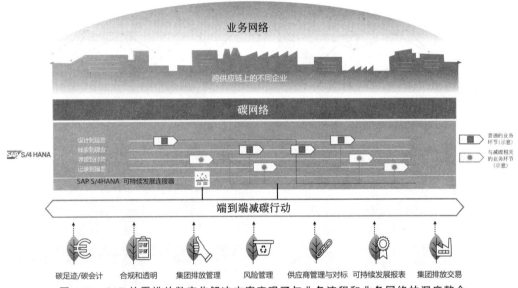

图 4-21 SAP 的零排放数字化解决方案实现了与业务流程和业务网络的深度整合

4.6.3　面向企业碳足迹和面向产品碳足迹的碳盘查

碳足迹计算是进入减碳旅程的第一步。碳足迹背后的想法是创建一个可以定量比较气候影响的基础。碳足迹可以代表个人、组织、生产场所或产品的温室气体排放量。考虑到产品或服务的整个价值链,它可以用作产品或公司如何影响气候的可衡量证据。

如图 4-22 所示,不同企业之间的碳排放差异很大。以联邦快速为例,范围一的排放占据了将近 80% 的比例,而福特汽车 90% 以上的排放都属于范围三。因此,根据企业的不同,碳足迹计算应有不同的选择和侧重。

如图 4-23 所示,SAP 的零排放解决方案的基础是两大类足迹计算——企业碳足迹计算和产品碳足迹计算。

- 计算企业碳足迹(Corporate Carbon Footprint,CCF)通常是企业采取气候行动的起点。它为企业提供了温室气体排放的概览、业务中的碳热点以及可以设定什么目标来减少对气候的影响。企业碳足迹的计算通过 SAP EHS 软件中的环境管理

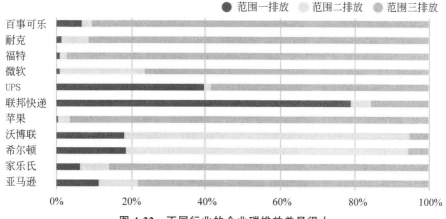

图 4-22　不同行业的企业碳排放差异很大

(Environment Management，EM)模块实现。

- 产品碳足迹(Product Carbon Footprint，PCF)总结了产品在其生命周期的不同阶段产生的全部温室气体排放量。例如，从摇篮到大门的 PCF 考虑了从原料开采到原材料制造，以及最终产品本身的制造一直到离开公司大门的所有过程。从摇篮到坟墓的 PCF 涵盖了产品的整个生命周期，包括产品使用阶段和报废时的排放。产品碳足迹的计算通过 SAP 产品足迹管理(PFM)软件实现。

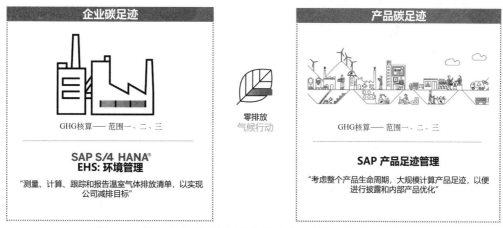

图 4-23　面向企业碳足迹和面向产品碳足迹的两类碳盘查系统

为了更好地理解 SAP 的零排放解决方案的功能和流程，下面结合一个具体的业务场景加以说明。如图 4-24 所示，假设我是一家化工企业的销售人员，接到客户采购人员电话，要求降低采购产品的碳足迹。我首先在"Carbon Product Portfolio"系统中，查询到销售给这家客户的名为"Damogran"的产品占据了最大的碳排放，如图 4-24(a)所示。于是，我打开该产品的价值链，查看它的具体碳排放足迹。在图 4-24(b)中发现对原材料进行加工之后，接下来的工艺由三个工厂(分别位于法国、美国和德国)完成，图中分别给出了每家工厂单位产品的碳排放和成本。我发现，德国工厂生产出来的产品的成本最高，但是二氧化碳排放最低。为了进一步分析，我在图 4-24(c)中对德国工厂产品的碳排放进行下钻分析，查看 1.6 吨的碳排放是如何分解的。我发现这个分析仍然不能解释为什么德国工厂的碳排放最低。于是又在图 4-24(d) 中对三家工厂的碳排放同时进行分解，发现原因是德国工厂使用的绿色能源的能源消耗产生的碳排放最低。接下来，我需要判断是否可以把给这家客户供货的产品全部放到德国工厂生产。在图 4-24(d) 中，我对碳排放的数量和对应的产品成本进行模拟分析。目前在德国工厂的占比为 10% 时，碳排放是 2.61 吨，产品的成本是 2823 欧元。将德国工厂的比例提高到 100% 之后，碳排放降低到 1.6 吨，但是系统给出了两个警告：一是成本警告，因为成本达到 3105 欧元，超过 3021 欧元的售价，这会造成亏损；二是计划警告，原因是目前的生产计划不支持。对于第一个警告，可以将售价提高到 3300 欧元；对于第二个警告，可以采用系统自动给出的生产计划调整方案。于是图 4-24(f) 给出了调整后的可行方案。

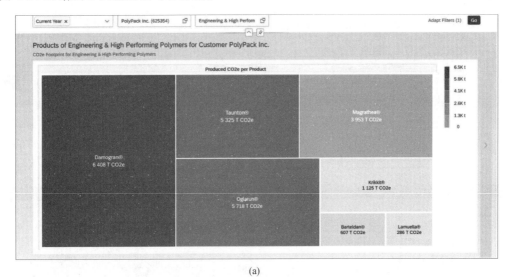

(a)

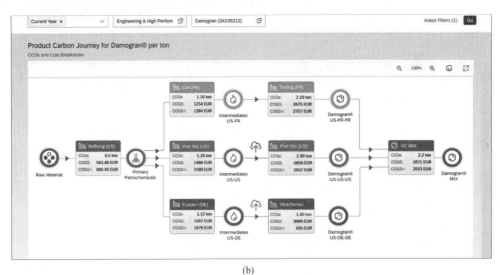

(b)

图 4-24　碳足迹的业务场景演示

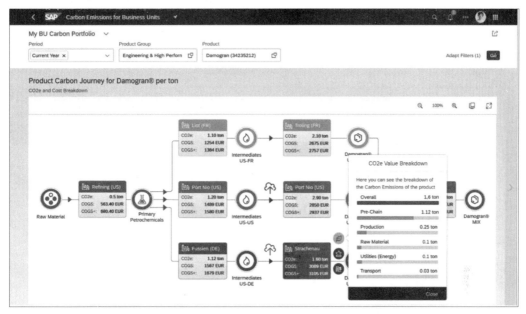

(c)

(d)

图 4-24 （续）

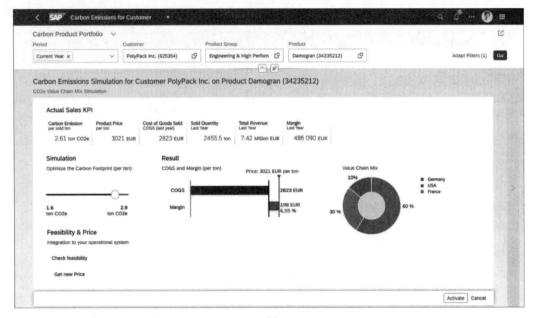

(e)

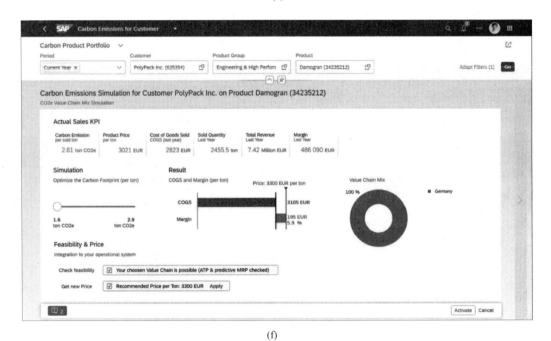

(f)

图 4-24 （续）

这个演示展示了基于同样的业务系统生成的碳足迹计算，可以方便地支持用户进行业务模拟和辅助业务决策。这个例子体现了在业务系统中进行碳盘查对业务带来的价值，即可以方便地对减碳需求作出对业务最有利的决策。

4.6.4　EHS 环境管理——计算企业碳足迹

环境管理（EM）是 SAP EHS 解决方案五大模块之一，其目的是帮助企业满足有效保护环境的法定义务方面的需求。EM 内含一整套集成流程，可以帮助企业流畅地运行相关的合规流程，提高管理效率。此外，EM 还可以帮助企业在系统中不断更新最新的立法，降低合规风险。总之，EM 具有以下三个特点。

一是应对监管挑战。保护环境和遵守环境法规对企业的成功至关重要。但跟上众多不断变化的立法步伐可能是一项艰巨的任务。SAP EHS 中的环境管理功能可以帮助客户减轻这方面的复杂性并降低合规风险。

在欧美，一家典型的制造厂可能需要面对多达 5 万个与空气、水和废物法规相关的合规要求项。不遵守规定可能会导致数百万美元的罚款和生产损失。此外，随着监管变得日益严格，如何预防违规行为让管理者感到更加棘手。违规一旦发生，后续处理成本会非常高。为了实现法规合规性，企业需要建立可审核的、透明的、一致性的业务流程，简化数据采集、监控和汇报方法，在企业发生合并、收购和变化时及时了解相关法律的变化，保持流程始终合规如一，确保环境管理操作在整个企业中完全可见，避免因不合规带来罚款和停产风险。

二是能够在单一平台上集成所有的数据和流程。SAP EHS 的环境管理功能支持企业高效管理合规操作。该应用程序不仅将相关的数据和流程集成到一起，并且还使用了 SAP ERP 当中的数据，提高数据的准确性和一致性，实现环境合规管理流程的自动化和可视化，降低出错风险，使环境管理的工作更为简单。

三是实现全面合规性。EM 支持保护环境的所有法规要求，实现了以下的全面合规管理功能。

- 法规管理：可帮助企业满足与环境法规、许可证和政策相关的各种要求。只需单击即可访问有关受限制化学品的信息、排放量计算和限制以及相关的法律指南。此外，可以自动触发提醒，帮助确保及时完成任务。
- 排放管理：可以基于通知驱动的工作流，实现运营数据收集。它会自动汇总、跟踪和报告排放量，使企业的运营完全透明。该应用程序监控排放，使企业排放能够保持在政府限制范围内。如果企业面临超出这些限制的风险，那么 EM 将提供主动警告，以便企业采取措施，及时纠正。
- 优化环境绩效。EM 为合规经理、环境工程师和公司的环境经理提供了所需的工具和功能，让他们能够最佳地利用时间。支持的活动列举如下。
  - 数据监控和报告。EM 提供了一个直观的、支持 Web 的用户界面，非技术用户也可以轻松使用。内置的数据验证和批准工作流为决策提供了可靠的数据。软件会检查企业是否处于监管限制内，并在超出限制的情况下通知用户。用户可以在需要信息时快速轻松地进行特定查询，从而简化报告生成过程。同时，软件会记录用户的所有活动，以确保完全透明和事后追溯审计。
  - 自动排放计算。用户可以在 EM 中定义方程式库和排放标准，然后使用这些数据计算排放量，并在计算过程中主动报告出现的任何数据问题。

- 任务管理。一个复杂的任务调度引擎有助于管理和及时完成环境管理任务;通过个人和用户组权限建立个性化的任务列表来执行和完成分配的工作。同时,软件会主动显示即将进行或禁止的活动,让工作更加高效。此外,直观的 Web 界面也让用户的访问和使用更加简化。无论是在业务部门之间还是在整个企业中,均可方便地帮助团队建立协作。
- 偏差管理。EM 可以主动识别数据问题,如数据丢失或数据超限警告,帮助团队成员快速应对潜在的不合规问题;通过灵活的偏差管理支持完整的调查过程,包括定义控制和跟踪纠正措施。这些功能有助于团队成员保持运营的连续性和合规性,同时将财务和运营风险降至最低。

图 4-25 展示了 SAP EHS 环境管理的用户界面。左上方界面展示了按企业业务单元的排放图表、逐月排放图表、按地点排放图表、碳减排图表以及按国家分布的减排效果。右下方界面展示了某个地点可能出现的超排放分析结果。

图 4-25 SAP EHS 环境管理的用户界面

总之,EM 可以让企业实现"内心平静"(peace of mind)。无论组织结构、设施有多么复杂,EM 都可以帮助企业设计、监控和改进环境合规流程。通过在单个平台上集成数据和流程,可以实现对整个企业进行管理的标准化,简化操作并提高效率,让企业管理者高枕无忧。如图 4-26 所示,EM 既可以为碳排放的控制者回答诸如"每个地区和部门的碳排放和碳成本是多少?"或"不同地区的治理规则不同,如何保证经营符合地区的法规?如何管理不同地区的排放因子"的问题,也可以为决策者回答"公司总体碳排放是多少?碳成本是多少?如何平衡环境成本与经济成本?如何优化碳和能源成本?"的问题。该方案特别适合具有以下特点的企业使用。

- 资产密集型大型制造企业;
- 高能耗、高排放、高污染企业;

- 需要对制造设施的排放进行监控和分析；
- 有碳排放信息披露的需求；
- 需要与 SAP 其他模块功能实现紧密集成。

碳排放管理帮助客户对企业的温室气体排放进行测量、计算、监控和报告，以实现公司的减排目标。通过对原料、能源使用数据的收集，从排放因子库和排放方程库中获得排放因子，设定预定义的数据质量和计算质量标准，实现对温室气体排放的监控和温室气体排放报告；通过排放指标管理、排放量计划、排放量管理持续优化企业的经营。

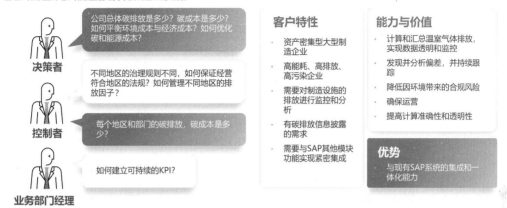

图 4-26 基于 EM 模块的碳排放管理功能概览

1. 合规管理功能

在环境管理日益重要的今天，全球各地制定了许多监管法律和规则，分别适用于各地的工厂设施和业务。对一家企业来说，不仅不同地区、不同工厂的设施结构不同，监管的要求和意图也不尽相同。尽管各地之间可能存在很多共同的要求，但仍然需要利益相关者团队对监管方案和预期结果进行详细审查。这一过程既是对现有管理流程的映射，也是反映期望结果的流程蓝图。

合规管理(Compliance Management)的核心是不断地对变化进行适应和调整。变化来自于很多方面，例如，法规被修改、制定了新的法规要求、操作流程被重构、安装了新的工厂设施等。因此，合规管理的焦点和难点的本质就是变更管理(Change Management)。为了实现有效的变更管理，SAP 环境管理中的环境合规(Environmental Compliance, EC)模块提供了以下功能。

- 对跨组织、跨业务部门、跨系统的许可证，实现集中管理。
- 将许可证流程连接到不同的数据存储系统(如 EHS)和应用系统(如工厂维护系统)以及数据分析系统(如商业智能系统)中。
- 能够正确、完整地接收和交付所有的信息和数据。
- 支持合规性、审计和验证跟踪(包括数据质量保证)。

EC 模块主要包括两大核心功能：许可管理和合规管理。

许可是每个工厂和每项活动都需要满足的需求、规章和法律，它们既可以是外部的要求，也可以是企业内部的要求。对于一家企业来说，对许可进行管理的前提是建立许可证层级，并与企业的层级相一致。在系统中，可以对许可的对象进行多角度的定义，包括发证机关、时效、设施、限制以及各种要求。这些定义可以是从外部内容提供商导入的，也可以是自己建立的。当适用法规发生变化时,还可以自动更新。

如图4-27所示,根据外部或内部要求,企业的EHS监管专家对合规要求进行维护。接下来,由当地的EHS管理员定义需要执行的活动和任务,以确保符合许可的要求。接下来,EHS管理员、现场操作员或技术人员的收件箱收到工作项。在系统中,这些工作可以完成、转发或暂停,也可以显示和打开评论、下载附件以及跳转链接。EHS管理员可以查看团队的任务日历视图,可以根据位置、状态和类型筛选任务。管理员可以通过在单个用户之间拖放任务来重新分配任务,也可以通过延长或缩短任务来更改开始/结束日期。系统会根据合规任务出现的超限、逾期或其他问题,跟踪偏差记录,并进行记录和展开调查,进行根本原因分析和采取后续纠正措施。

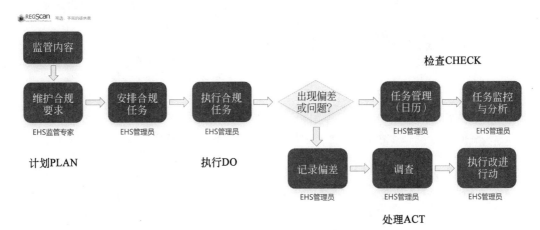

图4-27 SAP EHS中合规管理的主要流程

2. 排放管理功能

排放管理(Emission Management)是EM的重要功能之一,最早的版本开发于2005年,它的目标是让企业通过综合性的排放管理,减少对环境造成的影响。只有当组织在日常管理和长期战略规划中,将排放问题作为一个重要组成部分时,企业才能够以最佳和最具成本效益的方式实现合规性的目标。通过建立合规的排放业务流程,进行全面的数据分析,可以从战略上而不仅是战术上有效地管理排放,帮助企业以经济高效的方式应对今天和未来的环境需求。

排放管理主要包括以下主要功能。

- 管理作业产生的所有类型的排放,如危险空气污染物、温室气体(GHG)和其他空气或水排放,以满足法律要求;
- 计算和汇总排放量,推动实现主动数据透明和监控;
- 发现偏差并进行沟通,包括展开调查和跟踪后续活动。

采用排放管理模块的好处列举如下。

- 降低环境不合规的风险,避免受到处罚;
- 确保运营许可证;
- 提高计算精度和透明度。

图 4-28 所示的是排放管理的计算流程。整个过程清晰明了,涵盖了从数据采集到验证,直至汇总、计算、洞察与优化的全过程。

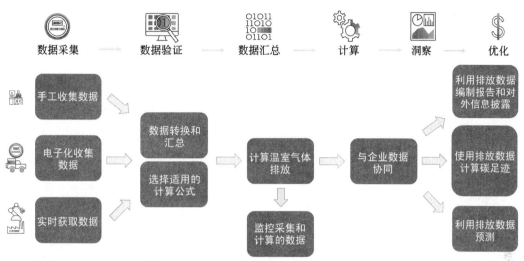

图 4-28　SAP EHS 排放管理的计算流程

目前,EM 可以支持范围一、范围二的碳排放计算。对于范围三,EM 可以在无须大量修改的前提下,支持 15 项中的 7 项。对于其他 8 项(带有"＊"号),需要根据实际情况进行评估,如表 4-2 所示。

表 4-2　SAP EM 支持的范围一、范围二、范围三的碳排放计算

范围一	计算企业设施自有资产和运营/服务的直接排放量
范围二	根据购买的能源消耗计算排放量
范围三	SAP EM 目前支持以下类别中的 7 项,无须进行重大修改。其他类别(带星号)将在现场与客户沟通要求时进行评估。 1. 购买商品和服务(支出法) 2. 资本货物＊ 3. 燃料和能源相关活动(不包括在范围一和范围二内) 4. 上游运输和配送 5. 运营中产生的废物 6. 商务旅行 7. 员工通勤 8. 上游租赁资产＊ 9. 下游运输和配送 10. 销售产品的加工＊ 11. 销售产品的使用＊ 12. 已售出产品的报废处理＊ 13. 下游租赁资产＊ 14. 特许经营权＊ 15. 投资＊

4.6.5 产品足迹管理——计算产品碳足迹

计算和管理产品组合的环境足迹,是可持续发展的一个重要手段。到目前为止,有很多希望变得更具可持续性的企业,一直在试图通过烦琐而耗时的一次性活动来计算产品的环境足迹。这些企业手工搜集来自各个部门和分支机构的数据,并使用简单的电子表格等工具整合数据。显然,这种方法不可扩展,也不容易变成常规的习惯,尤其是当需要处理数千种产品和数百个分支机构时,或者是对于投资者和政府来说,面对可持续性数据日益增长的需求,完全无法通过手动方式,用一次性活动来满足。此外,对于那些具有更高的可持续发展目标的企业来说,需要随时提供最新的可持续性数据,以引导企业的日常决策。最后,单个企业往往无法完全了解端到端的业务流程和供应链,这会导致足迹数据不准确,最终受到竞争对手的挑战。

SAP 产品足迹管理(Product Footprint Management,PFM)是一款在 SAP 业务技术平台(BTP)上运行的云应用程序,能够在整个产品生命周期(从"摇篮"到"坟墓")里,定期、按比例计算产品足迹。它与 S/4 紧密连接,重用 S/4 已有的业务数据,定期计算产品的排放数据。这些足迹信息为公司提供了有关其产品环境影响的见解,帮助企业管理人员了解产品在全生命周期如何影响环境,对内部的产品和流程作出优化决策,对外向业务合作伙伴披露,推动合作伙伴进行内部产品和流程优化。例如,饼干公司可以根据原材料的成本和碳足迹,来选择巧克力的采购来源,并对巧克力供应商提出相应要求。

2022 年 2 月,在碳排放领域积累了多年经验的毕博公司(BearingPoint),正式成为 SAP PFM 的共同开发合作伙伴,并将毕博的排放计算器功能融入 PFM 中。

事实上,PFM 管理的不仅是碳排放,也包括废水和其他的物质,因此其英文全称是 Product Footprint Management,而非 Product Carbon Footprint Management。毫无疑问,碳排放是其中非常重要的一块,但并未仅仅局限在这一块。

SAP 的这种数据驱动方法,可以使企业能够全面地将可持续性嵌入产品的全生命周期当中,在整个价值链中获得可操作的见解,从而使企业能够过渡到低碳业务流程。SAP 采取的与众不同的方法,使企业能够在产品生命周期开始时主动识别碳的影响,而不是在产品生产之后被动识别。此外,SAP PFM 不仅为公司提供了跨价值链减少碳排放的洞察力,还可以实现与客户、供应商和业务合作伙伴之间的数据交换,从而提高公司范围一、范围二和范围三排放的透明度。

如图 4-29 所示,这套方案既可以为客户回答"贵公司这款产品的碳足迹是多少?"的问题,也可以为企业的碳足迹控制者回答"公司原材料的碳足迹是多少?碳成本是多少?"以及"每个地区和部门的碳足迹和成本是多少?"的问题。

SAP 的碳足迹管理方案,特别适合具有以下特点的企业使用:
- 从事产品制造的公司;
- 对产品碳足迹可视化有需求的公司;
- 对范围三排放有特殊需求的公司;
- 希望将可持续作为品牌差异化的公司;
- 产品或者下游产品出口欧美产品公司,需要满足碳标签需求。

碳足迹管理是定期对公司产品计算碳足迹以实现对产品生命周期碳足迹的信息披露,并实现企业内产品原材料采购、生产制造、分销过程中的碳排放优化。

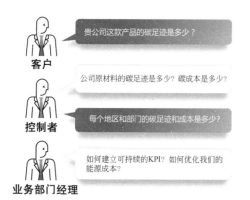

图 4-29　基于 SAP PFM 的碳足迹管理

PFM 的基本运行逻辑首先是从 ERP 中复制源数据,然后从第三方获得排放因子,导入 PFM 中。接下来,用户可以选择用哪家工厂、产品组和映射来计算。最后,按需查看计算结果。

PFM 的产品足迹计算方法一共有三种类型。

- 自上而下:从公司的视角,对直接排放以及能耗等数据按照产品进行分解。
- 分摊:基于温室气体排放的产品标准,将足迹数据分摊到最终产品或副产品。
- 自底向上:当企业采购多种物料时,对每一种物料计算足迹数据,然后对应到不同的产品上。

以第三种类型的采购环节为例,PFM 使企业能够按比例计算购买产品的足迹。企业可以从 SAP S/4 HANA 云系统中提取业务数据(如主数据和物料移动信息),并与排放因子相关联,然后运行大规模计算,为购买的产品生成足迹。这一过程的特点如下。

- 从 ERP 中复制数据:使用 ERP 作为产品足迹计算的基础,这使得源系统可以和 PFM 相互连接,重用数据。
- 导入排放因子:从外部导入排放因子时,首先应获取 Excel 模板。通过该模板,可以从多个第三方来源导入数据,向 PFM 提供生命周期评估数据。
- 利用采购产品的计算模板:使用 SAP 角度的计算模板,选择要计算足迹的工厂或产品组。在这里既可以运行计算或测试,也可以通过编辑映射模板,将排放因子映射到购买的产品。
- 监控产品足迹:通过监控足迹功能,根据产品的流入、流出和大致的库存监控足迹。将这些结果作为主数据发布到 ERP 中。

如图 4-30 所示,以一台笔记本计算机为例描述 PFM 在产品全生命周期的各个阶段计算碳足迹的全过程。

图 4-31 是对 PFM 能力的具体展开。

(1)第一步首先是定义需要计算的足迹的范围,如周期、工厂或产品组。基于这个范围,PFM 会从其他系统中复制业务数据,例如主数据(包括物料主数据、人力主数据)、物

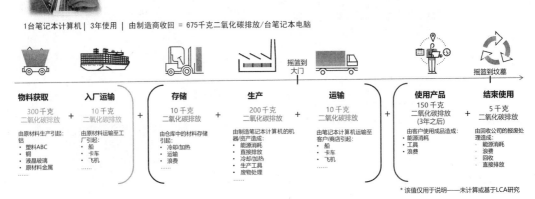

图 4-30 以一台笔记本计算机为例的产品全生命周期碳足迹

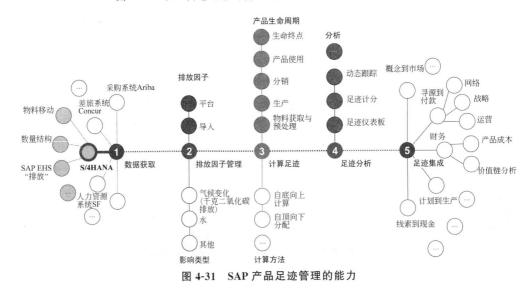

图 4-31 SAP 产品足迹管理的能力

料移动数据、物料采购数据（来自 Ariba 等）、差旅数据（来自 Concur 等）。

（2）接下来是碳排放因子管理，包括排放因子的导入、上传，也包括上传数据的管理、历史数据管理和版本管理。PFM 既支持手工建立，也支持从企业自己的源头或外部数据源等生命周期评估（LCA）数据库中导入，或从外部（如 Ecoinvent[①]）导入排放因子。

（3）第三步是足迹计算，系统通过预先配置的衍生规则，将业务数据映射到相关的排放因子上，并计算相应的产品足迹。由于产品足迹涵盖产品的全生命周期，从原材料的采购、生产、分配，最后到消费者手上，整个过程都会产生排放，因此所有环节的各个因素在计算时都会被考虑在内。PFM 可以根据要求，进行有针对性的计算。既能够支持自底向上的计算方式，也支持自上而下以及分摊的计算方式。

---

① Ecoinvent 是一个位于瑞士苏黎世的非营利组织，在 LCA 方法论方面有 20 多年的经验，并拥有涵盖全球供应链的约 1.8 万个数据集。Ecoinvent 的排放因子数据集可以轻松导入（需要许可证）到 SAP PFM。

（4）第四步是碳足迹分析，在用户查看计算结果的同时，系统可以提供完整的碳足迹跟踪和各种排序、仪表板等功能。

（5）最后一个步骤是集成，将碳足迹数据发布回 SAP ERP，并集成到其他相关应用程序中，实现自动无缝跳转。

下面用一个例子来说明。以一家向全球市场供货的糕饼公司为例，公司希望掌握糕饼生产原材料的产品足迹，从而为进一步的优化提供指导。如图 4-32 所示，该公司总部在德国的沃尔多夫，在危地马拉、加纳和印尼分别开设工厂。糕饼的主要原料包括可可粉、面粉、糖、油脂、牛奶等。Ben 作为一名可持续业务支持专家，在 PFM 中计算出碳足迹，并将数据传送给 ERP，供库存分析员 Ina 对供应商进行分析优化。

图 4-32　虚构的一家计算生产原材料产品足迹的糕饼公司

4.6.6　分析云——产品碳足迹分析

产品碳足迹分析（Product Carbon Footprint Analytics，PCFA）是基于 SAP 分析云（SAP Analytics Cloud，SAC）构建的，从多个维度分析企业碳排放的解决方案。它可以做到：

- 与 SAP ERP 系统集成，自动获取相关碳排放分析数据；
- 依据国际标准和规范进行碳足迹计算和分析；
- 与基准值进行比对，实现监测、报告、核查（MRV）全方位的管理需求；
- 对企业产品提供全价值链碳足迹洞察分析和经营决策支撑。

以欧洲监管机构对制造业企业进行碳足迹全价值链管理的要求为例，PCFA 从六个维度以数字化手段支撑企业的碳足迹管理诉求，即原材料、工艺流程、直接排放、入厂物流、出厂物流和间接排放等维度。基于企业 ERP 或其他专业生产系统提供的基础数据，利用 SAP 分析云（SAC）构建的仪表板、可视化分析工具和分析模型，PCFA 可以帮助管理者从碳排放量、碳排放成本和碳交易视角全方位掌握企业的碳排放真实情况和发展趋势，如图 4-33 所示。

以风力发电机主机制造商为例，PCFA 支持对不同型号、不同批次的风机，从各个组件的采购环节、制造环节、安装环节和运维环节收集碳排放基础信息。例如，可以从制造

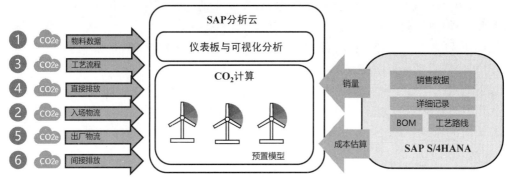

图 4-33 产品碳足迹分析 PCFA 的架构

商收集发电机自身的碳排放数据,从运输企业收集将发电机运送到企业车间或安装现场的物流环节的碳排放数据,通过物联网装置收集企业内部各生产车间、班组和工艺路线等制造过程的碳排放数据,从风机安装企业收集安装过程中的运输环节的碳排放数据和现场施工的碳排放数据,从风机运维企业收集各类计划检修、状态检修和保养甚至报废环节的碳排放数据,从而形成全口径的风机全寿命周期碳足迹能力,如图 4-34 所示。在此基础上,PCFA 还支持面向作业环节的差异化碳排放策略优化。企业可以从前述六个维度对风机的整体或主要部件和生产运维环节进行碳排放量管理和优化,并以货币化的方式研究各型号产品的核心竞争力和目标客户群体,差异化地制定产品设计策略、生产节拍/批次策略、销售和定价策略以及运维检修策略。

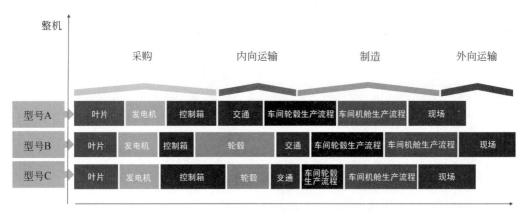

图 4-34 PCFA 洞察产品全生命周期的温室气体排放

PCFA 自带多维度碳排放数据分析展示功能,可以针对公司管理层从各层级领导关心的维度(如开展业务的各国情况、各工厂情况、各利润中心和产品等),沿价值链对企业内外部、各环节、各产品线的碳排放情况进行基于碳排放量、排放占比、碳排放量的货币化价值等口径的立体分析,如图 4-35 所示。

此外,PCFA 还可以进一步深入分析各个产品、批次、产地等维度的碳排放量变化趋势以及结合碳现货/期货价格的排放成本变化趋势。企业可以依此追踪高碳产品、高碳工艺和高碳工厂,并制定针对性的、以"碳汇"+"减排"为核心的碳中和策略,如图 4-36 所示。

第 4 章　通过气候行动实现零排放

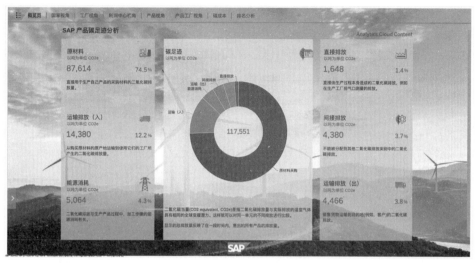

图 4-35　PCFA 应用示例

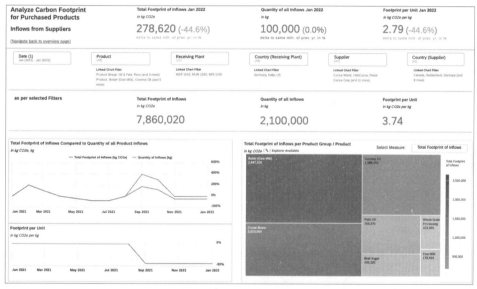

图 4-36　PCFA 应用示例

4.7　案例一：SAP 公司的减碳举措

4.7.1　气候行动的企业治理

为了实现"让世界运转更卓越，让人们生活更美好"的愿景，SAP 将气候行动列为公司可持续发展议程的首位。SAP 的 CFO 是包括气候行动在内的可持续发展委员会的发起人。SAP 首席可持续发展官（Chief Sustainability Officer，CSO）和团队协调 SAP 对气候变化作出响应，包括通过季度风险审查评估和管理气候相关风险，设定减排目标，定期测量和检测碳排量等工作。

4.7.2 设定减碳目标

2017年,SAP制定了领先的环境目标,即到2025年实现运营碳中和。鉴于新冠病毒感染对碳排放的影响,为了努力在可持续发展方面树立榜样地位,SAP决定加快碳中和的目标实现进程,在2023年之前在业务中实现碳中和。

该目标是指SAP的净碳排放总量。它的计算方式是从报告期内的总碳排放量中扣除购买的可再生能源的证书、自产可再生能源和碳补偿来计算。SAP碳中和的目标包括经营业务产生的所有直接和间接排放(范围一和范围二),以及价值链产生的选定间接排放的子集(范围三)。

自2017年以来,SAP遵守SBTi的要求,致力于到2050年将排放量比2016基准年减少85%,包括整个范围三的价值链排放量。2019年,经过SBTi的重新评估,SAP计划在2022年进一步加快气候行动的雄心,承诺到2030年,按照SBTi的标准,在整个价值链上实现净零排放,比原计划提前20年。

4.7.3 指标进展

为了以身作则并不断改善自身运营的环境足迹,SAP迄今已在全球约30个国家的50多个地点实施了环境管理体系(Enviromental Management System,EMS)。到2025年,其范围将从目前占SAP主要公司所有站点的77%逐步扩大到100%。为了进一步提高能源效率,SAP德国总部等选定地点也将运行ISO 50001:2018认证的能源管理系统。

如图4-37所示,SAP作为一家云公司,越来越多的业务转向云,数据中心在SAP为客户提供解决方案中扮演着越来越重要的角色。在SAP数据中心上运行解决方案并每天完成成千上万个云解决方案交易,需要CPU、内存、存储和冷却,因此需要耗用大量的电力,并最终导致碳排放。随着越来越多的客户需要对外提交自己的碳排放数据,其必然会向SAP询问在SAP数据中心上运行的SAP云解决方案的碳足迹。

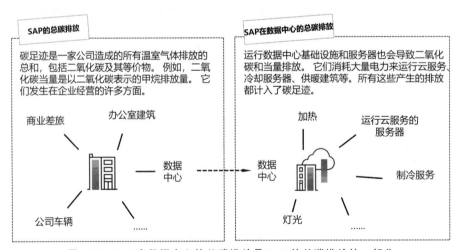

图4-37 SAP在数据中心的总碳排放是SAP的总碳排放的一部分

与许多客户一样,SAP支持SBTi,即与工业化前温度相比升温保持在1.5℃以下。因此,SAP承诺在2023年实现碳中和,2030年实现净零。同样,SAP的客户也会有同样类似的计划,需要报告其在整个价值链上的碳足迹,包括其与 SAP 相关的排放。

简言之,SAP 客户的端到端的价值链包括三部分:客户自身的运营、上游的供应链和下游的产品使用。如图 4-38 所示,对 SAP 客户来说,SAP 是上游的范围三的合作伙伴,因此与其碳足迹测量相关。SAP 的云服务无论是在 SAP 的数据中心上运行,还是在合作伙伴的数据中心上运行,都是 SAP 软件相关碳足迹的一部分。

图 4-38　SAP 作为供应商,是 SAP 客户的范围三排放

SAP 在建筑、数据中心运营和基础设施方面引入了一些举措,以推动效率和创新,例如通过新的热电联产装置,或用更高效的锂离子电池替换旧的备用电池。在位于德国和北美的 SAP 总部的数据中心,其电源使用效率(Power Usage Effectiveness,PUE)达到了 1.38,而截至 2021 年,全球数据中心的 PUE 平均值是 1.57。2014 年,SAP 通过创建"绿色云"加强了环境战略与业务战略的整合,即使用 100% 可再生电力运行所有数据中心。SAP 通过使用两个战略杠杆来实现绿色云:一方面,通过投资高质量的 EKOenergy 认证的能源属性证书(Energy Attribute Certificate,EAC)来促进可再生能源发电;另一方面,通过太阳能电池板在全球选择地点生产可再生电力。

如图 4-39 所示,在 2021 年,由于新冠病毒感染以及 SAP 引入了更灵活的工作模式,尽管碳密集型商业活动尤其是商务旅行相关活动略有增加,但总体水平仍然较低,因此

图 4-39　SAP 过去五年的碳排放和能源消耗变化趋势

SAP 的碳排放量持续减少。尽管 SAP 的员工人数增加了 4.9%，但净碳排放量却下降到了 11 万吨，同比下降了 18.5%，2020 年为 13.5 万吨。

4.8 案例二：奥地利镁业使用 SAP EHS 实现精准的碳排放合规管理

4.8.1 奥地利镁业简介

奥地利镁业公司（RHI Magnesita，以下简称 RHIM）最早是一家于 1834 年在德国普鲁士成立的耐火黏土工厂，到今天已经发展成为耐火材料领域的全球领先企业，在全球有 35 个主要生产基地、70 个销售办公室、10 个原材料基地，为 180 个国家和地区供货。RHIM 在耐火材料行业中具有垂直一体化的特点，如图 4-40 所示。其原材料来自其自有的矿山，凭借自主性和质量，能够提供世界上最好的产品，适用于所有的耐火行业。

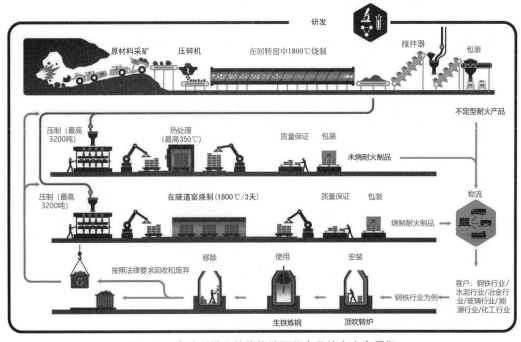

图 4-40 奥地利镁业的价值链涵盖产品的全生命周期

RHIM 公司的产品数量超过 1.5 万种，既包括耐火材料（如砖块、整体炉衬以及各种流量控制产品），也包括耐火材料的原料（如菱镁矿和白云石）。耐火材料是高能耗企业，RHIM 每年能耗为 5 太瓦时（TWh），这些能量可以支撑汽车绕赤道行驶 20 万圈。因此，可持续发展以及气候行动，是 RHIM 战略的重心。

RHIM 公司加强对可持续发展的承诺，并加快碳中和计划。第一个目标是 2025 年实现范围一、二、三（原材料）的排放量减少 15%。为了实现这一目标，RHIM 计划从以下几个方面采取行动。

- 通过创新的客户解决方案，减少客户排放。RHIM 的 80% 客户是钢铁和水泥行业,其也是主要的碳排放大户。RHIM 帮助这些客户降低生产中的能源消耗,也可减少相关的排放。例如,通过数字化解决方案,减少能源密集型设备的停机并优化生产。

- 减少原材料排放。由于来自原材料的排放几乎占到 RHIM 直接排放的一半(范围一和范围二),RHIM 通过增加回收使用来扩大全球回收能力。为此,RHIM 计划到 2025 年在耐火材料中包含 10% 的二次原材料。
- 降低能源的碳强度。由于该行业需要高温和大量能源,因此不太可能使用再生能源作为主要能源。为此,RHIM 计划从石油焦和石油转向天然气。2019 年,天然气已经占到 RHIM 业务所用燃料的 53%。
- 提高能源效率。通过新的生产计划提高 RHIM 的能源效率。能源效率计划预计每年节省高达 61GWh,占 2019 年能源消耗的 1% 以上。

4.8.2　RHIM 运用 AI 帮助客户预测产品磨损

因为 RHIM 的客户也都是能源消耗和碳排大户,所以 RHIM 数字化转型的一个重要方向,是将产品的使用与客户的工艺流程紧密地结合起来,为客户提供更多的增值服务,从而降低客户的能耗和碳排放。

以钢铁行业为例,炼钢用的窑炉的内衬——耐火砖,会随着使用被磨损,而磨损到一定程度,则需要维修和更换。显然,窑炉的使用时间越长,投资回报就越高。因此,客户面临的挑战是,如何在不危及安全的情况下,尽可能地最大程度利用内衬。

RHIM 使用 AI 技术帮助客户管理这种磨损,并为此开发了自动化工艺优化(Automated Process Optimization,APO),结合所有相关的生产数据,使用 AI 技术帮助客户预测生产过程中每个步骤的耐火材料行为,从而帮助客户决策何时更换内衬,同时让耐火材料发挥最佳性能。

4.8.3　RHIM 的碳排放管理

1. RHIM 碳排放挑战

作为高能耗企业,RHIM 会在生产过程中排出大量二氧化碳,欧盟法规要求企业密切监控二氧化碳排放。RHIM 在碳排放管理面临以下挑战。

- 碳排放数据统计工作量巨大。其全球 35 个子公司,除了澳大利亚和南非工厂外,需要每年通过 Excel 以半手工方式收集能量消耗和碳排放数据,工作量巨大。
- 碳交易维护工作量大、碳交易权限管理难。其欧洲地区公司的碳排放需要监控并进行碳交易。RHIM 欧洲地区的碳管理和碳交易管理基于 SAP R/3 系统上自开发的功能,管理维护技术门槛高(需要 IT 支持),维护工作量大。为了避免未授权的员工进行碳交易,其还会以限制用户访问系统,仅允许 9 个交易账户访问交易系统。
- 碳排放数据缺乏及时性,影响碳战略制定。倘若每年仅统计一次能耗和碳排放,那么碳排放数据则缺少及时性,而随着碳交易市场的成熟,需要及时了解企业碳排放数据。公司希望可以每月统计一次能耗和碳排放数据。

2. RHIM 碳排放管理项目范围

RHIM 希望寻找现有碳排放管理的替代方案，替代方案需要具有强大的管理功能，支持包括相关业务流程在内的排放数据收集，具有高效、准确的方法用于收集必要的计算数据。RHIM 希望将碳核算解决方案作为整个 EHS 实施项目的一部分，并以此为基础支持碳交易功能。

经过调研，最终 RHIM 选择了 SAP 的 EHS 排放管理作为新的解决方案，项目范围如下。

一是采用 SAP EHS 排放管理的标准功能。
- 根据法规和公司政策报告 CO_2、SOx、NOx 等排放和能源消耗情况；
- 收集和汇总碳排放数据；
- 计算和汇总综合排放；
- 为公司后续流程的排放数据建立单一数据源。

二是基于 SAP EHS 排放管理开发项目增强功能。
- 根据 CO_2 排放信用额度管理碳账套；
- 排放到二氧化碳抵免的直接映射；
- 记录并管理 CO_2 证书交易，包括转移、外部采购/销售以及退货或抵销；
- 利用预测功能，在企业层面调整碳信贷分配。

3. RHIM 碳排放管理项目的价值

RHIM 在两家试点工厂部署了 SAP EHS 中的环境管理（EM）模块，碳排放管理取得明显的改善，主要表现在以下几个方面。

- 减少数据获取和计算的工作量和成本：以前是通过 Excel 半手工获取数据，现在通过系统自动化导入，大幅减少获取数据和计算的工作量。其欧洲地区的碳排放管理系统升级后，碳排放设置可通过参数配置，无须像老系统那样由 IT 技术人员支持配置，提高了灵活性。
- 提高排放数据的准确性、一致性，并提升碳排放数据的精度：碳排放数据自动从系统获取，实现集中管理，从单一数据源获得，保证了准确性和一致性。同时数据在导入时未经过精度截断，准确性大大提升，碳排放数据准确性已提升至千克级别（RHIM 公司一个工厂一年的碳排放规模约 20 万吨，千克级别已是非常高的精度）。
- 建立可靠排放数据的标准化流程。
- 将排放数据用作后续计算的基础，以及二氧化碳排放量欧洲交易系统的主要输入。
- 基于计算出的排放量，在统一的平台上对 CO_2 排放证书进行审计，并且具有强大的管理功能。

正如 RHI Magnesita 首席执行官 Stefan Borgas 所言，"我们正朝着碳中和世界迈进。我们的试点项目将为实现零碳净业务带来巨大的进步，并使 RHI Magnesita 成为我们为实现自己的可持续发展目标而努力的客户的首选供应商"。

第5章 通过循环经济迈向零浪费

相比气候行动,循环经济是一个更加容易为大众理解和熟知的话题,毕竟环境污染和资源浪费发生在每个人身边,既看得见也摸得着。但是也正是因为如此,人们对此已经习以为常,缺乏像对待气候行动那样的急迫性。事实上,循环经济不仅是人们亟待解决的问题,也是实现气候行动不可或缺的助力。循环经济的商业价值和社会效益,是企业的一个聚宝盆,从中可以衍生出很多新的商业模式,孕育出下一代的伟大企业。

5.1 难以为继的线性经济

5.1.1 线性经济面临的挑战

在工业文明的长期发展过程中,人们曾一直以为自然资源是取之不尽、用之不竭的,地球容纳废弃物的容量也是无限的,于是无节制地大量生产、大量消费和大量排放。人们从大地和海洋中开采矿物资源,提炼出各种材料,制成各种产品,经市场送达到消费者手中。消费者在消费过程中不仅排放废弃物,还会将物品用后即弃。如图 5-1 所示,这种在现代工业文明里司空见惯的"开采→加工→丢弃"的生产生活方式,可以抽象和简化成一个沿着"资源→产品→废弃物"的单向线性过程。在资源充足的条件下,人类按照这种线性模式保持了较长时期的经济增长,这就是"线性经济"模式。

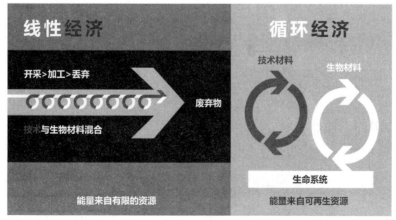

图 5-1 线性经济与循环经济模式对比

概括而言,线性经济模式就是以资源的线性流动为特征的经济模式,表现为传统经济中的"资源→产品→废弃物"的单向流动。资源尚未得到充分的利用即变为废弃物,在大量消耗资源的同时造成了环境污染,具有"高消耗、高污染和低利用率"的特征。随着全球商品消费预期增加,人们越来越意识到资源不是无限的,资源供应的压力也会越来越大。线性经济既不注重资源效益,快速消耗地球资源,也造成了巨大的环境冲击和气候问题,终将难以为继。

实际上,线性经济之所以难以为继,本质的问题在于:每年人们在地球上消耗的资源,要多于这颗星球可以可持续提供的总量,线性经济使得地球资源面临耗竭危机。

首先,过度开采使得资源种类急剧下降。据联合国环境规划署(UN Environment Programme,UNEP)2019年的分析,自1970年以来,全球资源开采量增加了两倍多,其中化石燃料使用量增加了45%。生产过程中的"副产品"被大量丢弃,资源浪费严重。据估计,人们每年使用1000亿吨材料(从水泥到包装再到纺织品),其中只有不到9%被回收或再利用。根据联合国2016年的报告,按照人类现行使用资源的速度,到2030年就会面临化石燃料、铀矿、多种稀贵金属短缺,全球可用淡水资源将减少40%,严重影响经济和民生需求。

其次,线性经济会对气候和生态造成严重冲击。如图5-2所示,全球有45%的温室气体来源于日常生活用品的生产过程,各行业都产生了大量的污染,有害物质被排放到大自然中,严重影响了生态环境。根据联合国政府间气候变化专门委员会(IPCC)的最新报告,在未来20年,地球气温将比工业革命时期上升1.5℃,很多国家和地区将面临海平面上升、超大型风暴或沙尘暴的威胁。土地资源也正在以惊人的速度发生退化。据联合国估计,由于水土流失、酸化、盐渍化和化学污染,约有三分之一的土壤正在中度乃至重度退化。据UNEP生物多样性和生态系统服务政府间科学政策平台(Intergovernmental Science-Policy Platform on Biodiversity and Ecosystem Services,IPBES)2019年的一份报告,90%的生物多样性损失来自于对原材料的提取和加工。陆上四分之三及海洋中三分之二的自然栖息地因为人类活动而大规模改变。在图5-2中,可以通过展示的事实清晰地看到这些现实。

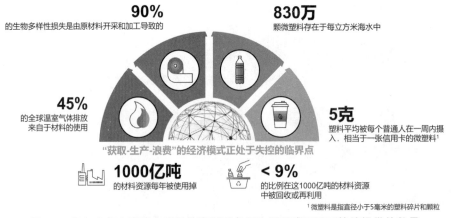

图5-2 每年人们在地球上消耗的资源要多于这颗星球可以可持续提供的数量

本质上看,线性经济把资源持续不断地变成废物,通过牺牲自然环境为代价来实现经济的数量型增长而非质量型增长。线性经济带来了以下四种浪费。

- 一是资源的浪费。使用不能随时间有效再生的材料和能源,如化石能源和不可回收材料。
- 二是能力的浪费。未在使用寿命内充分利用产品和资产。
- 三是生命周期的浪费。因设计不当或缺乏第二生命选择,让产品过早达到寿命终点。
- 四是内含价值的浪费。未从废物流中回收组件、材料和能量。

5.1.2 利益相关方对企业的要求和期望

如图 5-3 所示,今天所有的利益相关者团体都在向企业施加压力,要求企业采取负责任的行动,消除浪费,成功地让企业作出承诺。

监管机构和非政府组织	员工、消费者和公民	投资者	企业界
随着一揽子的税收、禁令、配额、EPR和存款返还计划的实施,在政策层面上正在发生转变并扩大收费	消费者和员工越来越多地向企业施压,要求其在支持循环性和可持续性方面发挥更大的作用	投资者在投资决策中采用了更严格的可持续性目标	公司正在制定循环战略和雄心勃勃的目标
EU 欧盟的《循环经济行动计划》和《欧盟塑料战略》旨在减少消费足迹,在未来10年将循环材料使用率提高一倍 **China** 中国计划在2025年前为电子产品、汽车、铅酸电池和包装产品引入EPR政策计划	**50%** 的消费者会为可重复使用或回收的可持续产品支付更多费用 **7.1%** 更快的增长速度属于面向可持续市场的产品 **65%** 的员工更愿意为一家有严格环境政策的公司工作	**负责任的投资** 从2016到2020年,投资于可持续发展的基金达到31万亿美元,用于循环经济的私人市场基金数量增加了10倍 **400%** 与前一年相比,2020年美国ESG交易所交易基金投资增长超过400%	联合利华已设定目标,到2025年生产和使用100%可回收、可重复使用或可降解的包装 H&M设定了到2030年实现100%循环的目标 NET-A-PORTER Net-a-Porter致力于确保到2025年,100%的自有品牌产品按循环进行设计

图 5-3 循环经济发展受到新监管和利益相关者压力的推动

- 监管机构和非政府组织正在迅速加强监管控制并采取自愿措施,已经实施或正在计划中的生产者延伸责任(Extended Producer Responsibility,EPR)在全球已超过 400 多个。欧盟通过制定《循环经济行动计划》和《欧盟塑料战略》,计划在未来 10 年将循环材料使用率提高一倍。
- 投资者正在积极减少风险敞口,实施更严格的可持续发展目标,例如 2016—2020 年私人市场关于循环经济的基金数量增加了 10 倍。
- 员工希望企业在环境问题上表现出足够的领导力,并寻求新的就业机会。对于千禧一代和 Z 世代来说,做一名负责任的员工是他们的最高优先级。
- 消费者正在转向可持续的替代品,热衷于培养谨慎的消费习惯(如减少购买量、购买更耐用的产品、有兴趣维护和修理产品以延长产品寿命),并让品牌方承担责任。面向可持续市场的产品较其他产品的增长速度快 7.1%。
- 企业界也认识到了这一点。一批领先的企业和组织开始行动,对未来的 5~10 年作出雄心勃勃的承诺。

5.2 应运而生的循环经济

20 世纪 60 年代,循环经济的思潮开始出现。如图 5-4 所示,1962 年美国生态学家 Rachel Carson 出版了《寂静的春天》(Silent Spring)一书,指出生物界以及人类面临的危险。1966 年,美国经济学家 Kenneth E. Boulding 在《即将到来的宇宙飞船世界的经济学》一文中提出了"生态经济",以宇宙飞船做比喻来分析地球经济的发展,最先谈到了循环经济。他认为飞船是一个孤立无援、与世隔绝的独立系统,靠不断消耗自身资源存在,最终将因资源耗尽而毁灭。而唯一能延长飞船寿命的方法,就是实现飞船内的资源循环,尽可能少地排出废物。同理,地球经济系统也如同一艘宇宙飞船,尽管地球资源容量要大得多,寿命也长得多,但是也只有实现对资源循环利用的循环经济,地球才能得以长存。为此,Boulding 提出以既不耗尽资源又不污染环境、能循环利用各种物质的"循环式"经济替代"单程式"经济,来解决环境污染和资源枯竭问题的设想——这一提法具有划时代的意义。

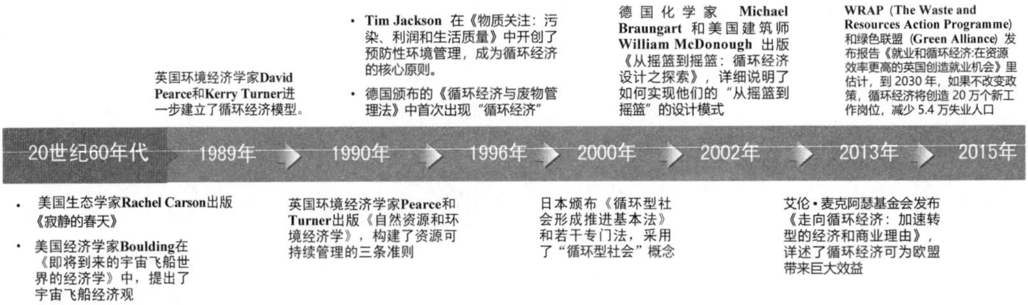

图 5-4 循环经济理念的演进历程

随后,循环经济进入理论争鸣的阶段,参见图 5-4。1989 年,英国环境经济学家 David Pearce 和 Kerry Turner 进一步建立了循环经济模型。在自然资源和环境经济学中,他们指出传统的开放式经济把环境当作废水池,其发展没有内在的循环趋势。1990 年,他们在《自然资源和环境经济学》(Economics of Natural Resources and Environment)一书中首次使用了"循环经济"一词。"循环经济"的目的是建立可持续发展的资源管理规则,使经济系统成为生态系统的组成部分,即建立"经济和环境和谐的条件",它构建了资源可持续管理的三条准则。

- 一是可再生资源开采量不能大于其再生能力。
- 二是耗竭性资源的减少不能超过新增的探明储量。
- 三是排放到环境中的废物不能大于环境同化能力。

1996 年,Tim Jackson 在《物质关注:污染、利润和生活质量》(Material Concern: Pollution, Profit and Quality of Life)中开创了预防性环境管理的概念,它是循环经济框架的核心原则。1996 年德国颁布的《循环经济与废物管理法》中也出现了"循环经济"一词。2000 年,日本颁布《循环型社会形成推进基本法》和若干专门法,采用了"循环型社会"概念。

进入 21 世纪,循环经济概念进入整合阶段。这一时期的理念受到"从摇篮到摇篮"和蓝色经济等理论的深刻影响。德国化学家 Michael Braungart 与美国建筑师 William McDonough 一起提出了摇篮到摇篮(Cradle to Cradle)的理念及认证程序。这一理念将工业和商业过程中涉及的全部材料视作两种类型的养分——生物和非生物。该理念的架构注重对产品有积极影响的有效产品设计,并通过提升效率减少商业的负面影响。Ecover 前首席执行官、比利时企业家 Gunter Pauli 在递交给罗马俱乐部[①]的一份报告中提出蓝色经济的概念,"利用级联系统中的可用资源,在产品报废后成为能够创造新现金流的投资"。"蓝色经济"包含 21 条创建原则,坚持根据地方环境以及物理或生态特性提出解决方案,强调地球重力是主要的能源来源。蓝色经济将生态系统的卓越成就应用于经济体系,使得人类系统,甚至是一切生物系统都能够稳定地、安全地沿着进化和再生之路持续前进。

进入 21 世纪第二个十年,一批国际组织的成立加快了对循环经济的进一步推动。值得一提的是,2010 年英国艾伦·麦克阿瑟基金会(EMF)成立,推动了循环经济原则的普及。欧盟在 2015 年推出的"循环经济推动方案",带动了欧盟会员国的循环经济发展,也从全球供应链的层面提升了全球循环经济的动能。2022 年,欧盟通过《循环经济行动计划》(Circular Economy Action Plan,CEAP),正式推动欧盟这一全球重要市场向循环经济转型。

5.3 循环经济的理念价值

5.3.1 循环经济的概念和原则

循环经济已经成为全球各界的共识。埃森哲预测,到 2030 年,通过数字驱动的循环经济战略,新的经济增长机会将达到 4.5 万亿美元。相比于线性经济,循环经济是一种以资源的高效利用和循环利用为核心,以"减量化、再利用、资源化"为原则,以低消耗、低排放、高效率为基本特征,符合可持续发展理念的经济增长模式,是对"大量生产、大量消费、大量废弃"的传统线性增长模式的根本变革。循环经济以物质的闭路循环和能量的梯级使用为特征,是一种模仿自然生态系统物质循环和能量流动的经济发展方式。从传统的"消耗、制造、废弃"的生产和消费系统,转型为尽可能充分利用资源的系统,最大化使用价值,在每个产品生命周期结束时实现产品和材料的回收与再利用。图 5-5 所示的是艾伦·麦克阿瑟基金会的循环经济蝴蝶图,它在业界得到了广泛引用。

与低碳经济关注能量流不同,循环经济关注的对象主要是物质流。循环经济的物质流主要包括生物质资源和非生物质的矿物资源,其中,生物质资源的优点是具有天生的可循环性,例如生物可降解材料制作的一次性餐盒。循环经济正是通过物质替代、提高资源生产率的手段,使非生物质资源消耗最小化,减少废弃物增长。

---

① 罗马俱乐部(Club of Rome)是一家关于未来学研究的国际性民间学术团体,也是一个研讨全球问题的全球智囊组织。该俱乐部在 1972 年发表的第一个研究报告《增长的极限》,引发了公众对于资源有限供给的广泛关注。

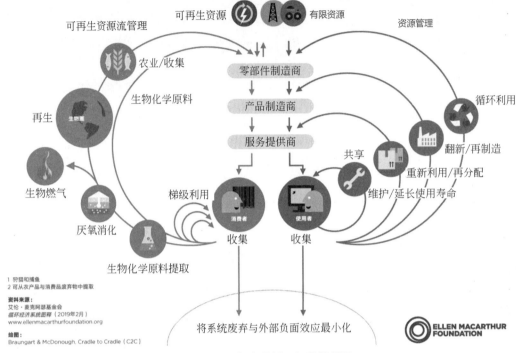

图 5-5　EMF 提出的循环经济蝴蝶图

众多思想流派从不同侧面分析生物性循环与技术性循环，EMF 整合各种观点，在此基础上建立了这张循环经济蝴蝶图，如图 5-5 所示。EMF 认为，循环经济整体的框架体系是围绕着整个供应链上下游来建构的，并且分为生物降解和技术回收两部分。生物降解指的是食物、生物质原材料（如棉花、木材）可以通过自然降解、生物消化等过程重新进入生态系统。技术回收指的是通过再利用、再制造、再循环等方式修复产品、零件、原材料。在图中可以看到，循环圈越小，说明涉及的供应链相关方越少；且循环周期越快、企业越容易把控（需把控的利益相关方数量少）。各企业可以根据自己所在产业性质和资源优势选择循环圈，制定适合自身的循环经济战略。

总言之，循环经济强调 3R 原则，即减量化（Reduce）、再利用（Reuse）和再循环（Recycle）的原则。

- "减量化"是指由于消费者减少购买而导致的需求的绝对减少。它可以通过多种方式实现，包括在价值链的所有阶段减少浪费。然而需要注意的是，"减量化"与制造商及其在概念设计和产品设计等上市前阶段的角色和策略紧密相关，强调每单位产品使用更少的材料。减量化要求用尽可能少的物质实现既定的生产和消费目的，即中国传统意义所讲的"省"。

- "再利用"是指产品在其制造形式下的重复和优化利用，理想地用于其设计预期的目的，而非较低的价值目的。再利用过程涉及各类利益相关者，从消费者到收集者、零售商和生产者。再利用原则反对因追求利润而设计一次性产品的思维，强调产品的经久耐用性，提倡让产品可以经过适当维修和再制造后反复使用。

- "再循环"是对产品的单个材料部件进行再加工,使其成为可用的原材料,以替代原始原材料。去掉原始产品结构的回收材料也被称为"二次"材料,可以在任何地方重新应用。再循环原则强调对失去功能或不具备再制造的产品进行分离处理后,作为原料资源重新加工使用,其目的是减少对自然资源的开发利用和自然环境的破坏,所谓的"城市矿山"即属于此类。

5.3.2 循环经济的价值

循环经济是减碳不可缺少的组成部分,是从根本上减轻环境污染的有效途径。如今应对气候变化的努力主要集中在可再生能源和节能措施的关键作用上。然而,实现气候目标还需要解决与制造产品相关的剩余45%的排放问题。循环经济为应对这一挑战,提供了一种系统化的且具有成本效益的方法。EMF的一份报告显示,如果人类将循环经济战略应用于四种关键工业材料(水泥、钢铁、塑料和铝),就可达到2050年减少40%的排放量。当应用扩大到食品系统时,减排量可能达到49%。总体而言,此类减排可以使这些地区的排放量接近其净零排放目标的45%。如图5-6所示,若要实现联合国的气候目标,国际社会亟须关注剩余45%的排放量,而这部分正是循环经济能够解决的领域。若在钢铁、塑料、铝、水泥和食物这五大领域采用循环经济框架,到2050年,全球将减少总计达93亿吨的温室气体排放量,相当于目前全球所有交通工具的排放总量。

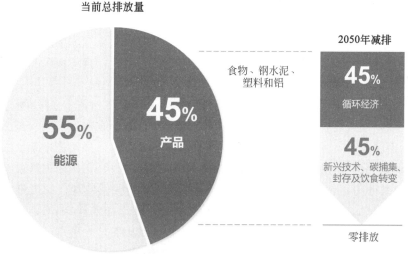

图 5-6 循环经济是应对气候变化的另一半蓝图

循环经济可以带来可观的经济效益,是缓解资源约束矛盾的根本出路。以2011年为基线,采用循环经济的方法,预计全球到2030年可以减少39%的温室气体排放、28%的原材料消耗,减少80%的海洋塑料垃圾,由此带来的经济效益十分可观。埃森哲估计,向循环经济转型可以缩小全球80亿吨的自然资源供需缺口,相当于到2030年创造4.5万亿美元经济机会,到2050年创造25万亿美元经济机会。

中国资源禀赋较差,虽然总量较大,但人均占有量少。国内资源供给不足,重要资源对外依存度不断上升。一些主要矿产资源的开采难度越来越大,开采成本增加,供给形势相当严峻。为了减轻经济增长对资源供给的压力，必须大力发展循环经济，实现资源的高效利用和循环利用。

5.3.3　各国推动循环经济的举措

纵观全球，欧盟、美国、日本、新加坡等主要发达经济体，都将发展循环经济作为拉动经济增长、实现气候目标的重要支柱和关键路径，并制定了一系列配套法规、指令和相关行动计划。

欧盟2015年通过《欧盟循环经济行动计划》，将循环经济纳入"欧洲2020战略"框架下应对气候变化和拉动经济增长的重要策略范畴。2020年3月，欧盟进一步发布新版《循环经济行动计划》，将其作为支持"欧洲绿色新政"的重要支柱，提出在电子产品和信息通信技术、电池和汽车、塑料等七大关键领域重点落实可持续产品理念和政策框架，以减少全生命周期的资源消耗和"碳足迹"，并计划在2022年通过"可持续产品倡议"。新计划将与产业战略一起，帮助欧盟从全球循环经济发展机遇中获益，成为欧盟拉动经济增长、就业和投资的新动力，并推动欧洲经济向可持续、低碳、资源高效和有竞争力方向转型。

日本持续发布了4次《循环型社会形成推进基本计划》(2003—2018年)，提出了构建循环型社会的主要行动和具体措施。从2008年的第二次推进计划开始，明确将循环经济与低碳发展联系在一起，提出通过采取尽可能控制废弃物产生、温室气体排放等措施，努力建设循环型、低碳型、自然和谐的可持续社会。2020年，日本发布"绿色增长战略"明确了其碳中和目标的实现路径，其中发展资源循环相关产业、碳循环产业是关键支撑之一。美国也提出了"零碳电力、零碳交通、零废物制造、零碳建筑、零排放汽车"的"五个零"战略。其中，"零废物制造"与循环经济紧密相关。发展循环经济，推动资源利用方式的根本性变革，已经成为各国推动经济增长和绿色低碳转型的共同选择。

2005年发布的22号文件《国务院关于加快发展循环经济的若干意见》标志着中国循环经济工作的启动，之后还陆续发布了循环经济实施的指导原则和一些典型案例。2009年，全国人大颁布实施《循环经济促进法》，构建了较为完整的循环经济框架。在"十二五""十三五"规划纲要中，发展循环经济被一次次写入。这一阶段，中国对循环经济的定位以节约资源和循环利用为主。2016年，国务院出台了《生产者延伸责任制度推行方案》，把生产者对其产品承担的资源环境责任从生产环节延伸到产品设计、流通消费、回收利用、废物处理等全生命周期。同时提出，到2025年，中国将基本完善重点品种的生产者延伸责任制度，产品生态设计"取得重大进展"，至少一半的废弃产品得到规范回收与循环利用。2017年，发改委等十四部委联合出台《循环发展引领行动》，要求强化制度和政策供给，加强科技、机制和模式等跨领域的联合创新。2021年，国务院发布《关于加快建立健全绿色低碳循环发展经济体系的指导意见》，将循环经济与双碳目标结合在一起。中国的"十四五"规划、"六保"、"六稳"和"30/60"碳减排承诺，在很大程度上可以通过全面采用循环经济来解决，这将有利于中国全面实现"十四五"规划提出的经济、社会、生态、环境目标，对后疫情时代中国经济复苏和实现中国梦至关重要。

5.4 企业循环经济发展的模式与转型能力建设

5.4.1 企业循环经济发展的模式

循环经济主体是"经济",核心是"商业模式创新"。一个成功的循环经济商业模式,可以让企业获利,同时从资源妥善运用中获得效益。关于企业循环经济商业模式的研究有许多。众多知名的国际组织,如 EMF、麦肯锡、埃森哲、WRAP、IMSA、Forum for the Future 以及 Carbon Trust 等,都纷纷提出了循环经济商业模式架构,协助企业制定转型的方向,这些架构涵盖了循环经济在制造业及服务业中的应用。

如图 5-7 所示,EMF 与麦肯锡提出了 ReSOLVE 框架,将循环经济的三原则转化为六大可操作的模式,即再生、共享、优化、循环、虚拟化和替换,其中大部分都与数字化密切相关。

再生
方法:使用可再生资源,在生产中更多地包含生物循环
优势:维护自然资源和生态系统,减少对它们的依赖

共享
方法:扩大产品和资产的用户群,为耐用性、预防性维护、可更新性等措施创造更大的激励
优势:更好地利用商品中使用的材料和价值

优化
方法:应用工业4.0为代表的技术,减少生产和物流中的浪费,提高能源/材料效率,改进"传统"流程
优势:更高的材料效率,更低的成本

循环
方法:使用和设计可回收的材料与组件,优化产品的设计、生产、使用和物流的技术周期
优势:材料价值损失最小

虚拟化
方法:通过数字化和虚拟化替代物理产品和流程,主要在媒体和通信等方面得到应用
优势:对材料要求极低

替换
方法:用资源节约型替代品替代材料,采用技术手段将产品重新定义为服务,使用可再制造材料
优势:提高原材料生产率,实现连续循环

图 5-7 循环经济的 ReSOLVE 商业模式

- 再生模式强调再生能源和回收循环材料使用,保留和恢复生态系统的健康,将恢复的生物资源返回到生物圈。
- 共享模式是指跳出私人所有权的观念,将产品通过共享方式提供给使用者,使产品能将它们的使用效率达到最大化。此外,强化耐用性与维修技术也有助于共享模式推进。
- 优化模式是指提升产品的性能和效率,降低供应链中废弃物的产生,进一步引入新兴科技,如使用大数据、自动化、遥测等技术提高产品效能。
- 循环模式是指将产品零配件或原材料重新投入循环,将可使用的零配件重新投入产品。循环除了在生产端外,产品回收责任的配合可以创造更大的循环,并能落实生产者责任延伸。
- 虚拟化模式是指提供电子化互动方式,用于媒体和通信等方面。
- 替换模式是指选择较新颖、性能较好以及容易循环的材料或技术,让产品更容易被重复利用或使用较少资源。

Carbon Trust 于 2017 年提出循环经济商业模式,这是在欧洲 2020 年地平线计划支持下出台的,用于协助欧盟在线性经济向循环经济的过渡期里实现可操作的循环经济商业模式。图 5-8 中的内环代表循环经济概念,以设计阶段为核心,将使用阶段、制造阶段和废弃阶段串联起来,最后形成闭环。外环是在内环的基础上,根据过去产业界的发展经验,对应于七种循环经济商业模式。

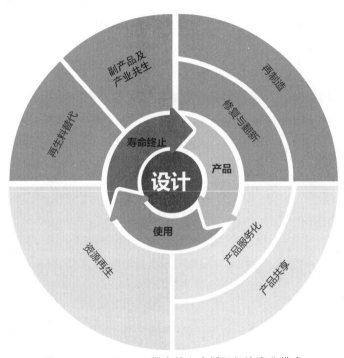

图 5-8　Carbon Trust 提出的七大循环经济商业模式

(1)"产品共享":产品所有权属于供应商,产品在其寿命期间之内,被不同终端使用者多次使用,代表案例如共享单车等。从当下共享单车热潮后一张张触目惊心的自行车坟场照片,就可以理解"循环"的重要性。

(2)"产品服务化":就是常被提及的"以租代买"模式。从原有产品一次性买断、银货两讫、所有权由供应商转给使用者的模式,转变为所有权长久属于供应商,使用者以效能或使用量为单位付账。这个模式成立的主要先决条件是供应商与使用者需建立长期契约关系,代表案例如照明租赁、汽车租赁等。

(3)"资源再生":是指回收寿命结束的原料或产品,并作为另一个供应链的投入,如从计算机主板中提炼贵重金属。

(4)"再生料替代":是指产品使用回收、可再生并能回到供应链的原料。使用回收或可再生的原料取代由自然资源中提取初级原料,例如回收海洋废弃物再制成运动鞋。

(5)"副产品及产业共生":是指一个企业的废弃物或副产物,转成另一个企业的投入,例如循环工业园区里的企业,在生产过程中就近与其他企业合作,交换彼此多余的能源与资源。

(6)"修复与翻新":是指对故障的产品进行维修,让它恢复原有功能,或对它外观进行翻新,产品所有权仍分别为使用者及回收者所有。产品仍在生命周期内,由原有供应商或第三方整修一个故障产品,或对其外观进行翻新,代表案例为二手车、二手电器、二手家具、二手轮胎等。

(7)"再制造":是指零件或产品寿命结束时,进行一系列重新制造流程,让产品恢复至全新或更佳的功能,并内含保修承诺,代表案例为发动机再制造等。

埃森哲在《循环经济之道:通向可持续发展》一书中,也提出了五种循环商业模式的框架,包括循环资源投入、共享平台、产品即服务、产品使用扩展和资源回收,如图 5-9 所示。每一种循环模式都可以帮助企业解决资源、容量、生命周期和嵌入价值等类型的浪费。它们在不同地域、行业、企业规模和结构以及产品类型中的接受程度有所不同。虽然每一种模式在推动循环经济扩大规模和影响的过程中都必不可少,但并不相互排斥——当它们紧密配合实现最大价值时,就有可能带来最大收益。其中,循环资源投入、产品使用扩展和资源回收三种模式,更侧重于生产侧,而另外两种模式,即共享平台和产品即服务,则更针对消费以及产品和消费者之间的关系。从本质上讲,这些模型覆盖了整个循环价值链。

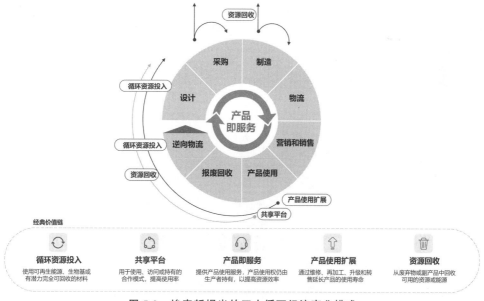

图 5-9 埃森哲提出的五大循环经济商业模式

- "循环资源投入"关注的是产品在设计、采购和制造阶段投入的"要素"。其旨在消除资源浪费(包括有毒的和一次性使用的材料)的投入,是其他所有模式的基础。在一些更先进的情况下,"循环资源投入"可以超越零浪费,实现资源增值,例如将废弃物加工成材料。
- "产品使用扩展"的重点是使产品的使用价值最大化。要做到这一点,企业必须从一开始(特别是产品设计和负责任采购环节)就着手实施,避免浪费产品的生命周期,尽可能地延长产品的使用寿命。此外,"产品使用扩展"在促成"产品即服务"和"共享平台"模式中又发挥了重要作用。
- "产品即服务"和"共享平台",以全新的方式重塑"产品效用",例如,购买功能或服务(出行服务)而非产品本身(汽车)。这反过来又会激励企业从产品中获得最大的价值和利用率,解决废弃产能和生命周期浪费问题。
- "资源回收"是在产品达到使用期限时,将嵌入的物料或能源回收到生产周期中,从而形成产品从采购到使用再回到采购的"闭环"。

循环经济的最终目标是实现"获取、制造、废弃"的闭环。无论是哪种模式的框架,都是旨在通过商业模式提高资源循环度,从而推动企业经营模式的大规模转变。为了实现循环经济的远大目标,企业需要遵循一定的路径,同步推进商业模式创新和技术创新,提升对产品、资源使用、运营、组织乃至新兴数字技术等方面的新知识与能力。

5.4.2 企业循环经济转型的转型能力建设

企业到底应该如何运用数字手段实现循环转型呢?普遍认为,企业成功地向循环经济转型的四大支柱是运营、产品和服务、文化和组织、生态系统,如图 5-10 所示。显而易见的是,这四个领域是相互依存的,虽然不一定会获得同样多的重视,但却需要一起合作,才能发挥出循环经济最大的动力。例如,要使企业循环运转,必须同时处理运营、产品和服务。前者对系统中的废弃物进行控制,阻止更多材料被废弃;后者对产品和服务进行优化,以供重复使用和回收利用。为了达到优化循环举措的效果,达到循环经济的目的,良性发展的循环文化和生态系统对向循环转变的行为同样至关重要。所有这四个方面的行为转变都是循环的经济学基础。

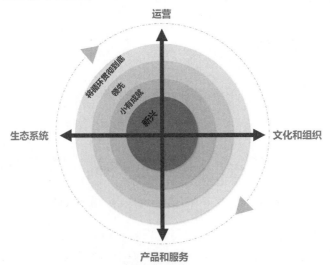

图 5-10 企业循环转型的四大能力基础

通过进行组织控制、采取现有的可持续性举措,相对快速地实现回报和节约成本,运营可以成为打造循环经济的良好开端。一方面,企业利用循环促进可持续性,能解决运营中最大的能源、排放、水和材料投入方面的浪费。另一方面,循环运营通过消除废弃物实现价值变现,可以带来新的商业价值。最终,循环意味着将废弃物完全排除在流程外,直到变成零浪费,或者在理想情况下实现资源产生大于消耗。这种状态将保护企业免受资源的影响,并建立信任,保持市场竞争力。

无论企业刚刚开始循环运营,还是处于良好的轨道上,数字技术往往起着至关重要的作用。技术是提高运营效率的有力工具,特别是可以帮助实现持续监控,改进日常运营,减少资源消耗。如图 5-11 所示,美国垃圾管理公司 Enevo 得益于物联网和其他数字创新,对垃圾收集进行优化,并提供"垃圾技术服务"。该公司通过其特有的传感器和物联网技术,测量客户的能源、水和废弃物指标及相关数据,然后将数据输入机器学习模型,理解客户的废弃物产生模型,确定降低成本和提高可持续性的解决方案。例如,可以根据对垃圾倒满的程度选取合适的时间和路线来收取垃圾,降低垃圾运输成本。

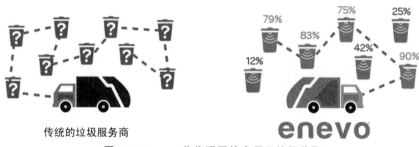

图 5-11　Enevo 将物联网技术用于垃圾收取

除了改善运营之外,重新思考产品或服务的设计、生命周期和最终用途,以优化使用、消除浪费、形成闭环,也是企业实现循环经济的重要手段。产品和服务在很大程度上定义了一家企业,因为这既是消费者、员工和投资者对企业了解最多的领域,也通常是企业内部的组织方式和衡量其业绩的标准。但是,让公司产品(尤其是成熟的产品)向可循环转型升级可能颇有挑战,这要求公司设计和开发没有浪费的产品和服务。理想情况下,循环产品应该能够:

- 在设计上可供无限重复使用;
- 仅使用循环或可持续材料制造;
- 使用寿命尽可能长;
- 能在使用结束时以最高的价值(例如,变为原料而不是直接抛弃)分解成可重新进入(自身或其他产品)价值链的材料或组件。

简言之,在真正的循环中,产品和材料在闭环系统中得以无限使用和循环。虽然这个概念并不复杂,但真正实现循环是一项艰巨的任务,因为这需要彻底摆脱当前的线性消费模式。通盘考虑"设计、使用、使用扩展和使用结束"四个阶段,企业便能超越"具有循环属性的产品",而转向真正的"循环产品"。

文化可以帮助企业释放循环经济的价值潜力，它是在公司运营、产品和服务以及整个生态系统中创建循环经济的最重要的推动杠杆之一。正如第 2 章介绍的联合国雄心计划里描述的那样，包括循环在内的可持续发展原则需要被纳入企业核心愿景和使命中，同时需要正确的组织激励：鼓励创新，实施循环运营，交付循环产品和服务，并积极寻求与公司外部生态系统的伙伴关系和合作。同时，还需要将循环作为企业所有职能和业务的中心，通过政策、流程和工作实践，使所有级别的人员积极参与循环工作方式。循环支点需要雄心（大目标）、优先级（嵌入公司战略）、跨业务规模（员工支持）以及支持成功交付的更长时间范围。企业应尽早确定循环经济对其的意义，并通过展示转型如何影响人们的角色和日常职责，进行变革案例的教育，让公司的每个人都参与进来，并鼓励他们为建立一个循环公司作出贡献。循环旅程涉及将循环原则融入公司的核心愿景、使命和文化，需要适当的组织结构激励人们围绕循环运营进行创新并提供循环产品和服务。

生态系统可以为合作伙伴营造有利的环境，共同创造解决方案，克服循环挑战，并获得可观的商业价值。没有一家企业是一座孤岛。对希望发展循环经济的企业来说，建立起与更广阔生态系统的联系尤为重要。这意味着合作需要贯穿整个价值链，不仅要与同一市场的利益相关者合作，与相邻行业和不同地区的利益相关者合作，还要与投资机构、政府、非政府组织、学术界等合作。在行业界限变得更加模糊、价值链压缩的时代，循环经济为企业提供了多种可能性，让企业重新思考如何在整个价值链中与客户、供应商、社区和合作伙伴互动。这里带来的很多可能性，将带来包括创新、协作、新商业模式和新市场在内的宝贵机会。生态系统是力量相互作用和整合的复杂网络，是企业在更大范围的经济和社会中扩大其循环影响力的跳板。没有相互联系，就难以实现系统级别的变革。为了向循环经济转型，我们需要整体思考整个生态系统和价值链。

5.5 SDG 雄心计划中关于零浪费的基准示例

循环经济通过各种方式的循环来减少"废弃物"，其终极目标是实现零浪费。在推动实现零浪费的实践中，数字技术的应用受到普遍的重视。一方面，数字技术成为循环经济落地的支撑系统；另一方面，数字技术带来的共享经济、平台经济等新兴模式，本来就属于循环经济模式的一部分，推动着经济加速向循环化发展。在这个背景下，联合国可持续发展雄心计划中包括了零浪费的内容。它用数字化手段，将相应的可持续发展目标转化为清晰落地的数字化转型路线图，推动实现零浪费。从前述分析可知，循环经济的关键在于材料的选择和产品设计。数字技术可以助力可持续的材料使用，使经济活动与资源脱钩，从而加速实现 SDGs 目标要求的负责任的消费和生产。

联合国雄心计划基准方法的落地包括两步：一是帮助企业构建循环发展的实施框架，将循环经济理念融入企业的战略和运营中，并在业务集成中体现循环经济的理念，满足利益相关方的需求。二是建立完整的"目标—路径—行动—子目标—指标—业务流程—系统机会—关键设计决策"的分解体系，让每一个循环发展的目标，都可以分解到指标上，由流程来承接，用数字系统来执行，为企业描绘出清晰落地的转型路线图。这种一体化落地方式将循环发展目标与 IT 系统进行了链接，可以极大地加快企业的循环发展转型。

5.5.1 循环资源投入

"循环资源投入",也可理解为"循环供应",是迄今为止企业采用最多的循环商业模式之一。循环资源投入关注的是产品在设计、采购和制造阶段投入的要素,旨在消除资源投入中的浪费,是其他所有模式的基础。它的实现基础在于,在生产过程中使用可再生、可回收或可循环的资源,能够部分或完全消除废弃物和污染。

循环资源投入是对企业极具吸引力的投资领域。据统计,每年进入经济的 928 亿吨矿物、化石燃料、金属和生物质中,只有 9% 以某种方式得到再利用。普通产品 90% 的环境影响在于提取和精炼材料的投入。通过过渡到循环经济,到 2030 年,仅欧盟企业就可以节省 6000 亿欧元的初级资源。如果企业向循环资源投入领域转型,以时尚行业为例,到 2030 年就可以带来高达 900 亿美元的新增市场机会。此外,企业还可以通过用可再生替代品替代传统材料来降低购置成本。例如,一家全球家具公司使用稻草(一种生产副产品)作为材料投入,减少了这种原本被视为废物的纤维的燃烧,并降低了空气污染和生产成本。

显然,要实现循环资源投入,有两大关键路径,一是在产品设计和材料选择过程中就加入可回收、可重复使用的要求。例如,强制进行可回收性评估,测试产品和服务的报废分拣、处理和回收能力;执行产品设计标准,要求使用可回收和可再生的材料,提高产品的耐久性和可回收性。二是大规模使用可回收和可再生的材料和原料。通过在采购中制定要求,扩大满足新采购标准的供应商基础;通过与合作伙伴合作,增加整个价值链的废物收集比例,确定并支持回收材料的收集和加工。

SDG 雄心计划的基准示例,正是沿着产品设计和材料选择这两大路径,将循环资源投入的目标,分解为更加具体的下一级子目标,实现循环资源投入产品数量的增加、增加可持续材料的投入。具体的子目标,可以用一系列可量化、可操作性的指标来衡量,例如,产品可回收性评估、平均产品寿命、可回收和可再生材料的供应商基础等。这些可量化、可操作的指标,将由供应链与采购、产品设计、研发、制造与运营等业务流程来承载。

如图 5-12 所示,经过层层分解与剖析可知,企业数字系统支撑的循环资源投入实现零浪费的关键,在于数字技术在产品评估、标准指南、供应商选择等方面的应用。在这里,有三类常见的系统机会。

首先是通过 LCA、供应风险分析和产品对环境影响的评估等方法,使用基础数据帮助理解和选择产品材料并协助产品设计规划。企业可以评估当前的材料选择和产品设计流程允许可持续投入的程度,然后将可持续投入与传统替代品一起进行展示,推动 100% 的可持续投入。

其次是利用产品生命周期管理 PLM 工具,定义和维护开展可持续投入的规范。通过将可持续投入纳入产品设计和开发当中,企业可以发现过渡到替代材料的机会。作为第一步,企业需要对现有的 PLM 工具进行评估,以了解在目前的框架下,是否能够将可持续与成本、生产时间等其他指标相结合。

第三是对供应商网络进行整合并开展合作。为了实施可持续的采购战略,企业必须

图 5-12　在 100％可再生、可回收或可重复使用的可持续材料投入领域，SDG 雄心计划的目标—路径—行动—子目标—指标—业务流程—系统机会—关键设计决策

鼓励对其供应商及其采购的材料进行溯源，提高供应商的知名度。这对于验证材料来源、可持续性认证以及关于可回收和可再生内容的循环凭证至关重要。利用数字技术跟踪复杂供应链，提高供应商的知名度，有助于识别和推广可再生或回收材料的使用。本章后面介绍的 SAP GreenToken 就是一种供应链解决方案，可为企业在其复杂的原材料供应链中提供新的透明度。该方案通过使用区块链技术支持的云平台，跟踪塑料废物的来源和

新循环聚合物中再生塑料的百分比含量,并提供农业从产地到客户的监管链信息。

从短期到中期来看,企业应该优先考虑并实施将循环资源替代品作为生产投入。从长远来看,真正的目标则是与跨行业和跨部门的利益相关者持续合作,完全闭合资源循环,从而消除浪费。换句话说,"循环资源投入"的第一步是逐步淘汰"线性"资源的使用(和废弃物),而第二步则是彻底摒弃作为生产系统整体变革一部分的废弃物概念。企业可通过资源效率、材料回收、识别和选择尽可能多的可再生投入,并在可能的情况下通过领先的第三方认证计划对这些成果进行认证,从而在产品设计方面取得进步,实现到2030年100%可持续投入的目标。

5.5.2 废弃物零填埋

循环经济创造价值的源泉在于对废弃物的高效利用。相比于线性经济,循环经济的核心目的,是通过资源的高效和循环利用,实现对传统意义上"废弃物"的"零浪费"。在这里,对废弃物的理解很重要。麦克阿瑟基金会在《变废为宝》一书中提出了四种不同类型的废弃物,如图5-13所示:

- 废弃资源是指不能有效再生的材料和能源,如化石能源和不可回收的材料;
- 废弃产能是指在其使用寿命内没有得到充分利用的产品和资产;
- 废弃产品寿命是指由于设计不良或缺乏二次使用选项,造成产品过早报废;
- 废弃内含价值是指没有从废弃物中回收零件、材料和能源。循环经济价值的来源,正是这些"废弃物"。

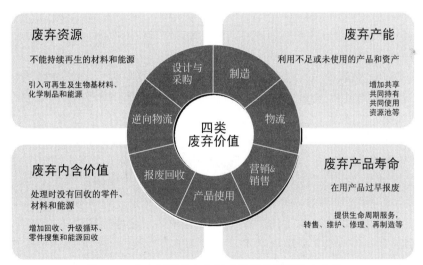

图5-13 麦克阿瑟基金会提出的四种类别的废弃物

根据美国环境保护署(EPA)的数据,到2025年,预计每年全球将产生22亿吨垃圾。除工业废物外,食物残渣等有机材料也会对环境产生重大影响。据统计,35%的废物流由可回收物组成;每年丢失或浪费的食物是13亿吨或大约7500亿美元;全球每天产生57亿公斤的废物,高收入国家22%的垃圾被焚烧,这些资源在给环境带来沉重负担的同时,也是一种巨大的浪费。

企业是全球固体废物流的主要贡献者，可以通过零废弃物最佳实践，采取积极的行动加以改进。据估计，仅在美国每年就产生 76 亿吨工业固体废物。实现零废弃物可以对温室气体排放产生重大影响，并帮助企业节省处置和处理成本。以部分行业为例，30% 的建筑和拆除项目材料最终进入垃圾填埋场。一些行业，如建筑业，可因减少废弃物，节省高达 40% 的成本。建造无须大面积拆除即可重新调整的灵活结构，以及转向低废物或可生物降解的建筑材料，大大减少该行业的废物。如食品行业的废弃食品占全球填埋场垃圾的三分之一——这个数字令人震惊，因为这相当于养活 20 亿人的食物。又如零售行业每年都有 22 亿公斤的退货商品进入美国垃圾填埋场——占所有退货零售商品的一半。通过分享更多产品细节和虚拟试穿等技术，零售业可以最大限度地减少退货并减少对环境的影响。

显然，要实现废弃物零填埋，主要有两大关键路径，如图 5-14 所示。

一是部署废弃物预防解决方案，从源头上消除废弃物的产生。例如，进行彻底的废物流测量，分析物流和目的地，确定废物泄漏的热点，指导制定消除策略；或者实施废物预防解决方案，减少材料消耗，消除工艺效率低下的问题，如消除不必要的包装、优化库存和创新生产以减少浪费。

二是将废弃物重新用作其他用途，实现再利用与回收。例如，转移运营废物、将副产品用于运营中的其他用途（如沼气等能源），并跟踪从垃圾填埋场转移的情况；或者对回收的废物进行估价，通过向其他市场和部分销售副产品（如用于水泥原料的矿渣废料、用于创新纺织品的农业废料）或通过在自己的业务组合中创新新产品（如设立副产品业务部门）。沿着减少废物和再回收利用两大路径，将废弃物零填埋的目标分解为多个细分子目标，减少废弃物产生、提高废弃物回收率、维持废物价格带来收入。这些子目标的具体指标，则由数字系统加以承接。

经过层层分解与梳理，企业数字系统支撑的废弃物零填埋成功的关键在于：使用数字技术，在废物流测量、废弃物数字化跟踪与回收、材料管理实现再循环等方面的支持。

第一步，废弃物分析。企业可以开发用于复杂废物流分析的流程和工具，识别产生的不同材料，并将对废物的跟踪嵌入核心废物管理系统。通过跟踪可回收物和拖运的废物量，了解废物管理计划的执行情况，提供有关产生的废物量和回收率的指标。废物评估将提供关键数据点，例如塑料废物中的聚合物类型，以发现减少废物的机会。使用废物评估作为基础时，每种类型的废物都可以通过属性跟踪进行审查。通过这种方式，可以改进废物回收情况，帮助领导者了解如何将每种废物类型从垃圾填埋场和焚烧中转移。例如，将人工智能和物联网等技术支持的数字工具集成到核心系统中，可以加速减少浪费和节约成本：宜家英国公司采用人工智能废物分析工具监控其商店厨房中的食物浪费，使得其在英国的 23 家商店减少了 50% 的食物浪费，并节省了 140 万英镑的成本。

第二步，整合伙伴关系。将合作伙伴废物管理和回收服务提供商收集的数据集成到业务系统中至关重要，这是企业了解材料流、成本和资源回收/转移的机会，可为生产和产品设计决策提供信息。通过了解一些初始参数，例如收集或处置中心的数量以及每天收集和处置的废物量和类型，可以更好地评估处置方案并改进废物管理过程。例如，Rubicon 是一家软件公司，其使命是利用其基于云的大数据平台，通过帮助企业实现废物

图 5-14 在零废物填埋和焚烧领域,SDG 雄心计划的目标—路径—行动—
子目标—指标—业务流程—系统机会—关键设计决策

流中的经济价值来终结废物。该平台将各种规模的企业与废物管理和回收公司联系起来,从而提高垃圾填埋场的转移率、创造性地再利用废物并增强对废物数据的洞察力。

第三步,材料管理与产品创新。利用材料管理解决方案将废弃物重新引入循环,将其作为可用和消耗性产品投入。企业的日常运营会产生废物,但这些副产品有机会在内部使用(如回收纤维作为产品线的输入)或在外部销售(如有机废物作为增值堆肥出售)。为了实现这一点,系统设计必须具有灵活性,以允许重新引入产品和副产品。这样,在最初的材料消耗或使用之后,系统可以提供废料产品信息,以便在其他地方重复使用或出售。此外,使用远程监控传感器等技术有助于自动化数据收集,辅助给定材料废物流路径决策。通过评估按产品和废物流进行远程监控的可行性,将有助于决策是否有必要优先试行数字监管链解决方案。

5.6 循环经济的数字化解决方案

5.6.1 数字技术在企业循环经济转型路径中的作用

循环经济的理念和模式已被广泛接受,那么应该如何加速企业向循环经济转型呢?一边推动循环、利用循环技术解决问题,一边推动发展、赢得利润,这样的两全其美其实并非易事,它有赖于大量的资源投入和能力投资。埃森哲认为,企业如果想完成这个浩大工程,需要同时做到三件事:一是改造现有价值链,消除浪费、减少价值损耗、提高投资能力;二是通过嵌入循环产品,实现核心业务的有机增长,为投资提供动力;三是投资和扩大全新的颠覆性循环业务。这种一举三得的方式,埃森哲称之为"明智转向",如图 5-15 所示。明智转向提供了务实的方法和路线,让企业在日新月异的时代不断重塑自己,加速企业从线性业务向循环业务转型。

埃森哲的"明智转向"方式并非一蹴而就,而是一个循序渐进的长期过程。虽然各行各业的 CEO 们都已经明确意识到转型需求,但是在很多情况下却难以把愿景转化为行动。能够采用合适的工具雷厉风行、坚定不移地引领所在组织进行转型的领导者,更是凤毛麟角。

图 5-15 企业迈向循环经济的"明智转向"路径

实际上,企业向循环经济模式转型的路径是有迹可循、可以复制的。企业想要成功实现循环发展,应该充分利用技术创新,整合业务生命周期的不同阶段(旧有业务、现有业务和新兴业务),不断地进行均衡和调整。具体来说,通过数字技术的支持,企业有望沿着旧有业务合规、将循环嵌入现有核心业务、向循环经济模式彻底转型等三大路径,实现系统性循环转型,如图 5-16 所示。

- 履行法规合规和自愿协议。数字技术能够助力企业满足日益增多的国内外循环经济法律法规的要求,如生产者延伸责任、塑料税等。在循环经济中,回收成本内部化意味着对生产者和消费者的双向约束,即通过 EPR 和消费者/排污者承担成本的政策手段实现循环利差,从而在整个产业链上由政府政策驱动转为市场驱动,为循环经济参与者提供新的发展思路。在这里,数字技术能够助力打造全面的负责任的设计和生产解决方案,从 EPR 开始,加速负责任生产和设计的开发和交付，并确保企业遵守不断延展的 EPR 法规，从而最大限度地降低财务和声誉风险以及相关成本，减少为了满足 EPR 在各个方面涉及的时间、人员、成本和外部代理费用。

- 将循环理念嵌入现有业务核心。将循环嵌入核心业务，助力消除浪费、循环资料、打造再生自然系统。数字技术能够有效管理产品在设计、采购和制造阶段投入的"要素"，助力消除浪费。数字化供应链可以帮助企业建立循环供应链，消除线性资源的使用，彻底摒弃将废弃物视为生产正常消耗的理念。
- 向再生商业模式转型。一方面，数字构建下的产品即服务、服务化转型、租赁等模式，可以助力企业完成商业模式的系统性转变。另一方面，数字技术赋能产业级循环，例如，园区内循环，既可以实现园区内部上下游企业的物料循环，同时还能通过基础设施、对能源供应进行统一规划与集中调度，减少企业各自为政带来的浪费；循环产业集群化强调生产消费的联动，形成从前端回收到后端再利用的循环体系，综合调动 EPR 和垃圾分类回收，从而进一步提升全产业链循环效率的提升，这些都离不开数字技术的支持。

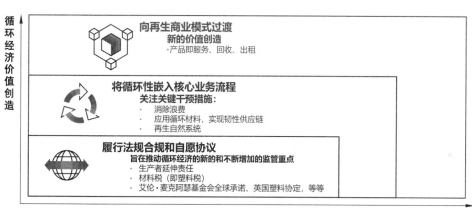

图 5-16　企业循环经济的数字化三阶段战略

5.6.2　循环经济的数字化解决方案构成

以 SAP 为例，SAP 在全球拥有最丰富的企业应用软件产品组合，可以帮助客户实现从线性经济向循环经济的过渡，加快通往循环经济的道路。通过整合来自不同领域的商业实践，可持续地设计产品，消除浪费，构建可持续的供应链，共同创造一个零浪费的未来。

SAP 的循环经济产品战略主要是围绕"消除-循环-再生"三个支柱展开。如图 5-17 所示，这三大支柱，分别围绕"支持企业消除浪费""激励使用更高价值的再利用材料""从产品消费模式转向重复使用模式"等三大目标，构成循环经济的整体解决方案。通过这套方案，人们必须改变废物回收系统的每一个要素：如何管理资源、如何制造和使用产品、事后如何处理废物。只有这样，才能创造一个繁荣的循环经济，使地球上的每个人都受益。

如图 5-18 所示，从 2020 年开始，SAP 加快了打造循环经济产品的进程。2020 年，

图 5-17　SAP 循环经济的产品战略

SAP 在达沃斯举办的世界经济论坛上宣布助力 2030 无塑料海洋的愿景，启动了循环经济计划，搭建了循环经济框架。与此同时，SAP 与越来越多的政策制定者、非政府组织、社会团体和领先企业一道，共同致力于解决诸如避免一次性塑料、更好地管理回收塑料废物流以及提供循环塑料经济等解决方案。

图 5-18　SAP 循环经济的产品路线

2021 年，SAP 围绕着循环经济产品战略的第一个支柱——"消除"，发布了负责任的设计与产品解决方案，帮助企业更好地了解业务流程中的物料流，包括跟踪和遵守快速变化的法规，尤其是那些与产品包装和塑料有关的法规。借助这一解决方案，企业可以将循环经济的原则嵌入核心业务流程中，通过设计从一开始就具有可持续性的产品来帮助消除浪费并释放新价值，让企业的产品经理了解整个产品生命周期，更好地承担自己的生产者延伸责任义务和缴纳不同市场的塑料税。这种可见性有助于产品经理优化和改进设计，减少浪费，在确定如何降低下游再利用和回收系统的成本等方面作出更加合理的决策。

2022 年，SAP 围绕循环经济产品战略的第二个支柱——"循环"，进一步将循环经济功能集成到运营和供应链中。为此，SAP 计划开发负责任的寻源与集市解决方案。企业可以加入供应链网络集市中，对可持续的材料进行跟踪和追溯，对物料供应的可持续性提供可视化服务。

2023 年，SAP 将围绕循环经济产品战略的第三个支柱——"再生"，将循环功能集成到业务网络和工业 4.0 中。至此，SAP 计划将所有与循环经济相关的功能集成到一起，提供可持续的智慧套件。

如图 5-19 所示，从 SAP 在循环经济领域的整体产品布局来看，在诸如法规合规性、自愿协议和"有益的生意"等多种颠覆性因素的驱动下，SAP 围绕消除、循环、再生等三个支柱，基于 SAP 的智慧企业解决方案，着眼于设计、生产、计划、采购、物流等关键目标流程，不断打造相应的创新方案，推出负责任的设计与生产、负责任的寻源和集市等产品，并针对通过循环经济转向新商业模式的行业推出相应的行业云解决方案。

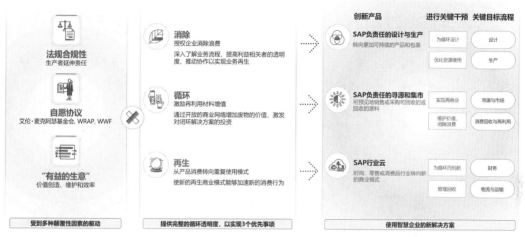

图 5-19　打造全价值链的循环经济物流方案

如图 5-20 所示，围绕着这些关键目标流程，SAP 不断加入新的支持循环经济的功能，在业务的每个环节中体现出循环经济的特征。例如，在设计环节，可以设计出环境可持续的产品，计算在整个产品生命周期中的环境成本，模拟制造对环境的影响，并将可持续需求整合到流程当中。在生产环节，可以提高制造过程的可见性，对制造绩效进行跟踪和改进、减少计划外停机的时间和中断次数，让操作更安全，等等。所有的这些功能，都是 SAP 循环经济解决方案的重要功能。

设计
- 设计环境可持续的产品
- 计算整个产品生命周期的环境成本
- 模拟制造对环境的影响
- 将可持续需求整合到流程中

计划
- 使用合乎道德的材料满足需求
- 协作创建准确的需求计划
- 预测场景并支持循环流程
- 运行需求或供应变化的模拟

采购
- 发现合格的供应商
- 加快采购周期
- 为可持续节约制定最有价值的协议
- 管理端到端供应商信息

生产
- 提高制造过程的可见性
- 对制造绩效进行跟踪和改进
- 减少计划外停机时间和中断次数
- 让操作更安全

交货
- 支持整体运输和货运协同
- 在网络中应用通信标准
- 提高物流流程的韧性
- 减少行驶里程、碳足迹和能源使用

运行
- 最大化资产健康和性能
- 延长资产寿命并降低能源消耗
- 跟踪资产运行对环境的影响
- 帮助确保操作员的健康和合规性

图 5-20　SAP 在每个关键目标流程中不断嵌入支持循环经济的功能

5.6.3　负责任的设计与生产——管理生产者延伸责任

作为推动循环经济的重要前提，生产者延伸责任（EPR）在全球得到了越来越多的国家认可。在这一领域，欧盟走在了前列。欧盟把 EPR 定义为生产者必须承担产品使用完毕后的回收、再生和处理的责任，其策略是将产品废弃阶段的责任完全归于生产者。换句话说，EPR对生产者的约束将从原料选择阶段开始，并持续至产品废弃和处理阶段。法国的EPR政策已于2022年1月1日起实施，规定7个类别的产品需要提供相关的注册号，包括包装、电器和电子设备、电池、家具、轮胎、纸、纺织品。德国自2022年7月1日起实施，涉及包装、电器和电子设备、电池。此外，美国迄今为止也制定了38项EPR法案，英国、意大利、西班牙等国家在2022年开始征收塑料税[①]。毫无疑问，EPR的时代正在快速到来。

SAP负责任的设计与生产（Responsible Design and Production，RDP）是一个基于SAP业务技术平台构建的SAP行业云解决方案，可帮助企业计算EPR、塑料税和其他企业承诺，帮助企业优化材料选择。该解决方案提供了支持循环设计流程的洞察，并简化了向非政府组织报告自愿协议进展的流程。例如，洗发水品牌经理可以了解整个产品流程的生命周期，包括其EPR义务和塑料税。这些信息能帮助品牌经理作出设计选择，最大限度地减少浪费，并作出商业决策，降低下游废物系统的成本。图5-21给出了一个产品包装的构成举例。

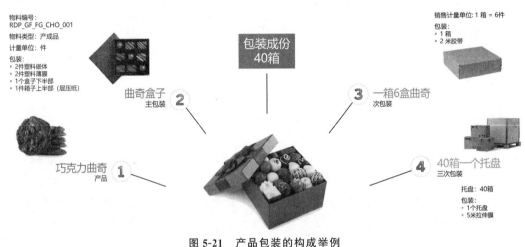

图5-21　产品包装的构成举例

SAP RDP可以帮助企业对不同的产品设计选择揭示出财务成本和全球影响，并对与可持续相关的选项提供洞察和评估，帮助企业在设计阶段优化材料选择。具体的功能列举如下。

- 从SAP企业资源计划（ERP）、产品生命周期管理（PLM）和其他数据库接收数据，根据实际材料组成，准确计算EPR义务和材料税。
- 掌握包装材料设计、生产和销售地点的全球数据，提交EPR报告。
- 分析与产品销售所在地市场的包装法规和与费用有关的设计选项，实现"通过设计消除浪费"。
- 掌握所有材料在产品中的使用情况，对销售到各地市场的所有产品和包装，根据材料类型管理相应的可持续性标准。

---

① 欧盟"塑料税"全名是"EU own resource on unrecycled plastics packaging waste"，是指欧盟成员国对于未能回收的塑料包装垃圾所支付的一笔费用，自2021年1月1日开征，基础税率为每吨800欧元。

- 实时计算所有材料在全球所有国家的 EPR 费用和塑料税,并管理与生产者责任组织相关的所有强制义务。
- 提供包装分析和场景建模,使客户能够根据下游影响优化材料选择,并降低监管风险和品牌形象。

以全球最大的一家食品和饮料企业为例,该企业曾在 2020 年使用了数以百万吨计的塑料包装。在其可持续发展战略中,企业迫切地希望防止这些包装最终对环境造成污染。在加入了英国艾伦·麦克阿瑟基金会和联合国环境规划署的新塑料经济全球承诺之后,该企业计划加快向包装循环经济转型的力度,并致力于到 2025 年使其 100 种包装可回收或再利用,并减少三分之二的最初塑料用量。

毫无疑问,在这个战略的背后,蕴含着巨大的挑战和机遇。

- 作为一家全球化的企业,如何在整个集团范围内向可持续包装解决方案过渡,如何有效地管理生产者延伸责任(包括义务、塑料税和公司承诺),存在很大的复杂性。
- 需要在集团层面保持法规的全球视野和合规(如 2022 年英国、西班牙和 2023 年意大利生效的塑料税),以避免负面财务成本和声誉影响。
- 在管理法规和自愿协议要求的复杂包装数据和报告质量方面,存在很多困难。
- 缺乏对包装材料选择对下游影响的深入了解,以及对可持续性绩效的明确描述,给决策流程带来了困扰。

经过详细考察,这家企业选择了 SAP 的 RDP 解决方案,主要原因如下。

- SAP 致力于通过不断增强和协调解决方案组合,来帮助客户建立智能、灵活的再生业务,从而实现循环、低碳的经济并为客户创造新的价值。
- SAP RDP 提供了材料税和 EPR 计划的全球视图,可以帮助企业深入了解了材料选择对下游产生的影响,以实现包装义务和可持续性绩效的智能管理。

通过项目实施,预期可以达到以下项目目标。

- 实时准确地计算该企业在全球范围内的 EPR 费用和塑料税,并向相关组织生成报告,减少监管风险。
- 基于所用材料的财务成本和对全球产生影响的全生命周期视图,在设计阶段采取行动,消除浪费并优化材料选择。
- 通过确定适当的权衡和重点领域,简化战略投资组合决策过程,促进该企业履行可持续发展承诺。

5.6.4 产品合规——通过自动化的合规流程,确保整个产品生命周期的合规性

2000 年 12 月,荷兰海关和健康检查机构在例行的有害物质检查中,发现 130 万台索尼 PlayStation 游戏机及 80 万件附件(总价值达 1.62 亿美元)的缆线内含有过量的镉元素。镉会对人体肾脏造成伤害。根据欧盟贸易法规,任何产品内的镉元素含量不能超过 0.01%,而索尼产品镉值是允许值的 3~20 倍。荷兰政府立即扣押了这批游戏机,并对这款产品发出销售禁令。

这是人们首次注意到电气、电子设备中也会包含对人体健康有害的重金属。该事件促使欧盟于 2003 年出台 RoHS(Restriction of Hazardous Substances)指令,并于 2006 年立法强制执行。RoHS 是《关于限制在电子电气设备中使用某些有害成分的指令》的简称,主要用于规范电子电器产品的材料及工艺标准,限制电器电子产品中的铅、汞、镉、六价铬、多溴联苯和多溴二苯醚等六种元素的使用,使之有利于人体健康及环境保护。受欧盟影响,中国于 2005 年 1 月 1 日开始实施《电子信息产品污染防治管理办法》,限制电子产品中有害元素的使用。今天,对生产者责任要求的法规越来越多,图 5-22 显示了欧洲地区主要的产品合规性的法规。

图 5-22　欧洲地区的主要产品合规性法规

现在世界上许多国家都实施了减少有害物质的类似于 RoHS 的法规。不仅电子产品,制造或销售产品的公司必须确保产品符合多种法规的规定。遵守 RoHS 只是欧洲统一认证(CONFORMITE EUROPEENNE,CE)标志的先决条件。获得欧洲统一认证的 CE 标志,表明产品符合健康、安全和环境保护标准。《斯德哥尔摩公约》和《水俣公约》①等其他法规旨在逐步淘汰有害物质,例如持久性有机污染物和汞。欧洲化学品的注册、授权和限制法规(REGULATION concerning the Registration,Evaluation,Authorization and Restriction of Chemicals,REACH)及其第 33 条包含了一份高度关注的候选物质清单,含有超过 0.1% 此类物质的物品的供应商必须提供足够的信息,以便物品接收者能够安全使用。从 2021 年起,化工产品供应商还必须向欧洲化学品管理局的"物品及复杂对象(产品)中的关注物质数据库"(Substances of Concern In articles as such or in complex objects (Products),SCIP)数据库提供更详细的信息,以便废物处理者可以访问信息,确保正确处理。冲突矿产法规要求制造商证明其产品中的金属,如钽、锡、钨和金,并非来自冲突地区开采的矿石或使用强迫劳动。类似地,新的供应链透明度法,如德国的供应链尽职调查法(Lieferkettensorgfaltspflichtengesetz),要求企业需要证明自己及其供应链没有使用强迫劳动和不公平条件。各种危险品法规对不同运输方式上的危险零件和产品的运

---

①　《水俣公约》是以史上最严重的汞中毒事件命名。1956 年,日本水俣市暴发了历史上最严重的汞中毒事件。为了避免这样的状况再次发生,2013 年 1 月 19 日,在联合国环境署的支持下,《关于汞的水俣公约》(简称"水俣公约")在日本熊本市召开的环境署会议上获得通过,旨在全球范围内控制和减少汞排放以减少汞对环境和人类健康造成的损害。国际公约于 2017 年 8 月 16 日生效。

输也都进行了控制。因此,生产者的责任始于确保产品符合所有适用的法规,不含违禁或有害物质,安全运输,以及满足不同利益相关者的各种其他要求。

为保证人体的健康和环境的可持续,产品的治理要求将越来越严格。世界各个国家陆续颁布了大量的相关治理规则,以保证保证产品在使用过程不危及人类、动物、环境的安全,以及产品在供应链全生命周期内不违背人道主义,如图 5-23 所示。

图 5-23　世界各国主要产品合规法规概览

随着产品治理制度的完善,新研发的产品需要满足与安全、环境以及人道主义相关的要求才能获得市场准入。而产品每进入一个新的市场,都需要满足当地的合规要求。为了满足合规要求,需要完成合规所需的文件并获得批准。通常,这些文件的制定、审批需要手工完成,无法与产品信息集成,因此会导致新产品导入周期和产品交付周期延长。同时,随着国际化进程,很多产品在国际市场销售,需要满足多个国家的合规要求,而不同国家的法规变化、合规信息要求的更新、申报文件标准的变化,为跨国公司产品的产品合规性管理带来的新挑战。产品缺乏合规的可视性,企业无法共享产品合规性信息,以支持企业决策和客户查询。产品的合规性信息不但无法与企业业务流程集成,而且还与产品信息割裂,增加了合规性的成本,并导致产品具有较高的合规性风险。

SAP 的产品合规管理解决方案提供了产品从开发、采购、生产到销售、分销的端到端流程的合规支持。通过提高合规评估和报告生成的自动化水平,帮助用户降低声誉风险、加快产品上市时间。如图 5-24 所示,该方案可以做到:

- 根据法律和客户的要求,集中管理物质、法规、合规性和危险品信息;
- 为用户提供最新的监管内容,并根据不同法规的合规性要求,将验证流程嵌入待验证产品的研发、生产、制造、分销各个环节;
- 自动创建和提供安全数据表、证书、标签和危险品文件。

企业生产一款产品,需要满足多种法规要求,如 REACH、RoHS、化学武器公约、药物前体物质法规以及生物杀灭剂和化妆品指令等。这要求合规性管理具有一定的灵活性,可以集中管理所有的合规信息,包括成分分析、使用场景披露、分类、合规状态等信息。此外,合规信息可以从单个物质、成分和零件汇总到整个产品,并能根据不同的法规确定并

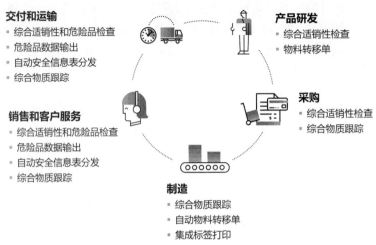

图 5-24 产品合规融入产品制造各个流程

设置合规状态。最后,还需要了解产品的数量,并按允许的标准进行监控。

SAP 产品合规解决方案可以实现以下功能。

- 管理和检查注册和通知,可以自动确定合规性,并通过采购、制造、销售和分销中的集成合规检查,实现合规流程自动化。
- 监控合规性和物质成分,并确保只有合规产品才能离开公司。
- 包含各种分析功能,使合规信息透明。
- 有助于确保产品的适销性,并加快产品进入新市场的速度。

特定产品,尤其是化学品,其生产和销售需要安全数据表等合规文件。几乎所有产品都需要各种标签,如产品标签、有害物质标签、运输标签。安全数据表和标签管理功能,需要支持关于安全数据表和标签的流程,并实现自动化,集中管理所有必需的物质和监管信息。

SAP 产品合规解决方案可以实现以下功能。

- 通过规则集和模版,自动实现产品分类,并为所有地区和国家创建安全数据表和标签。
- 在创建安全数据表的过程中,可以对从服务提供商或原材料供应商处收到的安全数据表进行集中管理,并通过与销售和分销等物流流程的集成,自动发送安全数据表并重新分发更新版本。
- 通过中央标签工作台,可以控制所有标签流程和操作。系统记录所有与标签相关的活动,并提供这些活动的完整审计跟踪。
- 使用相同的数据库和工具创建安全数据表和标签,可以帮助企业保持标签和其他合规文档(如安全数据表)上的数据最新且同步。

总体而言,SAP 的产品合规解决方案有助于确保并简化合规安全数据表和标签的创建,并防止因不符合安全数据表或标签而导致的交付延迟或罚款,具有以下价值。

- 通过嵌入产品合规性和全面的决策支持,加快产品开发和上市周期,从而增加企业的收入。

- 通过使用最新的信息和文档,并确保在整个产品生命周期符合合规控制措施,降低产品风险,从而保护品牌价值并扩大品牌影响力。
- 通过高效的需求管理、分析、自动定期更新内容,简化合规流程和文档创建,从而降低合规性成本。
- 通过自动化的危险品检查和文档创建,从而及时交付合规文档。

以蔡司为例,这是一家制造全球视光学和光电子工业领域知名的跨国企业,拥有显微镜、医学器材、光学眼镜、光电子设备、半导体以及工业测量仪的 6 个事业部,在生物医药技术、工业系统解决方案和视光学生活消费品三个领域处于国际领先地位。蔡司在全球近 50 个国家拥有 3.5 万名员工,近 60 个销售与服务机构,超过 30 座工厂和约 25 个研发机构。

创新是蔡司的命脉。蔡司重视新产品的研发,通过部署了 CAD/PLM 方案辅助新产品研发。随着电子产品合规性要求越来越完善,蔡司的新产品研发面临以下挑战。

- 原材料种类多,共有 2500 种原材料,判断原材料是否合规难度大。
- 原材料的合规信息不透明,工程师在研发过程中获取原料的合规信息过程复杂。
- 检查设备是否使用危险品难度大。
- 保证原材料、材料数据、业务领域之间信息透明度困难。

蔡司需要一套产品合规性系统,为工程师提供快速、便捷访问的产品合规数据库,帮助企业以安全、可验证的方式遵守安全和环境法规,显著降低因违规而造成声誉损害和收入损失的风险,使蔡司能够更快地对新法规做出反应,降低产品的成本和交付周期。

最后,蔡司选择了 SAP 的产品合规解决方案,将产品合规流程融入产品从设计、采购、生产、交付的端到端流程中,为研发、生产制造人员提供法规遵从性数据:一方面加速新产品的产品合规性检查,加速新产品上市时间;另外一方面支持法规变化跟踪,当法规变化时,保证产品快速适应新的法规。

蔡司的产品合规管理系统,为 750 个用户提供产品合规性信息,并确保产品合规法律变更后,用一天时间实现系统更改以适应新法规。通过该方案,蔡司甚至在产品开发之初就可以访问所有合规信息,确保遵守不断变化的 REACH 和 RoHS 法规。

5.7 案例一:宜家"益于人类,益于地球"的循环经济战略

作为全球知名企业,宜家出售平整式包装的家具、配件、浴室和厨房用品,其生产及销售遍布世界各地,现已成为全球最大的家具零售企业。自成立以来,宜家以富有现代感的节约美学和设计而闻名世界。宜家开创了以平实价格销售自行组装家具的商业模式,绝大多数产品被设计成简单套件,可以让消费者自行组装家具。这些未组装的或"平整包装"的家具的体积远比现成家具小,在包装、储存和运送的成本也较低,使得宜家能够极大地提高产品性价比。

随着线性经济带来的全球资源枯竭、自然系统退化、气候恶化等问题的加剧,宜家开始向循环经济转型,提出"循环宜家"概念。早在 2012 年,宜家就推出了以"益于人类,益于地球"为主题的可持续发展战略,并提出到 2030 年成为循环企业,所有产品将只使用可

循环材料。为此,宜家致力于设计具有循环能力的产品,只使用可再生或回收材料,并为客户提供延长产品和材料使用寿命的解决方案。如图 5-25 所示,宜家循环经济转型之路,关键在于三大举措。

- 一是依托强大的产品设计,开发更具可持续性的产品。
- 二是依托供应商管理,全面转向使用可持续材料。
- 三是基于整个价值链,实现大规模产品回收、延长产品寿命。

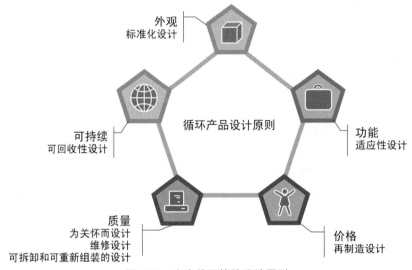

图 5-25　宜家的可持续设计原则

宜家应用了民主设计基础之上的可持续性产品设计。民主设计是宜家所有产品设计的基础,通过提供精心设计的家居解决方案为许多人带来良好的设计感,具有出色的形式和功能、高品质、高度关注可持续性且价格实惠。循环产品设计原则建立在民主设计方法之上,是宜家循环开发再利用、翻新、再制造和回收利用的一部分。在设计之初,就考虑到可持续的影响,并通过产品设计的方法来实现循环性。

宜家确立了七大循环产品设计原则,在数字系统的支持下,设计实现了所使用的材料始终是可再生或可回收的。

- 标准化的设计:为产品以更快、更高效的速度通过再利用、翻新和再制造的循环创造了先决条件,从而最大限度地保留价值。通过使用标准化配件,减少了所需的备件数量,从而减少了浪费。标准化为模块化、损坏部件的更换和维修以及兼容性创造了可能性。
- 为关怀而设计:在开发产品时,就考虑产品在日常生活中的使用,通过维护和设计延长产品使用寿命。
- 维修设计:首先,可通过客户评级和评论等相关信息,以及客户在类似产品中要求的备件,识别和重新设计经常损坏的零件。其次,随时为客户提供方便的维修解决方案,确定哪些部件可能损坏,并与相关利益相关者合作,以确保可为客户上门维修、翻新或必要时更换。
- 适应性设计:通过设计产品以适应不断变化的生活环境和不断变化的需求,客户可以添加、移除或更改产品的某些部分,而无须购买新产品。
- 可拆卸和可重新组装的设计:使再利用、翻新和再制造更容易和更高效。
- 再制造设计:利用现有材料和零件生产新产品,可以节省材料、化学品、水和能源。
- 可回收性设计:基于工业回收过程的知识,为可回收而设计的产品使用可回收且易于分离的材料。

依托数字化供应商管理,宜家全面转向使用可持续材料。木材、棉花、包装是宜家使用最多的几种材料。为减少对环境的影响,宜家开发了创新材料——"复合木材",生产制作工作台时可以少用60%的木材。从2015年起,宜家产品使用的所有棉花均来自更可持续的来源。也就是说,这些棉花在种植中使用的水、化肥和杀虫剂较少,同时还能提高棉农收益。《可持续棉花排名报告》连续两年将宜家列为可持续棉花排名榜的第一。宜家平均每年运送40亿个包裹(约4000万立方米),这意味着可以通过使用更具持续性的包装,对环境产生正面影响。目前,宜家所有的瓦楞纸板都通过了FSC认证,并且发泡聚苯乙烯等非可持续性包装材料被禁止使用。宜家负责任的采购系统,成功助力在产品、服务、材料和组件中全面使用可再生与可回收材料。

宜家基于全价值链管理,实现了从自身到供应商在材料和产品等方面的大规模废弃物回收。其一,材料的循环利用是实现循环经济最具挑战性的方面之一。为了收回资源,宜家利用新技术实现回收和再制造的循环,建立了被称为"逆向物流"的回收系统。其二,宜家从废物中创造产品从而创造新的价值。例如,TÅNUM地毯是一种利用废弃材料制作的产品。这款地毯采用床单生产过程中的剩余面料和宜家自有业务的再生棉制成。TÅNUM因其可回收材料成分而具有独特性。其三,宜家不仅在自己的生产中利用废弃物,还想方设法利用他人的废弃物。例如,宜家的TOMAT喷雾瓶使用废塑料中的再生塑料制作。此外,KUNGSBACKA厨房前面板也使用了回收塑料瓶。利用废物,无论是宜家自己生产的废物还是其他人的废物,都是通过使资源更长时间地使用并不再进行垃圾填埋来帮助实现循环经济目标的一种方式。最后,宜家还与供应商合作,探讨供应商回收材料的方式。例如,宜家的床垫供应商之一Dendro Poland创造了一种化学回收床垫泡沫的方法。通过从生产过程中获取和回收床垫泡沫(一种非常重要且潜在的大量废物,被称为"即时废物"),Dendro Poland可以采用这种泡沫并替代更多传统上用于生产的石油基原材料,不仅将废弃物重新转化为新产品,还减少了产品中不可再生材料的投入数量。

当前,宜家采购的所有材料中,可再生材料的比例占56%,可回收材料占17%,总计73%的材料是循环资源投入。宜家在全球推出易于使用的备件订购解决方案,为全球提供超过1800万种备件,帮助翻新和回收旧产品。还在整个价值链中增加可再生能源的使用,确保所有宜家工厂在全球范围内使用100%可再生电力,并通过一项新计划加速向可再生电力的供应商过渡。宜家已经成为全球循环经济的领导者,获得了世界经济论坛的循环经济大奖等多项认可,并在联合国、EMF、WIPO等多项国际组织的循环经济标准制定中起到重要作用。

5.8 案例二：伊士曼使用区块链技术实现塑料回收追溯

5.8.1 GreenToken——物料可追溯促进循环经济

消费品、食品、汽车和手机等制成品都是批量生产的，并且可以追溯到制造工厂，具有高度的可追溯性——通常这些产品都带有条形码或二维码，可以识别确切的制造日期并链接到其他产品的信息。

但是用于制造这些商品的原料呢？例如，你知道你的家具实木里是否含有害挥发物质吗？你穿的鞋子的橡胶是童工采割的吗？你喝过的汽水瓶子用的是哪里的塑料生产的？对于原料，人们常常只关心价格和质量，而对其他信息一无所知。

此外，原材料多半是散装运输的，与来自许多来源的类似其他原材料混合在一起，难以分别，并且从原产地到半成品的转换有许多阶段，因此很难追溯到单一来源。此外，在当今的线性经济中，如何证明废物输出可以成为原材料投入，推动人们走向更可持续的循环经济？

据统计，67%的全球企业对其原料来源和在何种程度上是否使用童工、是否满足可持续发展的要求、是否实现碳中和、是否遵循公平贸易等，都没有充分的了解。这会导致不遵守法规、不能满足可持续性发展KPI等一系列风险，以及给公关、品牌声誉甚至销售业绩带来负面影响。GreenToken的设计思路是旨在通过使用三个独特的功能：代币（token）、共识平衡（mass balance）和区块链分类账（blockchain ledger），在任何一种原材料供应链中提供可追溯性和实现问责制。

1. 循环经济面临的物料追溯挑战

在循环经济中，加工过的金属、塑料和其他合成材料不直接进入环境，而是在供应链中不断循环，重新获取价值。显然，这是一种范式转变，将毫无价值的废物转变为一种新资源。在很多情况下，从废弃物转换材料相对于新材料而言，没有成本优势。例如，从废旧电池里提取金属元素，有时还不如直接开采冶炼来得便宜。因此，要推动循环经济，常常需要通过治理规则（如强制要求或者补贴鼓励），促进二手物料的使用。但是，这都会面临追溯性的问题，正如图5-26所示，"我怎么知道我手中这瓶饮料的包装，使用的是回收塑料，并且是健康的来源（不是医疗废品做成的）"。

于是，存在以下一些挑战就非常合理了。

（1）原材料的可追溯和可视性。

由于内外部系统的不同，企业无法获得端到端供应链中从原材料到产品退出的全生命周期的数据。据统计，65%的企业采购主管承认，企业缺乏对一级供应商之外的供应链的透明性。实现可追溯性和透明性一直受供应链网络复杂性的限制。通常，数据收集由当地企业或第三方集中进行，通过数字方式或纸面记录，并且在分散和断开连接的供应链成员的不同系统间协调。在此过程中，多级供应商的信息往往被忽视和丢失。收集到的往往是易丢失、不可靠、分散和含糊不清的记录。为此，需要一种可追溯性解决方案，以促进协作、培养信任并提高整个供应链网络的透明度。

（2）批量和批次的可追溯。

在复杂的供应链中，大多数原材料都是被批量处理的。原料不断被加工，并与物理上

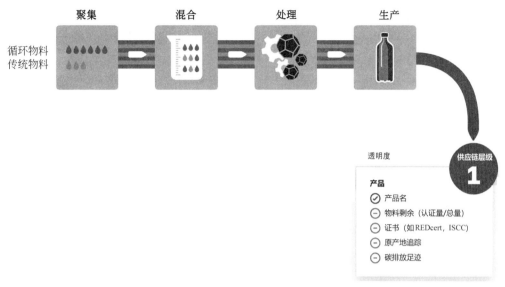

图 5-26 原材料混合后的追踪难度（层级 1：无法追溯）

无法区分的材料进行混合，导致很难对循环材料和传统材料进行追踪。在实践中，基于原产地或其他属性的物理隔离要么工艺不可行，要么在经济上不可行。对循环材料和传统材料的可追溯性是一个重要挑战。

现有的基于批次的库存系统的假设是，对于可能具有不同属性的特定入库或出库，所有材料都是按顺序处理的，通常基于"先进先出"或"后进先出"规则。因此，传统的批次可追溯性方法不允许在分子水平上连续混合具有不同来源和其他属性的材料。

批次方法的假设前提是要么使用这一批，要么使用那一批，即使可以证明它们是同质混合的，也必须指定某一批。这就迫使基于批次的存货会计方法无法反映真实的情况，而最好的情况是，这些材料可能来自这些成百上千个批号中的一个。因此，在混合发生的早期，库存中物料的可见性往往会丢失。为了准确跟踪和解释混合材料的来源，需要一个强有力的监管链模型。

（3）监管链质量平衡。

监管链是指在供应链的每个步骤中传输、监控和控制物理输入、输出和相关信息的过程。这使（最终）买家和消费者能够了解产品从原材料到成品的过程。监管链需要根据定义的标准，将具有一组指定属性（经认证的可持续和常规）的材料与没有该组属性的材料加以混合，了解这些材料的数量和属性，并且对数据可追溯。为此需要在整个供应链中跟踪每个范围内输入的总量，并将其映射到输出组件和产品，以便输出质量等于输入质量，同时考虑转换系数或产量损失。通过单独记账确保组件和产品的适当分配。

如图 5-27 所示，在原材料混合后，通过物质平衡进行追踪，可以实现产品名、物料剩余、证书的追溯。相比图 5-26，实现了显著的进步。

2. SAP GreenToken 解决方案

SAP GreenToken 是专注混合、难追溯的原材料的端到端供应链追溯和可视性的解决方案。

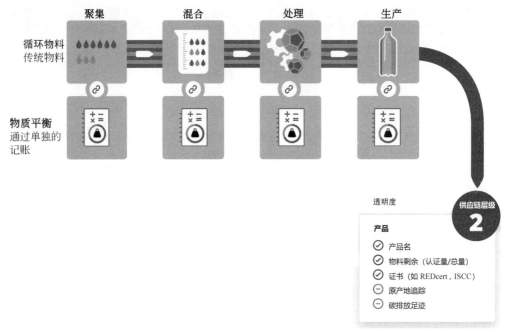

图 5-27　原材料混合后通过物质平衡进行追踪（层级 2：可追溯）

如图 5-28 所示，通过利用标记化、物质平衡和区块链的监管链原则，GreenToken 可以在全球供应链网络中查看原材料的任何一个或多个独特属性（如原产地、循环状态或碳足迹）。GreenToken 致力于在多种材料供应链中建立问责制和透明度。该解决方案的设计与行业无关，并已成功证明适用于全球供应链网络中的各种类型的物流，包括循环塑料。利用物质平衡、标记化和区块链的原则，GreenToken 作为多商品平台，可以追踪混合原材料的来源。

可持续物料和非可持续物料　　　基于区块链使用数字孪生追溯　　　允许通过 Token 来衡量不同来源的透明度

图 5-28　SAP GreenToken 使用质量平衡原则提供完整监管链

GreenToken 既可以作为一个独立的内部解决方案，用于管理物质平衡会计和认证合规性以及跟踪原材料、组件和产品中可持续性数据和信用的流程，也可以作为端到端供应链跟踪和透明网络解决方案。

总之，GreenToken 的价值可以通过加入供应链网络来实现最大化。供应链的所有成员不必一次加入，可以随着时间的推移逐步加入。那些加入的企业将有能力证实和审计可持续性，而未加入的企业可以继续使用原有做法。

如图 5-29 所示，GreenToken 从第一个聚合点开始介入。当来自不同来源、具有不同独特属性的各种物料流被混合时，为了确保在这一阶段不会失去可见性，GreenToken 在系统中以令牌形式创建一个数字孪生,该令牌表示物理材料的一个(可配置)单元,并捕获其独特的多属性。通过代币,GreenToken 能够以批量可追溯性方法对材料进行核算。该标记反映了整个供应链中物理材料的质量平衡物流。即使物理材料在供应链中移动时会进一步混合、细化和处理,所有捕获的信息(属性)也都会被收集并链接到数字孪生兄弟。

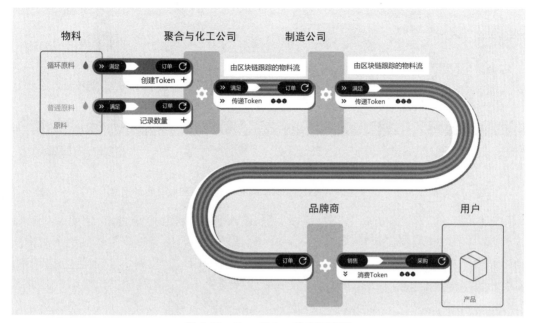

图 5-25 GreenToken 的主要流程

代币可以从供应商转移到下游合作伙伴,以匹配交付的实物材料数量。代币从供应商转移到买家,使得与材料相关的有价值属性能够沿着供应链及其成员向下传播。根据供应链网络的需求和应用标准的要求,可以灵活配置令牌表示的认证声明。

GreenToken 使用基于区块链的独特数字孪生体,为所有原材料提供了透明信息。这些信息包括商品来源、无童工或回收/可持续状态等内容。通过使用物质平衡会计原则,GreenToken 无须使用批次信息,就可以轻松地实现供应链可视性。

GreenToken 消除了重复计数。复制"证书"一直是原材料供应链中的一个典型问题。GreenToken 创建了与证书相对应的唯一令牌,区块链确保它只能使用一次来保证原材料真实可信,并在质量平衡原则考虑了供应链中材料的用量以及转换损失信息。

对于审计方来说,GreenToken 提供了清晰的审计报告,通过区块链自动跟踪原材料全流程,实现基于区块链分类账的简单报表,可以轻松制定审计报告。

5.8.2 伊士曼如何使用 SAP GreenToken 实现塑料回收追溯

伊士曼(Eastman)成立于 1920 年,是一家全球性的特种化学品公司,生产范围广泛的先进材料、添加剂和功能性产品、特种化学品和纤维。伊士曼在全球有 1.4 万名员工,2020 年的收入约为 85 亿美元,总部位于美国田纳西州金斯波特。

伊士曼使用 SAP 的 GreenToken 产品,应用区块链技术,针对塑料这一可持续产品,在其价值链上对认证的回收内容提供追溯能力,如图5-30所示。

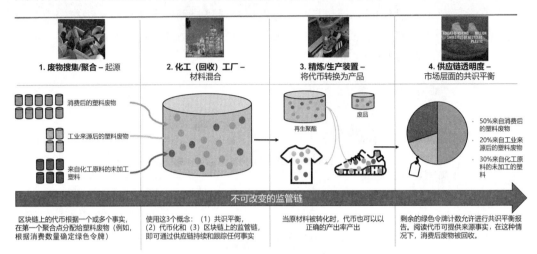

图 5-30　伊士曼使用 SAP GreenToken 实现塑料回收过程的追溯

塑料的回收,常见的方法是机械回收。它主要针对一次性矿泉水瓶、透明的牛奶瓶等,可以从回收箱收集废塑料,运送到回收中心,清洁、切碎,然后重熔并形成用于制造其他产品的塑料颗粒。然而,机械回收通常无法处理其他几种塑料,如快餐盒、彩色塑料瓶、塑料眼镜框等物品,它们通常都会进入垃圾填埋场或焚化炉。塑料的回收是一种降低循环的过程,许多使用回收成分制成的产品经过多次降级后,最终仍会进入垃圾填埋场。例如,矿泉水瓶盖可以回收制作口红容器中;口红容器可以回收制成钢笔;而钢笔则可被回收制成鞋带;鞋带不能再次回收利用,一旦损坏,往往会被扔进垃圾填埋场。

机械回收旨在延迟塑料进入垃圾填埋场,但仅此还不够。还需要一种解决方案来创造能够提高人们生活质量并延长自身使用寿命的产品。伊士曼的循环回收技术也称为分子回收,它将废物分解成其分子构件,因此可以反复重复使用。这为以前注定要被丢弃的材料创造了无限的使用寿命,为对抗材料浪费提供了一个强大的新工具,使得人们能够重新构想和彻底改变材料。伊士曼已将两种分子回收技术商业化,且这两种技术生产的再生材料已被市场所认可。伊士曼的流程根据国际可持续性和碳认证(ISCC)标准进行认证和审核。通过 GreenToken 平台的区块链技术,可以为品牌和消费者提供产品的审计信息,证明它是通过分子回收利用的废塑料制成的。伊士曼认为,GreenToken 是伊士曼实现循环经济的重要推动者。

伊士曼的流程需要符合国际可持续发展和碳认证(ISCC)标准的认证和审核。因此,GreenToken 解决方案为伊士曼的循环解决方案带来了透明度。基于区块链实现的数据透明度,GreenToken 平台可为品牌和消费者提供产品可持续属性的可追溯信息,包括其认证回收成分的百分比;能够为品牌提供可审计的证据,证明其产品是用通过分子回收的废塑料制成的,这可能是循环经济的转折点。

第 6 章
通过社会责任推进零不平等

每一个理论,都是在不断探索、不断争论中发展起来的,企业社会责任也是这样。回头望去,从企业社会责任演进的思想脉络可以清晰地看到,它一直围绕着"有没有责任""什么样的责任""对谁负责任""如何负责任"一路发展而来,成为当前被全社会广泛接受的准则。在全球数字经济和绿色经济浪潮下,本章将围绕着以下问题展开。

- 企业当下应该承担什么样的社会责任?
- 企业除了对员工有责任,还应该对谁负责任?
- 确定了对谁负什么样的责任后,如何利用数字技术更好地承担责任?

6.1 企业社会责任与零不平等

企业社会责任的思想起源源远流长。第一次工业革命时期,亚当·斯密(Adam Smith)的"看不见的手"的理论认为,如果企业尽可能高效率地使用资源以提供社会需要的产品和服务,并以消费者愿意支付的价格销售它们,企业就尽到了自己的社会责任,这反映了早期社会责任的理念。19 世纪中后期,两次工业革命的成果带来了社会生产力的飞跃,企业在数量和规模上得到了较大程度的发展,企业制度逐渐完善,劳工阶层维护自身权益的要求不断高涨,加之欧美政府出台的反垄断和消费者保护等相关法律,客观上促进了企业履行社会责任。在此背景下,从 20 世纪初开始,企业社会责任理念开始萌生。1924 年,英国学者 Oliver Sheldon 在《管理的哲学》中给出了"企业社会责任"的概念:"管理的社会责任是开拓服务方面的合作道路,以便使共同体的经济服务不仅能够带来物质财富,而且能够带来精神福祉。"

但是,无论是早期古典经济学的社会责任理念,还是 20 世纪初提出的企业社会责任概念,与我们今天讨论的现代企业社会责任都有着较大的差异。通常认为,美国学者霍华德·R.鲍恩(Howard R.Bowen)在 1953 年的著作《商人的社会责任》(*Social Responsibilities of the Businessman*)标志着现代企业社会责任概念构建的开始,鲍恩也因此被誉为"企业社会责任之父"。在该书中,鲍恩将社会责任定义为"执行政策、作出决策与遵守行为准则的义务,而这些政策、决策和行为准则符合社会的目标与价值观"。鲍恩在这个概念中包含了三个方面的内容,首先是明确了"承担企业社会责任的主体是现代大企业",其次认为"企业社会责任的实施者是企业管理者",最后指出"企业社会责任的原则是自愿"。很显然,鲍恩对企业社会责任的界定已经有很强的指导意义。

随后企业社会责任概念不断完善。1997年,英国可持续发展环境咨询公司的创立者John Elkington提出了"三条底线"的概念,从而将企业社会责任(CSR)的概念具体化。该概念受到了国际上各方的重视和认可,其含义是:企业为了能够实现可持续发展,除了"经济利益"外,还必须将"社会的适应性"和"环境的适应性"作为其经营活动的组成部分,并反映到企业的战略中。与此对应的是,市场对企业的评价依据也不仅仅停留在反映经济效益的财务信息上,还需要从社会效益和环境效益等方面的信息中全面考察企业的价值。与此同时,除了学者们纷纷研究企业社会责任,不断完善其定义之外,各个国际机构也在不断给出企业社会责任的定义。具有代表性的是在1998年,世界可持续发展工商理事会(WBCSD)为企业社会责任给出一个较为正式的定义,即企业社会责任是指"承诺企业行为符合伦理标准,并在促进经济发展的同时,尽可能地改善工作环境,提高员工家庭生活质量,促进当地和社会发展。"2001年7月18日,欧盟委员会签发的《关于推动欧洲企业社会责任框架的绿皮书》将企业社会责任定义为:"在遵守各种法律法规和社会规范的基础上,通过自愿承担方式,采取各种有效的、可持续的方法,企业致力于促进社会的发展,加强环境的保护,尊重基本的人权和扩大企业利益相关者在企业治理中的影响,以保护与调和企业利益相关者的各种利益。"

当前,人类社会进入可持续发展的新阶段。可持续发展追求的是近期目标与长远目标、近期利益与长远利益的最佳兼顾,以及经济、社会、人口、资源、环境的全面协调发展。如图6-1所示,从联合国可持续发展目标(SDGs)的设置上不难看出,可持续发展包括环境可持续发展、社会可持续发展和经济治理可持续发展三个方面。其中,环境可持续发展是条件,社会可持续发展是目的,经济治理可持续发展是基础。经济治理可持续发展以"物"为中心,以物质资料的扩大再生产为中心,解决好生产、分配、交换和消费各个环节以及它们之间的关系问题;而社会可持续发展则是以"人"为中心,以满足人的生存、健康和发展为中心,解决好物质文明和精神文明建设的共同发展问题。因此,经济治理可持续发展是社会发展的前提和基础,社会可持续发展是经济发展的结果和目的。环境可持续发展探讨的是人口、资源、生态环境三者的关系,即研究人类与生存环境之间的对立统一关系。环境可持续发展要求经济建设和社会发展要与自然承载能力相协调,发展的同时必须保护和改善地球生态环境,保证以可持续的方式使用自然资源,将人类的发展控制在地球承载能力之内。

企业社会责任的内涵随着全球可持续发展理念的深入而不断丰富。联合国全球契约组织是目前世界上最具影响力和最大规模的推动企业履行社会责任的联合国机构。它要求成员企业在其影响范围内,接纳和支持企业在人权、劳工、环境和反腐败领域树立十项原则并付诸实践,这代表着企业社会责任的内涵、履行、衡量都进入了全新的阶段。今天,企业社会责任被认为是企业在创造利润、对股东和员工承担法律责任的同时,还要承担对消费者、社区和环境的责任。企业的社会责任要求企业必须超越把利润作为唯一目标的传统理念,强调要在生产过程中关注人的价值,强调对环境、消费者和社会的贡献。社会责任涉及的范围从企业内部逐步扩展到社区,扩展到国家,扩展到人类社会,如今已经扩展到了整个人类生存的环境,如图6-2所示。

随着企业社会责任理念的不断发展,所关注的重点从理论探索开始向实践探索转变,

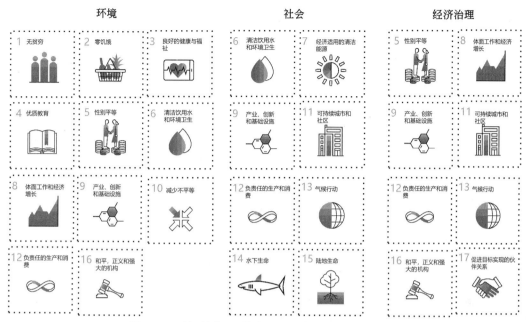

图 6-1　环境、社会、经济治理三大类别下的 SDGs 目标

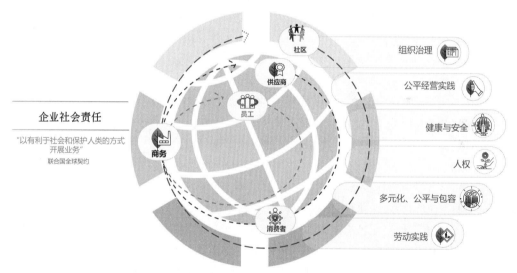

图 6-2　企业社会责任已经扩展到人类生存的各个角落

赋予企业社会责任更多的实践意义。其中一个重要的特点就是各类社会责任运动的蓬勃发展。社会责任运动是一类社会运动的总称,主要运动是围绕社会责任理念进行宣传和实践,包括各类人权运动、环保运动、劳工权益运动等。最初,运动的主要形式是"企业生产守则运动"。该运动要求公司特别是跨国企业,必须以国际劳工标准为依据来制定和实施工资政策、劳动时间、安全卫生等生产守则。最初,跨国企业迫于外部压力,才制定生产守则。生产守则的实施,完全服从于商业利益,而且实施的情况很难得到社会监督。后来,社会各界探索各种方式加强对企业履行社会责任的监督,其中最重要的方式就是标

准化。

　　为了推行社会责任，非政府组织（Non-Governmental Organization，NGO）、行业协会、标准组织、政府、政府间机构和多元利益相关方联合体制定了各种社会责任标准和倡议，形式涵盖了管理体系、报告框架、涉及劳工/人权的国际规范、特定行业或企业的行为守则。这些标准的制定，使社会责任更加具体化，更加具有可操作性和可衡量性。例如，社会责任国际组织（Social Accountability International，SAI）于1997年制定了SA 8000标准。该标准是以国际劳工组织（International Labour Organization，ILO）的12项公约、联合国《儿童权利公约》《世界人权宣言》《消除对妇女一切形式歧视公约》的原则为基础制定的，是供第三方认证体系使用的、统一的、可供核查的标准。联合国在1999年提出"全球契约"计划，时任联合国秘书长安南在达沃斯世界经济论坛年会上，向全世界企业领导呼吁，遵守有共同价值的标准，实施一整套必要的社会规则，即"全球契约"。该契约是完全自愿的，基础是各国签署的联合国一系列重要的宣言或原则，例如《世界人权宣言》《国际劳工组织关于工作中的基本原则和权利宣言》《关于环境与发展的里约宣言》《联合国反腐败公约》等。目前，"全球契约"已经拥有8000多个签约组织，分布在170个国家。2000年，全球报告倡议组织（GRI）发布了《可持续发展报告指南》。该指南为企业编制社会责任报告或可持续发展报告提供了指引。指南向全球免费公开发行，任何组织或个人均可在其网站上下载该标准，同时也可根据自己的需要自愿采用。

　　通过回顾社会责任相关标准的发展历史，可以清晰地看到，对于人的关注是企业社会责任目标的核心。尤其是联合国的SDGs目标以及契约组织十项原则，都将零不平等置于企业社会责任的重要地位。那么，什么是不平等呢？可持续发展概念下的不平等，主要是指人及人类组织之间的不公平和不平衡现象，如图6-3所示。不平等是当今时代的典型特征。收入、地理、性别、年龄、族裔、阶级和宗教因素造成的不平等现象在国家内部和国家之间继续存在，决定了资源获取、机会和结果。严重不平等阻碍技能积累，扼杀经济和社会流动以及人类发展，从而抑制经济增长。它使不确定性、脆弱性和不安全根深蒂固，破坏对机构和政府的信任，增加社会不和谐和矛盾，并引发暴力和冲突。根据联合国支持下的世界不平等实验室最近发布的《2022年世界不平等报告》，全球10%的人口拥有76%的财富、52%的收入，排放了全球48%的碳排放。

　　实现零不平等是企业社会责任的核心目标。全球新冠病毒感染加剧了当前的不平等现象，给最贫困和最脆弱的社区造成了最沉重的打击。同时，社会、政治和经济方面的不平等加剧了大流行病造成的影响。根据国际劳工组织2020年的报告，据估计，新冠病毒感染将使低收入国家的相对贫困增加50%，有16亿非正规工人面临永远失去生计的风险。实际上，经济的不可持续性和政治的不可持续性，也都与不平等有关。显然，大幅度减少不平等，可以支持经济、社会和环境的可持续发展。越来越多的证据表明，严重的收入和财富不平等正在推动本土主义和极端民族主义抬头。不平等还损害了个人和社区应对气候变化的适应和缓解能力。民粹主义最近对碳税问题的反应表明，如果不解决不平等的根源，采取大胆的气候行动将日益困难。显然，如果人们被排除在之外，就无法实现可持续发展，也无法让地球更美好。因此，消除不平等始终是企业促进社会可持续发展的关键和根本目的。

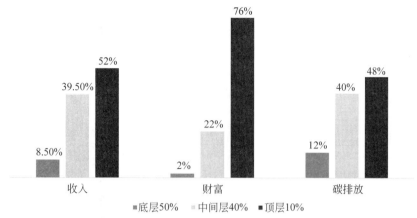

图 6-3　目前全球存在严重的不平等现状

6.2　企业社会责任的利益相关者

从企业社会责任的发展历史可以看出，"企业应该履行什么样的社会责任"的内涵在不断丰富。与此同时，关于企业到底应该对谁负责任这一问题，也有了重要的进展。在可持续发展理念下，人们意识到作为现代社会最基本的经济组织——企业，是附着在社会经济链条上的一环，它不仅要获取利润，实现股东利益最大化，而且对其他相关利益者也必须承担包括经济责任、法律责任、道德责任、慈善责任在内的多项社会责任，否则，必将影响整个社会的和谐发展。这也正是从 CSR 关系到利益相关者理论的主要观点。

利益相关者理论最早由美国斯坦福研究所于 1963 年提出，但最早正式使用"利益相关者"（stakeholder）一词的是战略管理的鼻祖伊戈尔·安索夫（Igor Ansoff）。他认为，要制定理想的企业目标，就必须平衡诸多利益相关者的利益，包括管理人员、工人、股东、供应商以及顾客等各方的利益。诺贝尔经济学奖获得者 Freeman 在《战略管理：一种利益相关方方法》一书中，利用利益相关者理论回答了企业应该对谁承担社会责任的问题。他指出，一个健康的企业必然要与外部环境的各个利益相关者建立一种良好的关系，从而达到双赢。他还把利益相关者定义为"那些能够影响企业目标实现，或者被企业实现目标的过程所影响的任何群体和个体"，并将利益相关方归纳为股东、雇员、供应者、消费者、社会和政府等六种类型。如图 6-4 所示，1995 年，学者 Clarkson 对利益相关者做了进一步细分。他依据对企业运营的影响程度，将利益相关者划分为首要利益相关者（primary stakeholder）和次级利益相关者（secondary stakeholder）。前者是指企业生存和持续运营不可或缺者，包括股东、客户、员工、供应商等；后者则指受企业影响，或者影响企业的人或机构，如政府、媒体、竞争者、监管方、利益组织等。

利益相关方理论的引入，使企业社会责任明确了负责的对象。按照该理论，不管是企业的股东、债权人、雇员、消费者、供应商等交易伙伴，还是政府部门、企业所在社区、本地居民、媒体、非政府组织（NGO）等，甚至是自然环境、人类后代、非人物种等受到企业经营活动直接或间接影响的客体，都是企业的利益相关方。企业的决策和活动会影响它们的

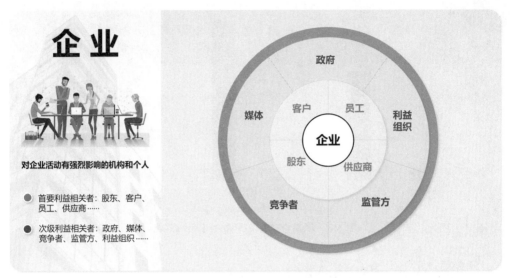

图 6-4　企业利益相关者"洋葱"图

利益。企业不能只追求股东利益最大化,还要协调和平衡这些利益相关方眼前和将来的利益。因此,企业社会责任的对象就是这些利益相关方。正如第 1 章所描述的,客户、员工、政府都在推动企业承担更多的社会责任,要求企业采取行动,如图 6-5 所示。

- 政府和非政府组织迅速增加监管控制和自愿措施。
- 投资者积极减少风险敞口,并实施更严格的可持续性目标。
- 消费者转向可持续的替代品,并期望企业在环境问题上发挥领导力。

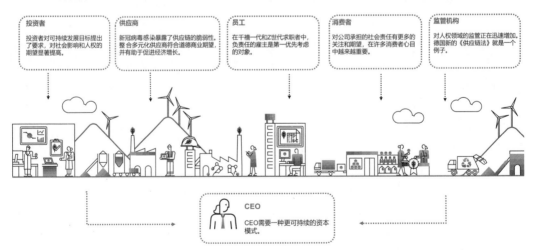

图 6-5　利益相关者对社会责任提出不断增加的期望,要求首席执行官采取行动

社会责任已经成为企业生存所必须满足的义务。一家具有社会责任的企业既要以利润为导向,又要对社会负责,既寻求获得财务收益,同时还得识别和管理企业对人和社会的正面和负面影响。

那么,是否企业对于所有的利益相关者都应该履行无差别的社会责任呢?显然,这不符合企业可持续发展的现实。事实上,企业履行社会责任是分层次的,即企业对于不同利益相关群体承担的责任是有层次的。这就涉及"企业的影响范围"。如果将企业影响范围视为一系列的同心圆,那么随着圆圈扩大,企业对外界施加的影响逐步减小,如图 6-6 所示。

- 最核心的一圈包含企业在工作场所和市场上的核心业务活动,这也是企业对环境、社会与治理相关问题拥有最高控制力的地方。
- 第二圈涵盖供应链,此处控制力减弱,但有些情况下其影响却不可小觑。
- 第三圈包括企业的社区互动、社会投资和慈善活动。
- 最后一圈则是企业参与公共政策对话活动的情况。

图 6-6　企业影响力范围

企业围绕核心业务开展的社会责任工作对社会的影响力最大,其次是供应链上的活动,而后是社区互动和公共政策制定的参与,影响逐层递减。

在此基础上,我们对企业社会责任进行了层次的划分。

- 首先,最为初级的阶段和形式是慈善活动,往往以企业向社会提供资金和技能为特征。需要注意的是该行为并不能保证企业的合法性,换句话说大量捐钱的企业并不一定是合法生产和经营的企业。
- 其次,企业把社会责任作为风险管理的工具,即确保企业运营不触犯法律法规,属于企业合规的范畴。
- 最后,企业社会责任的最高层次是创造商业、环境、社会等多方面的共享价值。在此阶段,企业往往通过创新,摸索出并实施一套可持续的商业模式,对企业的战略和运营产生最为深远的影响力。

现在已经有越来越多的企业将自己的企业社会责任履行承诺从子公司延伸至供应商。这不仅因为履行这项承诺可以规避供应链企业可能产生的社会与环境风险和监管困难,而且因为可持续发展的供应链可以为企业带来诸多益处。

美国学者 Stefanie Hiss 提出的责任模式可帮助我们很好地理解企业影响力范围与利益相关者理论之间的关联。她将企业社会责任分为三个基本类别,每个类别都需要不同的工作性质:内部责任范围包括对业务战略有影响的所有内部程序。内部责任通常是企业高管的责任,影响企业关键决策,例如收购哪些业务合作伙伴、自己在垄断方面的市场责任、公平和现实的增长计划以及健康的盈利能力。中间责任范围包括企业的所有行为，其对环境和社会的影响可以直接或间接量化。这包括二氧化碳排放、空气污染和员工工作条件，也包括适当的供应链管理，因为与道德上可疑的企业合作最终将损害企业的形象和利益。处于中间责任领域的企业社会责任（CSR）是许多大企业最难组织的。然而正因为这是可能发生最大损害的地方，它才变得越来越重要。这不仅适用于环境和社会，也适用于企业的员工、利益相关者和声誉。外部责任范围包括所有外部公共政策对话活动需要企业采取的行动。

对利益相关者进行管理之所以如此重要，是因为这是企业社会责任风险最大的领域。面对经济全球化时代复杂多变的市场环境，企业要实现长期可持续发展，就要消除供应链系统内部的不确定性。通过积极地履行企业社会责任，对供应链中的主体系统施加影响乃至组织培训，从而实现企业自身稳健增长并带动供应商逐渐壮大。市场竞争犹如大浪淘沙，如何在激烈的竞争中逐渐壮大、立于不败之地，是每家企业面临的最大难题。企业要想基业长青，做大、做强、做久，持续不断地获得利润，仅仅依靠遵纪守法是不够的，还要在领导层的带领下逐级贯彻可持续发展战略，不断降低风险，发掘新的市场机遇。从更为长远的利益出发，企业还当积极地参与到国际市场相关政策和规则的制定过程中，踊跃地献计献策，发表自身的意见和建议，主动做"游戏规则"的制定者，努力掌控在整个行业和全球市场上的话语权，打造行业和国际影响力。

6.3 社会责任成为企业的新竞争优势

企业的社会责任贯穿在整条价值链上，不仅始于企业内部，也会延伸到供应商、客户、合作伙伴生态系统，甚至员工工作和生活的社区。良好的企业社会责任不仅能够满足传统的股东利益，同时还能为企业所有的利益相关者——员工、客户、供应商、社区带来新的价值。通过尊重员工的多元化、安全性和人权，开发学习和成长机会，以及利用企业采购的力量，可以提高企业的供应链乃至社会的可持续性。良好的社会责任可以带来如下诸多利益，直接和间接影响企业的估值和资本成本，因此得到了投资者越来越多的关心。

- 通过降低法律和监管风险，帮助企业提高业务绩效。
- 加强声誉。
- 保护其经营的社会许可。
- 提高员工士气，从而提高积极性、生产力以及吸引和留住最优秀员工的能力。
- 赢得客户并赢得其信任和忠诚。
- 创造更稳定的运营环境，并促进更好的社区关系。

按照联合国全球契约的定义，社会责任要求企业"以有利于社会和保护人民的方式做生意"。显然，企业与所有的利益相关者（包括员工、供应商、社区、消费者）之间的关系至关重要。如图6-7所示，通过关注社会责任涉及的利益相关者——员工、投资者、客户和供应商，可以有效提高企业竞争力。例如，多样性排名靠前的公司、声誉好的品牌、参与长期供应商多元化的公司，其绩效、增长速度和投资回报等指标，都会更加卓越。下文将重点围绕多样化的人才团队如何使企业受益、平衡包容的AI如何驱动新型组织、可持续采购如何带来供应链及社会的可持续等几个方面加以介绍。

多元化是数字化组织的标志

- 数字化领导者关注多元化,并从中获益。
- 无论是在中高层还是高层,建立和保持劳动力多元化都会带来巨大的收益。

25%

在行业息税前利润增长中值的KPI上,员工多元化排名前四分之一的比排名后四分之一的公司高绩效的可能性多25%。

社会责任是企业的竞争优势

- 有利于吸引并留住投资者、员工和客户。
- 声誉是一家公司最重要的资产之一,也是最难重建的资产之一。

10x

与声誉最差的品牌相比,声誉最好的可持续性品牌的增长速度快10倍。

公司正在致力于可持续的采购

- 供应商多元化是创新产品和增加新兴和发展中市场份额的战略推动因素。
- 不采取行动的危险是显而易见的:供应链的强弱取决于其最薄弱的环节。

133%

参与长期供应商多元化计划的公司产生的投资回报率提高133%。

图 6-7 企业社会责任的关键领域

在数字化高度发达的今天,企业有机会从任何地方获得所需的技能和能力,通过不断优化业务流程,提供易于使用的工具和系统,实现团队和成员之间的动态协作。对于员工来说,这既是机遇,也是挑战。一方面,员工有机会通过全球互联互通的强大设施,在新的领域发挥自己的才智;另一方面,企业能更方便地获得比以往更强的技能。因此,持续学习、扩展学习以及保持敏捷就成为当务之急。企业需要重新思考员工的概念,不再仅仅局限于"零工经济①"的范畴,而是将其视为精心设计的组织和能力建设的一部分,促进员工多元化。

毫无疑问,多元化是推动可持续发展的重要方面。让不同部门、组织、地域和背景的员工参与到所创建的数字化工作流程和组织结构之中,这不仅需要技术或平台来推动,更需要以企业及其生态系统的文化和价值观作为基础。今天,数字化给传统工作方式带来了挑战,曾经由人类完成的任务被机器所取代。促进多元化的数字化组织,将优先考虑企业人员以及生态系统的积极潜力,通过具备同理心的方式,有目的地实施新的系统和工具,发挥机器和员工的最佳能力,从而优化结果,提高人才效率,促进员工队伍多元化,实现工作与生活之间的平衡。

可持续的企业依赖智能和可持续的采购。多元化业务是大公司供应商网络的重要组成部分,在为世界各地更平等、更繁荣的社会作贡献方面发挥着至关重要的作用。可持续的业务领导者需要确保所有相关的潜在供应商都有在其供应链中完成业务的公平和平等的机会。这可能包括微型、小型和中型企业、社会企业、"本地"供应商和少数族裔或残疾人创办的企业。新冠病毒感染加剧了对弱势群体的负面影响,暴露了供应链的脆弱性,还迫使组织减少对全球供应商的依赖,并扩大当地供应商构成的供应链规模。当企业将不同的供应商(例如社会企业、多元化企业、公平贸易组织、环境可持续发展的企业、小型企业以及促进经济公平、社会影响和环境可持续发展的供应商等)纳入其供应链时,将为创

---

① 零工经济指的是区别于传统的"朝九晚五"的一种时间短、灵活的工作形式。它利用互联网和移动技术,快速匹配供需方,是人力资源的一种新型分配形式。

新、成本节约和社会影响开辟新途径。

6.3.1 多元化提高组织的创造力和竞争力

当下,人们正处于全球数字经济大发展的时代。全球商业在面临巨大机遇的同时,也面临着日益增强的不确定性、复杂性和模糊性的新挑战。在此背景下,越来越多的企业开始意识到多元化和包容性与企业创造力、生产力、客户满意度以及市场竞争力之间的紧密关系。企业需要在许多不同的市场中开展业务,与不同的品牌共事,与不同的供应商合作,用不同的运营结构进行不同方式的交易。较过去而言,企业需要做更多的尝试,甚至不得不与竞争对手展开合作。随着互联互通水平的不断提高,不同群体间的差异性而非共性将会愈发突出。客户群体之间的区分日益明确。不同"区间"的客户需要不同的产品和服务,追求的价位也不同。在极端的情况下,企业甚至需要做到一个区间一个方案,这就需要制订各种不同的方案及相应的履行能力。具体来讲,企业在考虑客户需求与商业运营时,需要做到因地制宜。每个国家或地区,每一地区中不同区域的业务都自成一体,且必须具备独特的制胜法宝。为实现这一目标,企业需要通过众多的产品与服务,满足不同区域市场中不同客户群的需求。简言之,企业需要变成多样化的组织。如图6-8所示,打造真正的"多元化"团队和生态,是企业解决复杂问题、迅速发展机会、保持自我成长的关键。

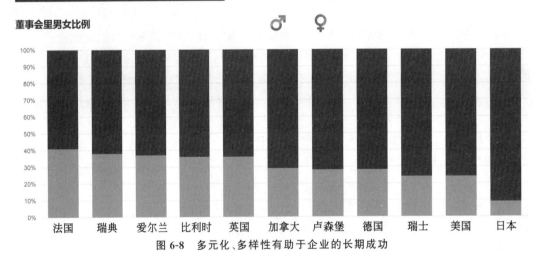

图6-8 多元化、多样性有助于企业的长期成功

多元化可以有效减少企业决策盲点。快速变化的环境对企业的创新能力提出了新的要求,但同质性的人才团队很容易陷入决策盲点。如图6-9所示,具有混合性别、种族、年龄、宗教、残疾或社会经济出身的劳动力能够带来思维的多元化,进而提高组织的创新能力。据专家称,相对而言,多元化及包容性企业的创新可能性高出1.7倍,每位员工获得的现金流量高出2.3倍。尽管数据很美好,但是现状仍不乐观。虽然不少企业坚定地致力于性别多元化,但42%的女性称在工作中仍然正在面临性别歧视,财富500强企业只

有四家有黑人 CEO。尽管埃森哲、世界经济论坛和价值 500 强的研究表明,在组织的各个层面包容残疾人的企业比同行更具盈利能力和创新能力,但只有大约 18% 的处在工作年龄的美国残疾人成为劳动力的一部分,大约 87% 的美国工作场所没有针对残疾人的包容性倡议。

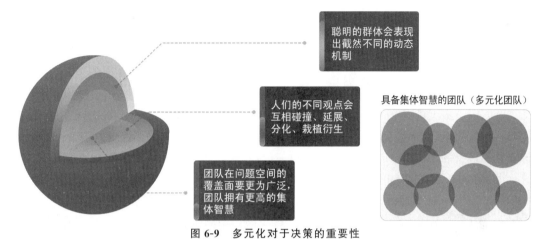

图 6-9 多元化对于决策的重要性

多元化可以提高员工的敬业度和生产力。世界经济论坛预测,未来三年将有 42% 的工作岗位需要不同的技能,到 2030 年将有超过 10 亿工人需要重新技能培训。多元化和包容性对于企业在许多岗位缺乏熟练劳动力的市场中保持竞争力至关重要。通过拥抱多元化、公平性和包容性,企业可以帮助代表性不足的群体和少数群体融入劳动力市场,从而更好地反映社会,并享受更加多元化的劳动力带来的好处。优先考虑多元化和包容性的价值观、创造社会影响并建立相应文化的公司更有利于提高员工敬业度和生产力,并在吸引和留住技能型人才方面具有明显优势,如图 6-10 所示。

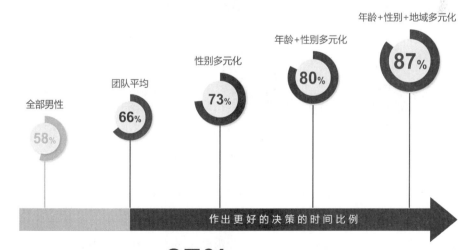

图 6-10 多元化企业具有更好的决策质量表现

拥有多元化员工队伍的公司业绩表现更好。麦肯锡2019年的研究发现，在种族和文化多元化方面排名在前25%的企业利润比排名最低的25%的企业高36%。当女性在高管层中得到充分代表时，利润可能会高出近50%。如图6-10所示，据《福布斯》报道，包容性团队"在高达87%的时间内可以作出更好的业务决策，而且在一半的会议中作出决策的速度是原来的两倍"。根据美国某经济学教授的研究，在法律、健康和金融服务领域，人种多元化增加一个标准差，生产率就能提升25%。这些发现不仅强调了企业整体多元化的重要性，而且强调了各个具体领域的重要性。

6.3.2 平衡包容的AI成为增长新动力

发展权是最大的社会责任。AI作为引领新一轮工业革命的关键技术，为可持续发展带来了重大机遇。当今世界，人类通过人工智能检测新冠病毒探索特效药，研发机器人，用脑机接口帮助弱势群体，用5G物联网和AI遥感技术保护自然资源和野生动物……AI的应用有助于开发创新的解决方案，改进风险评估质量，实现更好的规划和更快的知识共享。基于大量的数据，人工智能有潜力作出比人类更优的预测和决策。例如自动驾驶有望比人类驾驶更安全，智能医疗影像诊断比医生的诊断结果更准确，智能语音识别的出错率也比速记员更低。人工智能是一项通用技术，只要有数据，就有望普遍应用于各行业，进而提高生产力并促进经济增长。如图6-11所示，AI可以为实现联合国在2030年可持续发展议程中制定的可持续发展目标创造巨大的机遇。2021年6月，为了激活人工智能的巨大潜力、加速可持续发展目标的实现、治理科技风险，联合国经济社会局（DESA）与联合国秘书处联合发布《人工智能战略资源指南》，系统性地提出国际AI伦理。

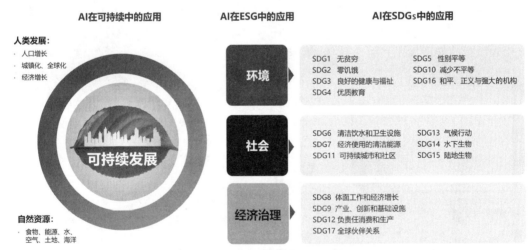

图6-11　AI作用于可持续发展体系

与以往的技术革命不同，由于AI可能在多个领域代替人类开展工作或者作出决策，因此也存在伤害人类的潜在风险。人工智能分为弱人工智能和强人工智能，终极形态是超人工智能，现在使用和发展最多的还只是弱人工智能。AI作为赋能人类感知、认知、决策范式升级的关键技术，成为人类创新的原动力。即便是目前得到广泛应用的擅长在某个方面或单个领域发挥作用的弱人工智能，仍对人机交互中的法律、心理、政治、商业、基建、社区、服务等提出了众多挑战,其在隐私、歧视、安全、责任、就业等社会、经济、伦理和环境方面的问题正在显现,如图 6-12 所示。例如,如何确保算法不侵犯隐私权、数据保密权、选择自由权及良心自由权等基本人权?如果人们的意愿可预测并受到牵引,人们的行动自由能否得到保障?如何确保人工智能编程不会复制社会和文化成见,特别是性别歧视问题?这些"回路"是否会被复制?能否对价值观进行编程?由谁来编程?当决定和行动完全自动化时,如何确保落实问责制?如何确保世界各地的所有人都可以享受到这些技术的惠益?如何确保人工智能以透明的方式开发,以便生活受到影响的全球公民对人工智能的发展有发言权?

图 6-12　AI 带来了一系列的社会、经济、伦理、环境挑战

伦理是人类行为或活动所适用的道德原则。一般认为,人工智能伦理问题的范围包括现有人工智能系统的数据隐私和偏见问题引发的担忧,未来中短期人工智能和机器人对就业和工作场所影响所引发的担忧,以及未来长期人工智能系统达到或超过人类能力(即所谓的"超智能")所引发的担忧。为防止滥用 AI 技术,人类应该在复杂性变得不可控之前,把最糟糕的情况都预想到、分析到,这是 AI 伦理成为人们关注的根本原因,也是 AI 对于可持续发展意义重要的根本所在。当前,非政府组织、学术界、产业界、专业机构和各国政府纷纷提出 AI 伦理相关倡议。

国际伦理倡议,如德国的人工智能伦理研究所、英国的人工智能与机器学习伦理研究所提出"负责任机器学习"的八项原则,美国未来生命研究所发布的《阿西洛马人工智能原则》,美国电气与电子工程师协会发布的《人工智能设计的伦理准则》(第 1 版),日本人工智能学会发布的《伦理准则》,欧洲某论坛发布的《美好人工智能社会的伦理框架》等,纷纷提出了人工智能对人权福祉、问责机制、透明度、信任度、环境危害与可持续性等关键问题带来的影响和解决手段。

国家战略层面也开始重视 AI 伦理方面的制度建设。例如,德国在 2017 年便为自动驾驶汽车提出了 20 条伦理原则。英国已经成立数据伦理中心,视伦理为人工智能创新的核心之一,并考虑制定普适的人工智能伦理框架。欧盟人工智能战略的三大支柱之一即是确保欧盟具有与人工智能发展和应用相适应的法律和伦理框架,为此欧盟委员会已经起草人工智能伦理指南。中国的人工智能顶层政策要求制定促进人工智能发展的法律法规和伦理规范。美国、加拿大、新加坡、印度、法国、意大利等国家和地区也都有类似的规划或政策。

在行业标准与法规方面,电气电子工程师学会(IEEE)已在推进制定人工智能伦理标准(即 IEEE P7000 系列标准)和认证框架,AI 白皮书《合乎伦理设计》(*Ethically Aligned Design*)提出了八项基本原则,旨在将机器人技术和人工智能重新定位为改善人类境况的技术,而非单纯的经济增长工具。通过对人工智能/机器人相关方进行教育、培训和授权,使其"优先考虑伦理因素,从而使这些技术为人类造福"。谷歌、微软、SAP 等科技企业也在多举措推进人工智能伦理研究,包括发起成立行业组织、成立伦理部门、提出人工智能伦理原则。

新兴伦理层面已经取得了一些进展。2019 年 5 月,经济合作与发展组织(Organization for Economic Cooperation and Development,OECD)成员国批准了人工智能原则即《负责任地管理可信赖的 AI 的原则》。该伦理原则总共有五项,包括包容性增长,可持续发展和福祉,以人为本的价值和公平,透明性和可解释,稳健性和安全可靠,以及责任。2019 年 6 月,G20 批准了以人为本的 AI 原则,主要内容来源于 OECD 人工智能原则,相当于为 OECD 人工智能原则背书。这是首个由各国政府签署的 AI 原则,有望成为今后的国际标准,旨在以兼具实用性和灵活性的标准及敏捷灵活的治理方式推动人工智能发展。欧盟在 2019 年 4 月发布了《可信 AI 伦理指南》(*Ethics Guidelines for Trustworthy AI*),提出了可信 AI 框架,包含三个层次。

- 一是可信 AI 的根基,从基本权利(尊重人类尊严,个体自由,尊重民主、正义和法治,平等、非歧视和团结,公民权利)出发,提出 AI 必须遵循的 5 个伦理原则,即 AI 必须尊重人类自主性、必须防止造成损害或者不利地影响人类、必须确保公平、必须透明(针对 AI 的能力和目的)、必须可解释(针对 AI 作出的决定)。

- 二是可信 AI 的实现,从 8 项关键要求来衡量 AI 是否可信,即人类能动性和监督,技术稳健性和安全(包括安全能经受攻击、后备计划和一般安全、准确性、可靠性、再生性),隐私和数据治理(包括尊重隐私、数据质量和完整、数据访问),透明性(包括可追溯、可解释、信息透明),多元化、非歧视和公平(包括避免不公平的偏见、普遍可用的设计、利益攸关方的参与),社会和环境福祉,问责(包括可审计、负面影响最小化及报告、权衡和救济)。

- 三是可信 AI 的评估,基于前述 8 项关键要求,《伦理指南》提出了试点性的可信 AI 评估清单。评估清单的目的在于为具体落实这些关键要求提供指引,帮助企业或组织内不同层级如管理层、法务部门、研发部门、质量控制部门、HR、采购、日常运营等共同确保实现可信 AI。

总结起来,可以发现,全球所有的 AI 伦理政策、倡议、标准,基本上将 AI 伦理观分解为三大类:"可持续发展"类覆盖保护环境、保护和平、包容共享、开放协作、社会认知、敏捷治理等发展性原则。"以人为本"类覆盖保护人权、保护隐私、人类可控、公平无歧视、造福人类等人文关怀原则。"技术可控"类覆盖可验证、可审查、合法性、可信任、可解释、安全可靠、公开透明、负责任等技术责任原则。

在新的发展阶段,新的 AI 伦理应探索技术、个人、社会三者之间的平衡。就 AI 技术自身而言,AI 需要价值引导,应做到可用、可靠、可知、可控,从而让人们可以信任 AI,让 AI 可以为个人和社会创造价值。就 AI 与个人之关系而言,幸福是人生的终极目的,需要构建和谐的人机关系,保障个人的数字福祉和幸福工作权利,实现智能社会人机共生,让个体更自由、智慧、幸福地生活和发展。就 AI 与社会之关系而言,AI 可以成为一股"向善的力量",发挥出巨大的向善潜力,应当鼓励社会各界践行"科技向善",助力经济社会健康包容、可持续发展。

6.3.3 可持续的采购造福社会和环境

可持续的采购,也被称为供应链责任,是指企业在管理与供应商的关系时,考虑社会和环境因素后所作出的一种自愿承诺。目前,这一策略已成为供应链有效管理不可分割的一部分。随着生产链的扩大,各种规模和行业的企业都在将更多精力投入管理供应链风险和建立长期供应商关系之中。提高生产链中的社会及环境绩效,正是这一进程的重要组成部分。经验表明,一位供应商造成的一件负面事件可能会导致大幅度的负面效应,严重损害企业声誉和品牌形象。因此,越来越多的企业开始开展并推广负责任采购的做法。可持续的采购可以帮助组织利用其购买力产生超出所采购商品、服务价值的社会价值,从而造福社会和环境,如图6-13所示。

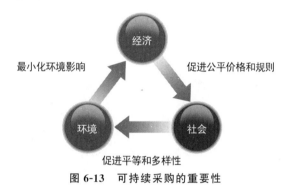

图6-13 可持续采购的重要性

可持续的采购可以帮助企业降低供应链风险。许多企业在全球各地拥有数以千计的供应商,尽管企业可以不因其供应商的不妥当行为而被追究责任,但是其采购活动有可能成为足以影响和监督其供应商的行为杠杆,例如工作条件、对劳工权利的尊重和环境保护等。如果某个品牌被指控与不道德的供应商合作,那么近一半(45%)的美国消费者将永远不会再购买这个品牌。对于许多企业来说,努力提高供应链内的社会和环境水平已成为其对企业责任承诺的一个自然延伸,进而成为了企业整体商业模式的一部分。

可持续的采购会带来多元化。多元化业务是大企业供应商网络的重要组成部分,在为世界各地的平等和繁荣作出贡献方面发挥着至关重要的作用。这里的多元化业务是指与按性别、种族、残疾和其他特征等定义的少数族裔企业开展业务。与这些供应商合作,使企业能够以改变生活的方式使用其日常采购支出,在为弱势妇女创造就业机会、消除浪费、增强生物多样性等方面发挥积极作用。可持续的业务领导者需要确保所有相关的潜在供应商都有在其供应链中完成业务的公平和平等的机会。数字化组织能够定义和衡量对当地社区的影响,为弱势群体提供公平的竞争环境,并通过纳入少数族裔拥有的多元化供应商和社会企业重新定义商业模式。同时还创建一个多样化且因此更具灵活性和弹性的供应链。多样化的供应链提供了从小型和少数股权供应商那里获得独特市场洞察力的途径,提供了更广阔的视野,有助于将创新理念推向市场。

有效的供应链管理能够为企业建立竞争优势。当企业将不同的供应商(例如社会企业,多元化企业,公平贸易组织,环境可持续发展的企业,小型企业,促进经济公平、社会影响和环境可持续发展的供应商等)纳入其供应链时,将为创新、成本节约和社会影响开辟新途径——特别是大量外包生产的行业,譬如服装、鞋类、电子产品或食品行业。消费者越来越希望自己购买商品的企业表现出对社会和环境责任有所担当,希望其对采购和供应链计划保持透明。因此,企业有潜力将购买的巨大力量作为一种工具,来建立更具弹性和盈利能力的企业,同时成为跨社区和环境造福的力量。

制定可持续采购的目标和政策,并就此与整个供应链中的利益相关者进行沟通,可以提高企业在可持续发展方面的影响力。例如,与内部客户及外部供应商开展合作,开发可持续的产品设计与规格,使用更少的、可循环的、节能的、低碳排放的及其他的"绿色"原材料,减少产品包装或开发可回收的包装,将需要填埋的废物降到最少,并有助于考虑全生命周期成本及其对采购的意义(如资产在使用寿命结束之后的回收利用或弃置)。此外,企业也可以利用自身的采购影响力,提高逆向物流(产品退回)能力,以支持产品的回收利用或弃置,或者制订运输与物流计划,降低运输物流对社会和环境的影响(例如交通拥堵、噪声、燃油使用和排放等)。

6.4 社会责任的数字化解决方案

6.4.1 在企业中践行社会责任的数字化路线

无疑,履行社会责任能够给企业带来众多的好处,如更好的品牌认知度、良好的公共关系、积极的商业机会、高满意度的客户、吸引和留住投资者、提高员工工作绩效、提升工作环境、提高行业影响力、差异化的竞争优势、节约能源和其他成本等。从资源的角度分析可知,在众多益处背后,企业成本、企业市场和企业品牌是与社会责任最紧密相关的战略性资源。在数字技术的支持下,企业通过统一的数字平台和应用,将社会责任从浅入深、从易到难融入日常业务运营,实现数据透明可视,从而对企业的风险及成本、业务市场和品牌影响产生正向激励,为企业带来新的竞争优势。

履行社会责任,满足合规要求,可以帮助企业降低风险和生产运营成本。企业的生产和经营对环境和社会的潜在影响应被企业纳入成本考量中,遵守道德采购和劳动力管理的政策和法规可以全面降低企业风险。一味追求利润的短视投机和不计外部成本的企业行为,不仅会对社会造成极大的危害,而且会导致众多企业走向破产和落败,使无数企业员工、供应商、客户及利益相关方损失惨重。全面的风险管控和履行社会责任对于企业来说,是一项极其重要的工作。可持续发展需要企业从源头上把控生产经营风险,高度关注环境与社会责任并有重点地进行投入。

- 首先,从事高风险和高污染生产的企业应注重事故防范,对存在的环境污染全面测评与管理,积极维护公共卫生与健康,这样才有助于减少公众对企业高污染项目的敏感度和反感度。
- 其次,履行社会责任还包括切实维护劳工权益,降低生产作业中的事故风险,对员工进行培训、再培训和教育,以解决技能差距,促进敬业度和生产力。
- 最后,社会责任通过全面的监控和早期检测机制降低欺诈风险,保障业务向前发展。

社会责任需要根植在企业的基因里,纳入企业战略、文化和制度建设中,践行于企业生产经营的各个环节,从而使企业进入良性循环的健康持续发展轨道。图 6-14 展示了将社会责任嵌入企业的三个发展阶段,它也是指导企业进行相关数字化建设方面的路线指南。

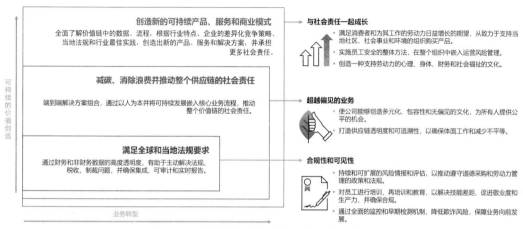

图 6-14 企业社会责任的数字化三阶段战略

履行社会责任,可以帮助企业发现新的商机和市场,发现商业蓝海,创造可持续价值。社会责任一旦被企业真正地整合到经营管理中,将极大地激发企业的创造力,推动其研发既顺应社会发展趋势又满足大众消费需求的创新产品,绿色食品、有机农业、电动汽车都是最好的例子。还有更多的低碳产品、可回收利用产品、节能产品等将会涌现出来。履行社会责任可以帮助企业创造多元化、包容性和无偏见的文化,为所有人提供公平的机会。以解决社会问题为导向和目的的"社会企业"和相关的创新产品将逐步引领市场。更多的发明将聚焦"金字塔低端的人群"的消费需求。企业在践行社会责任的过程中,将会重新思考与设计企业的生产与经营模式,找到新的商业模型,并且进入新的产品领域,生产出更多符合环境与社会需求的新产品。一方面发现商业蓝海,获得更大商业价值;另一方面为应对和解决某些世界性的问题与挑战作出积极贡献。这些也正是为什么要将可持续发展与数字化转型结合起来的重要原因。研究发现,在道琼斯全球指数(DJGI)最大的 2500 家企业中,由可持续发展方面表现最好的 5% 的企业组成的道琼斯可持续发展指数(DJSGI)的投资回报要高于道琼斯全球指数。在一份为期 5 年的对比研究中,道琼斯可持续发展指数比道琼斯全球指数的表现平均高出 36.1%,道琼斯可持续发展指数中的能源企业比道琼斯全球指数中的同类企业表现平均高出 45.3%。因此,社会责任投资(SRI)在西方社会已经成为一种潮流。

履行社会责任可以让企业自身与社会共同成长。随着消费者日益成熟,其对企业产品和服务提出更高的要求,希望知道自己使用的产品和服务是否安全,是否是通过负责任的方式生产出来的。人们在追求物美价廉的同时,越来越多地关注产品背后的生产流程。企业的价值观是否长远惠民、企业生产是否以牺牲环境为代价等问题正逐步走入消费者的视线。成熟的消费者会逐步突破价格至上的壁垒,愿意花更多钱购买那些质量有保障、安全可靠和以公众价值为导向的产品,例如一些经过国际认证体系认证的环保节能产品、有机食品等。虽然企业生产和制造这类产品的成本会有所提高,但是其高附加值和信誉保障可以提高消费者的信任感和认可度,因此,履行社会责任对企业来说绝不是负担,而是一种新的赢利方式。以社会责任为出发点,企业不断深入创新研发,获得的是加倍的经济回报和品牌价值,因此,社会责任不再是一种经营成本,而是企业实现长期可持续增长的新途径。企业社会责任的实践可以长期推动企业利润的增长。它可以促进消费者对企业的认知度加深和对其产品的信任感提升,从而带动产品市场份额的提升,实现企业利润的可持续增长。企业承担社会责任,一方面将创造一种支持劳动力的心理、身体、财务和社会福祉的文化,不断提升企业品牌影响力;另一方面会在整个组织中嵌入运营风险管理,增强企业抵御风险和应对问题的能力,在危机时刻帮助企业渡过难关,为长期的可持续发展保驾护航。在当今数字化的时代,这一切的实现都离不开数字化技术的支持。在社会责任的驱动下,企业的数字化转型将获得更大的舞台和空间。

6.4.2　社会责任的数字化解决方案构成

社会责任的数字化解决方案,目标是基于数字技术,支持符合道德规范和具有社会责任感的可持续业务实践,助力打造多元、平等和包容的价值链,它将有助于实现以下四个目标。

- 多元、平等和包容:推动建设相关企业文化,充分释放个人、团队和企业的潜能。
- 健康和幸福感:关爱员工健康,构建关爱文化,成为卓越运营企业。
- 高技能员工:为所有员工提供学习技能的机会,帮助他们在数字化时代茁壮成长。
- 公益创业:公益创业和包容性创业是实现经济增长的基础,也是加强人道主义援助和推动生态环境保护的引擎。

以 SAP 为例,如第 2 章提到的企业可持续发展的三阶段战略所述,SAP 认为企业在社会责任领域的数字化路线也同样遵循相同的逻辑,如图 6-15 所示。

- 第一步,从最下层开始,确保在社会责任领域的合规力度,并对相关风险进行检测和预警。以德国在 2021 年出台的《德国供应链法》为例,企业必须确保在整个供应链中遵守人权法规。在欧洲层面,更严格的供应链法案也正在制定中,这将进一步推动采购透明度。
- 第二步,进一步推动社会责任,打造超越偏见的商业。在这样一个环境中,企业需要建立端到端的解决方案,使企业能够为员工创造多元化、包容性和无偏见的文化,并在整个采购过程中管理供应商的多元化。
- 第三步是将社会责任作为新商业模式的一部分。企业可以通过承担社会责任来实现增长,创造出与更公正、更可持续的具有一致性的产品和服务,并将社会责任作为差异化元素,为长期成功奠定基础。

如图 6-16 所示,SAP 从员工、供应商和社区三个角度,围绕组织治理、公平经营实践、健康与安全、人权、多元化/公平与包容、劳动实践等领域,为企业提供社会责任的数字化解决方案。这些解决方案可以分为四个大类。

第一类与员工安全、劳动法规和事故管理相关。SAP 主要提供了三种产品。

图 6-15　企业在社会责任领域的数字化建设三阶段

社会责任

"以有利于社会和保护人类的方式开展业务"
联合国全球契约

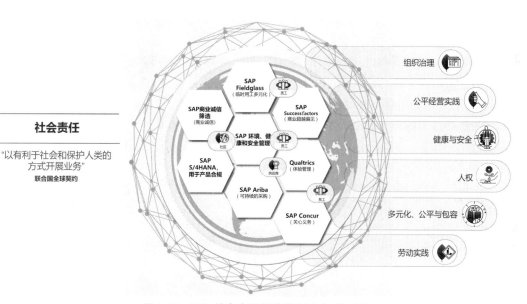

图 6-16　SAP 社会责任数字化解决方案一览

- SAP EHS 的事故管理：通过单一、统一的端到端流程，识别和处理各类危险，建立健全的企业安全文化，最大限度地降低运营风险。
- SAP EHS 的职业健康：建立资料库，跟踪员工的职业健康历史，推动基于风险的职业健康流程，并与中央人力资源数据进行集成。
- SAP Concur 的关心义务：履行关心义务，确保出差员工的安全，包括①在计划差旅或差旅中，为差旅者提供安全信息和安全选项；②掌握员工所处的地点，随时为员工提供服务；③为安保团队提供评估安全的机制。

第二类与员工多元化、包容性、公平性和归属感相关。SAP 主要提供了三种产品。

- SAP 员工体验管理软件（Qualtrics）——多元、平等、归属：系统可以从每一位员工的经历中获取连续的反馈，并采取正确的行动影响员工的敬业度、多元化、公平性和包容度（Diverse，Equitable and Inclusive，DE&I）。通过与 SAP 的人力资源软件 Successfactors 集成，可以实现对员工进行自动化的倾听，帮助员工分析和指导行动规划。

- SAP 人力资源软件 Successfactors——实现无偏见的人力资源业务：首先，在人力资源的整个生命周期中，减少决策过程中的无意识偏见。此外，提供能够影响关键人力资源决策和改变员工行为的分析指标和可操作的见解。最后，可以让所有员工都觉得自己是组织中的一员，受到重视。
- SAP 临时用工管理软件 Fieldglass——实现临时用工多元化：帮助保护所有临时员工的权利。这种支持是以用系统提供单一真实数据的方式来实现的。它提供了企业在进行临时工管理时所需要的可见性和控制，对合同和费率进行管理，降低用工风险，确保外部员工合规性，提高使用临时工的效率。

第三类与重塑终身学习和发展有关。SAP Successfactors 在学习模块中提供了社会责任内容库，有助于创建一种持续学习的文化，以灵活、开放的方式支持员工学习。这种学习方式已经在世界各地的组织中取得了验证。

第四类与供应商和产品的责任、透明度和风险有关。它可以满足企业在商品、服务、工程和公用事业方面的业务需求，在实现物有所值的基础上，满足可持续发展的公平原则，造福于跨越时间和地域的社会和环境。

在上面谈到的四类解决方案中，供应链的透明度和可追溯性对于确保体面工作、减少不平等至关重要。如图 6-17 所示，从 SAP 的角度来看，通过使用社会化采购的集成套件，可以帮助企业审视其供应商以及供应商的供应商和客户，这样每个人都可以清晰地看到谁做得好，谁保护了人类和地球，以及各自的影响力有多大。这种供应链透明度也满足法律合规的要求，正如前面提到的《德国供应链法》就包含了各种义务，例如需要进行风险

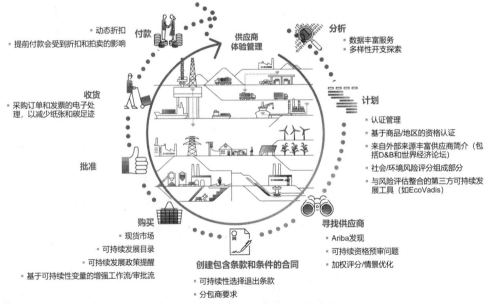

图 6-17　SAP 社会化采购的集成套件

分析并在发现违规行为时采取相应措施。SAP 的采购解决方案 Ariba 可以帮助企业发现和消除强迫劳动和童工,增加供应商多元化,并将社会企业纳入企业的供应链当中。

6.5 案例分析：Ternium——使用强大的健康和安全管理软件改进 ESG 模型，降低运营风险并提高效率

6.5.1 Ternium 公司背景介绍

Ternium 是墨西哥领先的平板钢生产商,为汽车制造、家用电器、暖通空调、建筑、设备制造、集装箱、食品和能源行业提供广泛的产品。企业拥有完整的生产设施、服务中心和分销网络,在阿根廷、巴西、哥伦比亚、美国、危地马拉和墨西哥设有 17 个生产中心,建立了 38 个服务配送中心,拥有 2 万名员工,年产 1240 万吨钢材产品。

Ternium 的愿景是成为美洲领先的钢铁公司,致力于客户发展、钢铁产品制造和人力资源管理等方面的卓越管理。企业通过高效、完全集成的生产系统,实现从铁矿石开采到高附加值的行业产品的全流程集成。企业的使命是通过高效的工业和技术基础以及全球商业网络,与客户一起创造价值,提高竞争力和生产效率。

6.5.2 Ternium 的可持续发展目标

Ternium 公司的价值主张是通过综合考虑股东、员工、客户和供应商以及社区利益,在可持续发展的基础上实现盈利运营。可持续发展是 Ternium 实现价值主张的重要基础。根据 SDGs,Ternium 制定了公司的 6 个可持续发展目标。

- 提升安全绩效：包括预防所有的工伤和职业病危害,保持零死亡记录,促进钢铁行业价值链的健康安全运营。
- 降低环境碳足迹：①计划 2030 年比 2018 年的二氧化碳排放降低 20%；②负责任地使用自然资源；③提升钢铁行业的健康和安全运营；④保护生物多样性。
- 挖掘员工的潜能：促进行业卓越的技术文化,在组织内实现机会平等的企业文化。
- 促进社区繁荣：支持教育,加强对附近社区的支持举措。
- 强化价值链可持续：增强钢铁产业的网络协作,帮助中小客户和供应商协同发展。
- 交付企业战略主张：专注于复杂钢铁产品,追求战略增长机会,增强竞争优势。

6.5.3 提升安全绩效是 Ternium 的重要目标

钢铁行业是一个高危行业,时时刻刻都应将安全管理放在首位,Ternium 将提升安全绩效列在可持续发展的首位。通过识别并减少运维风险、识别并纠正不安全的行为和场景、确保遵守安全法规、提高员工风险意识等手段来预防并消除所有因公导致的伤害,实现零死亡事故。同时,通过评估供应商的职业安全政策和绩效,提高员工不合规风险意识来促进钢铁行业价值链的健康安全运营。

为此,Ternium 投资 2.7 亿美元用于职业健康和安全的项目,主要实现以下举措。

- 制定 2025 年故障率降低 50% 的中期发展目标。

- 部署新的项目，使生产设施达到最严格的运营标准。
- 识别并消除关键过程中人员暴露于危险的情况。
- 通过关键控制验证识别和消除潜在风险。
- 通过管理团队领导的多个项目和活动促进安全文化。
- 通过有效沟通提高员工敬业度。
- 制订供应商行为准则。
- 制订安全供应商计划。
- 对第三方员工进行培训。
- 及时报告供应商的不合规问题。

为此，Ternium 投资了职业健康和安全（Occupational Health & Safety，OH&S）项目，管理职业健康和安全事务，确保所有伤害和与工作相关的疾病都可以而且必须预防。

Ternium 依赖企业职业健康安全政策以及当地和国家法律法规中规定的职业健康安全管理体系，定期审核其流程和程序，以寻找新的机会改进安全管理体系，并确保政策得到遵守。Ternium 的大多数炼钢和钢铁加工设施的职业健康安全管理体系均已由第三方认证机构根据国际标准认证。其采矿作业也已陆续接受认证。

6.5.4 Ternium 使用强大的健康和安全管理软件改进 ESG 模型

Ternium 致力于构建一个强大的 ESG 模式，以实现企业的职业健康和安全绩效作为首要战略任务，希望建立一套使用简单、符合行业标准的健康和安全系统。为了实现这一目标，Ternium 希望寻找能够与人力资源、运营管理软件集成的数字健康和安全管理的软件解决方案。

Ternium 首先在巴西公司建立试点，计划实施职业健康和安全的解决方案。其业务需求是用集成的解决方案，取代两个完全不同的系统，为员工建立统一的真实来源的数据，并通过采用正确的运营控制和实时 KPI 体系，减少健康和安全事故。

Ternium 选择 SAP 的 EHS 解决方案实现健康和安全管理，主要出于以下考虑。
- SAP 的 EHS 解决方案是成熟、集成的解决方案。
- 能够使用基于最佳实践的标准化流程，简化事故调查，记录根本原因，并在工作指令中自动通知、详细说明安全措施。
- 满足企业战略全球可持续发展计划中规定的既定标准。
- 能够通过与人力资源管理程序集成，创建一个员工数据源。

Ternium 在实施 SAP EHS 方案之后，实现了以下目标。
- 实时报告员工整体健康状况的趋势，帮助企业及早发现改进机会，并在必要时迅速采取行动。
- 根据个人防护服需求和设备的库存状况，制定优化策略，既提高员工的操作安全性，也减少不必要设备的库存。
- 简化维护员工健康和安全档案的工作，并根据各种条件自动分配任务，遵守要求并记录相关的活动。
- 使用该系统，管理超过 1940 名员工的安全防护设施，并能够为每一个员工的安全评估节约 20 分钟,极大地降低了安全评估和安全防护设施的工作量。
- 通过自动保存员工医疗证明的记录,节省了 1.2 万小时的数据输入时间,与 SAP 的工资管理流程系统集成,实现员工数据的单一、真实来源。
- 降低运营风险,并提高运营效率。

Ternium 巴西公司对其 ESG 模式寄予厚望,用 SAP EHS 集成解决方案取代其遗留的 IT 系统,支持其母公司在健康、安全和可持续性方面的目标——不仅在巴西,而且在全球。

为了使其业务需求与有价值的信息保持一致,Ternium Brazil 通过实施 SAP EHS,为集团试行了一种新的治理模式。与 SAP 工资处理应用程序的集成,使企业能够从同一个员工数据源中获益。

通过重新设计流程以支持信息的完整性和对利益相关者的可见性,该公司在短短七个月内建立了一个新的健康与安全卓越中心。该项目的一期设计侧重于健康和安全,包括调整法律和文化要求,以及协调其在巴西、墨西哥和阿根廷运营的治理模式。基于明确的路线图,项目二期将实现环境方案,支持集团在各地的持续改进举措。

第7章

通过全面指导和报告引领可持续发展

可持续发展是这个时代最大的经济机遇。但是,如果仅凭当前不连贯的、零散的方法和工具,全面、综合地实施可持续发展只能是一个梦想。本章讲述的内容——新型综合报告,意味着将环境和社会的影响与财务的影响充分整合,帮助企业作出将可持续发展和业务相结合的综合决策,引导企业实现长久可持续的业绩增长。打造新型综合报告的最终目标,是帮助企业建立可持续发展的决策与管理体系。

7.1 可持续发展领域衡量方式变革的必要性

7.1.1 衡量方式影响发展方式

世界银行前首席经济学家、2001年诺贝尔经济学奖得主约瑟夫·斯蒂格利茨(Joseph Stiglitz)曾提出"衡量方式影响发展方式"的论断。他认为,如果衡量方式不能反映大量的环境和社会成本效益,政策就无法在走出新冠病毒感染后支持创建具有包容性和可持续性的社会。斯蒂格利茨以宏观经济领域为例,说明传统的GDP指标不仅不能反映环境和社会因素的外部成本与效益,反而扭曲了当前的和预测的宏观数据信息,使得人们难以在后疫情时代作出正确决策。只有纳入环境、社会和企业治理因素的更优衡量体系,才能推动创建可持续性发展的经济和社会。

事实上,企业作为经济的微观载体,衡量其发展的方式,往往也反映和决定了企业能否真正实现可持续发展。当下,衡量企业可持续发展的方式,主要是满足外部ESG投资需求的可持续发展报告,它与企业日常的经营活动基本处于割裂状态,企业的财务报表与繁复的各类ESG报告之间难以协同。同时,大部分企业的可持续报告的基础工作仍处于"手工"和"应急"阶段,没有系统化的可靠数据作为支撑,难以将可持续理念真正落到管理层面,更不要提与业务的有机结合了。在这种情况下,企业很难真正将可持续发展落到实处。

造成这种现状的根本原因是没有出现适应生产力和生产关系要求的新型衡量方式。由于社会和环境福祉成为企业衡量成功的重要考虑因素,因此企业和资本市场很自然地会要求把可持续发展的指标纳入决策和报告的范围当中。这样做不仅能够加强与利益相关者的沟通,进一步获得其支持,更重要的是有利于将原本分散在各处的可持续发展活动整合起来,建立起这些活动与业务绩效之间的联系。领导者希望提高各种KPI的透明度以提高绩效,而投资者则要求提供有关 ESG 问题的详细信息,以便为自己的投资决策提供信息。

7.1.2 加速可持续发展报告的变革是当务之急

实现低碳、零浪费和公平的经济发展是我们这个时代共同的目标。为了实现这一目标,企业领导者必须将可持续发展纳入其核心战略。今天,衡量企业成功的标准不再仅仅是短期的财务数据,而是要从更长期的价值维度来衡量企业带来的经济、社会、环境等方面的综合绩效。市场会惩罚那些未能响应企业可持续发展迫切需求的企业。在一次对大型跨国公司 200 名高管进行的一项调查中,75% 的受访者表示,以可持续发展为核心的战略加上良好的执行,可以有效地提升企业的竞争优势。无论是投资界、消费者、监管机构,还是企业高层与员工,都不再认为仅仅获得强劲收入的企业是成功企业。尽管许多商业领袖将可持续发展绩效视为与监管合规相关的一项艰巨的任务,但它正在成为释放竞争和增长机会的战略要务。

目前,大多数企业并未将可持续性纳入其核心战略。通常,可持续发展战略是这些企业战略的"补充"。以牺牲可持续性绩效为代价来优先考虑利润,或以损害盈利能力为代价的可持续性,这两种做法都不可接受。可持续性必须根植于每一个主要的业务职能,贯穿其中,包括财务、人力资源管理、产品和服务设计、制造、供应链管理和客户体验管理,从而奠定企业的长期价值基础。

然而,目前使用的不连贯的零散方法和零星的工具,不能为企业提供全面、综合的可持续发展管理手段,无法带来系统化的竞争优势和增长机会。在全球范围内,企业领袖都热衷于为可持续发展面临的重大挑战和机遇寻找解决方案,他们迫切地希望获得有效的支撑,支持决策和指导行动,形成战略与行动之间的闭环。但是,根据 SAP Insights 的调研数据,近 70% 的 CEO 认为难以对价值链中的 ESG 数据进行衡量,无法解决战略与行动之间的鸿沟。实际上,长期以来,出于合规和对战略决策进行指导的目的,企业需要详细跟踪和报告业务绩效的各个方面。过去,这些都是以财务指标为核心而展开。今天,随着监管机构、投资者和消费者越来越关注社会和环境福祉,并寻求更环保、更有社会责任感的企业,企业开始思考其对地球、社会和环境造成的影响,而对影响进行衡量则是接下来付诸行动的第一步,如图 7-1 所示。企业的业绩不仅仅是财务。当两家企业提供相同的服务或产品并获得相似的利润时,如果甲企业比乙企业产生更多排放,或者发生更多侵犯人权的行为,则乙企业会被认为更成功。现在,越来越多的企业已意识到 ESG 影响下的透明度问题的重要性,但许多企业仍然在为众多的报告框架和缺乏适当的数据而苦苦挣扎。

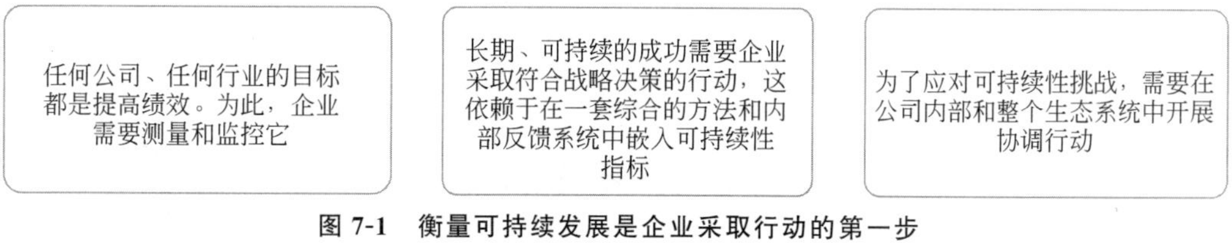

任何公司、任何行业的目标都是提高绩效。为此,企业需要测量和监控它	长期、可持续的成功需要企业采取符合战略决策的行动,这依赖于在一套综合的方法和内部反馈系统中嵌入可持续性指标	为了应对可持续性挑战,需要在公司内部和整个生态系统中开展协调行动

图 7-1 衡量可持续发展是企业采取行动的第一步

如图 7-1 所示,企业迫切地需要一种将可持续性纳入战略决策中的方法,迈向更加全面的、综合的报告的变革已成为必然要求。归根到底,企业不能仅仅将可持续性视为与监管合规相关的一种成本,更应该把它当作释放企业竞争力、取得增长机会的手段。建立全面的指导和报告机制是一种从高层推动可持续发展并将其纳入企业战略的手段。通过这种方式,企业可以获得长期的价值回报。

如今,一些企业已经开始自愿报告供应链透明度、碳足迹以及其他环境、社会和治理方面的问题。联合利华宣布从 2020 年开始报告所有供应商的碳足迹,奢侈品时尚控股公司开云集团开始通过对外报告来提高关键材料采购的透明度。喜爱咖啡的读者,可能会注意到星巴克开始提供很多的非乳制品选择,如大豆、杏仁、燕麦和椰奶,其中燕麦丝绒拿铁一度成为潮流。实际上,尽管这些选择都很美味,但是实际上它们的推出并不完全是对客户需求的回应。作为承诺 2030 年实现碳中和生产咖啡的巨头,星巴克在跟踪和报告其运营过程中温室气体的排放后,发现乳制品是其最大的单一二氧化碳来源,占到五分之一以上(有趣的是,咖啡本身仅占 11%)。于是,星巴克决定加大植物性替代品,这也正是燕麦拿铁的由来。随着越来越多的监管机构开始要求企业报告其如何推进 ESG 的积极影响和减轻负面影响,类似星巴克采取的这些产品改进措施已经成为必要的手段,带动了企业对外发布报告的步伐不断加快。但是,如何解决报告与业务和投资之间的脱节问题,如何让报告更好地指导业务发展,从而真正将可持续性纳入战略,纳入业务,始终是企业界追求的方向。在这种背景下,加速企业报告的变革成为当务之急。

7.2 ESG 生态发展现状与趋势

7.2.1 ESG 的定义和内涵

环境、社会和治理(Environmental,Social and Governance,ESG),既是一种可持续发展的理念,也是投资和评价企业的标准与工具。2004 年,联合国全球契约组织(UNGC)首次提出了 ESG 概念。广义上,ESG 是一种兼顾经济、环境、社会和治理效益的可持续协调发展的价值观,是一种追求长期价值增长的投资理念。狭义上,ESG 是企业履行环境、社会以及治理责任的核心框架,是企业评估环境、社会和治理风险的评估体系。从投资角度来说,ESG 是关注环境、社会和治理等非财务绩效的企业价值与风险的系统方法论。ESG 作为一种工具或方法,不仅可以赋能企业探索长期可持续发展,而且可以指导资本进行可持续投资,以获取长时间维度的正向收益,如表 7-1 所示。

表 7-1 ESG 包含的三个议题及具体内容

议题	分析角度	分析内容
E-环境	从企业发展角度:践行环境责任	企业应当践行环境责任、提升生产经营中的环境绩效,降低单位产出带来的环境成本
	从投资角度:衡量环境绩效	企业是否建构符合现有规范的环境管理制度、是否关注未来环境及生态影响等。它包括了环境或资源要素的投入和产出两个方面。前者主要涵盖能源、水等资源的投入;后者主要包括温室气体、废弃物的排放,资源消耗,废弃物污染、处理与回收,沙漠化率,生物多样性等

续表

议 题	分析角度	分析内容
S-社会	从企业发展角度：践行社会责任	企业应当坚持更高的商业伦理、社会伦理和法律标准，重视与外部社会之间的内在联系，包括人权、相关方利益以及行业生态改进
	从投资角度：衡量社会绩效	衡量企业在对外领导力、员工、客户和社区等方面表现如何，主要包括产业扶贫、乡村振兴、员工福利、客户满意度、性别平等等。企业履行社会责任是助推企业可持续发展的关键一环。社会责任强调企业在追求利润最大化的同时也要对消费者、员工、股东、产业链和企业所在社区等利益相关者承担责任
G-治理	从企业发展角度：践行治理责任	企业应当完善现代企业制度，围绕受托责任，合理分配股东、董事会、管理层权力，形成从发展战略到具体行动的科学管理制度体系
	从投资角度：衡量治理绩效	衡量企业在所有权治理结构、董事会结构、透明度、独立性、管理层薪酬和股东权益等方面表现的主要因素有：董事会的组成、高管薪酬、腐败与贿赂、违规罚款、负面新闻、信息披露、投资者关系管理等。企业治理对企业至关重要，与环境和社会方面相比，治理绩效对企业的财务绩效影响最大

ESG与可持续发展、企业社会责任等概念有着千丝万缕的联系。而从概念辨析中，我们能更好地理解ESG不但是指导企业发展的一种理念，也是一种工具的原因。图7-2给出了ESG与一系列相关概念的辨析。

- "可持续发展"与ESG。可持续发展是一种发展模式，包含经济可持续发展、社会可持续发展和环境可持续发展三个方面。世界环境与发展委员会在《我们共同的未来》报告中，将可持续发展定义为："既能满足当代人的需要，又不对后代人满足其需要的能力构成危害的发展。"2015年，联合国可持续发展峰会提出的可持续发展目标（SDGs）是全球实现可持续发展的阶段性目标计划，旨在从2015年到2030年间以综合方式彻底解决社会、经济和环境三个维度的发展问题，转向可持续发展道路。SDGs与ESG一样，都是指导企业实现可持续发展的一种工具或方法，两者框架虽然有差别，但均已充分融入了可持续发展的理念。从使用者上看，SDGs的使用者范围更广，包括国家、政府、企业、社会组织、公民，且针对不同使用者有不同的要求，而使用ESG的主要为企业。

- "企业社会责任"与ESG。企业社会责任（CSR），是指企业在自愿的基础上，把对社会和环境的影响整合到企业运营以及与利益相关方的互动过程中。"企业社会责任"与ESG的含义在实践上比较贴近，是ESG实践的前身。与ESG相比，CSR更多地是指一种企业发展理念或价值导向，与投资策略关系较弱。通常，对企业报告披露来说CSR报告更偏定性化，ESG报告更偏定量化。

- "绿色金融"与ESG。按照经济合作与发展组织的定义，绿色金融是为"实现经济增长，同时减少污染和温室气体排放，最大限度地减少浪费，提高自然资源的使用效率"而提供的金融服务。绿色金融属于环境可持续发展的一种工具。绿色金融和ESG是有交集的，其交集主要集中在ESG投资和社会责任投资这两方面。绿色金融的重点在于"绿色",也就是更注重 ESG 中"E"的部分,因此 ESG 投资延伸并丰富了绿色金融或者绿色投资的理念。

- "社会责任投资"与 ESG。社会责任投资(Socially Responsible Investment,SRI)是 ESG 投资的前身,是一种根据广泛的社会道德准则(如宗教原则、社会观念、政治信仰等)来筛选投资标的的投资方式,投资主题包括:社会平等、人权保护、反恐怖主义和环境保护等。与 ESG 投资相比,SRI 尚未形成共识性的标准框架和清晰的评估方法,在指导投资时不够灵活。

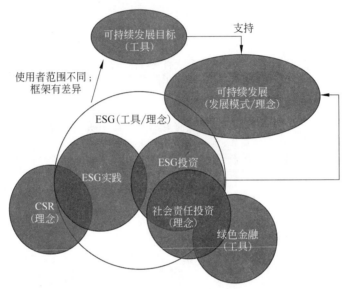

图 7-2　ESG 相关概念辨析

7.2.2　ESG 的发展历程和生态圈构成

ESG 理念首先在投资领域兴起,随后通过 ESG 投资延伸到对企业 ESG 信息披露的要求,以及通过可持续发展动员企业走向 ESG 实践。具体来看,全球 ESG 发展分为三个阶段,如图 7-3 所示。

第一阶段是孕育阶段(自 16 世纪起)。自 16 世纪兴起的伦理投资(Ethical Investment)可以看作是 ESG 理念的萌芽。伦理投资是指因教规等自律规则将某些行业排除在资产组合之外,如不得从武器、烟草、奴隶贸易中获利。例如 16 世纪的贵格会(Quakers)教派,信仰人权平等和反对暴力战争,同时也把这些标准用来规范投资行为。

第二阶段是发展阶段(20 世纪 60 年代起)。20 世纪 60—70 年代兴起的"社会责任投资"、20 世纪 70—80 年代"可持续发展"的观念与"环境保护投资"的实践是现代 ESG 理念的雏形。20 世纪 60 年代,越南战争、南非种族隔离事件发生,反战抗议、人权活动、环保活动、反种族隔离运动开始兴起,一些投资者开始通过投资行为来表达自己与这些运动相一致的价值观和诉求,逐渐演变成为结合社会责任、伦理、环境行为等价值观导向的投资策略,这是社会责任投资阶段。20 世纪 90 年代,则又进入了结合价值驱动、风险和收益为导向的现代社会责任投资阶段。1987 年,联合国明确了"可持续发展"的定义,社会责

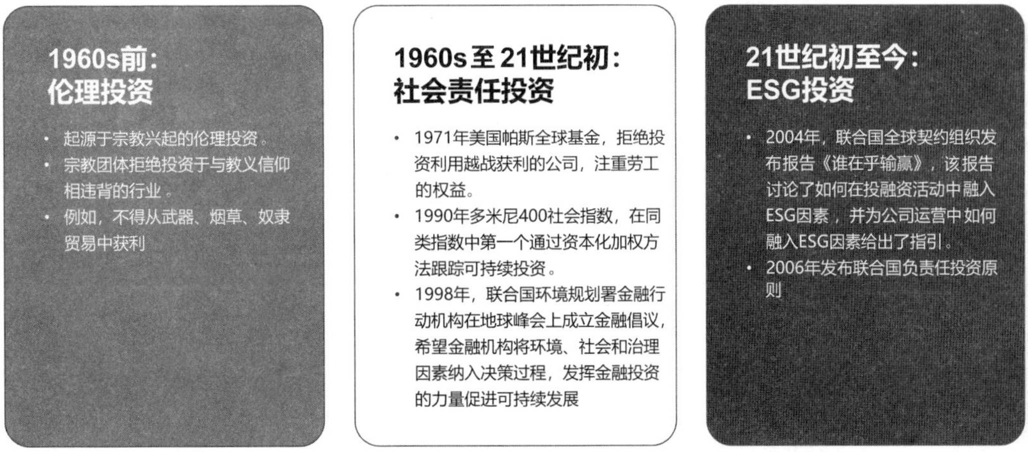

1960s前：伦理投资

- 起源于宗教兴起的伦理投资。
- 宗教团体拒绝投资于与教义信仰相违背的行业。
- 例如，不得从武器、烟草、奴隶贸易中获利

1960s至21世纪初：社会责任投资

- 1971年美国帕斯全球基金，拒绝投资利用越战获利的公司，注重劳工的权益。
- 1990年多米尼400社会指数，在同类指数中第一个通过资本化加权方法跟踪可持续投资。
- 1998年，联合国环境规划署金融行动机构在地球峰会上成立金融倡议，希望金融机构将环境、社会和治理因素纳入决策过程，发挥金融投资的力量促进可持续发展

21世纪初至今：ESG投资

- 2004年，联合国全球契约组织发布报告《谁在乎输赢》，该报告讨论了如何在投融资活动中融入ESG因素，并为公司运营中如何融入ESG因素给出了指引。
- 2006年发布联合国负责任投资原则

图 7-3　ESG 投资理念发展的演变

任投资以追求投资收益为目的，将环境、社会、企业治理纳入决策过程，采用负向筛查、可持续性发展主题、积极股东主义等投资策略。可持续发展指数如摩根士丹利国际资本指数、多米尼 400 社会责任指数等的发布，将投资者的关注点引向重视环境保护、践行社会责任、提升治理能力的投资对象。同期，全球报告倡议组织（GRI）成立，这是首个为企业的可持续发展报告制定标准体系的第三方组织。

第三阶段是成熟阶段（21 世纪至今）。ESG 概念诞生于 2004 年，随后快速发展，同时从区域性发展阶段过渡到全球化合作阶段。在该阶段，联合国对 ESG 理念的推动起到了重要作用。2004 年，联合国全球契约组织首次提出 ESG 概念，并自此逐渐发展成为世界上最大的推进企业社会责任和可持续发展的国际组织。2006 年，联合国负责任投资原则组织（UNPRI）提出负责任投资原则（Principles of Responsible Investments，PRI）和 ESG 评价体系，帮助投资者理解环境、社会责任和企业治理对投资价值的影响，推动投资机构在决策中纳入 ESG 原则，并在全球范围内践行至今。2019 年，全球已有超过 2300 家投资机构建立了与联合国负责任投资原则组织的合作伙伴关系，总资产规模近 80 万亿美元，参与者包括全球知名金融投资机构，如贝莱德、英仕曼、欧洲安联保险公司等。2015 年 SDGs 提出之后，ESG 开始得到快速发展。根据 PRI 数据，2000 年之后制定的 ESG 政策数量占比达到 96%，政府部门、国际组织以及金融机构持续推动 ESG 理念发展和原则完善，包括制定相关披露标准、评价标准以及金融产品，ESG 理念逐步走向成熟。越来越多的企业开展 ESG 实践，ESG 投资规模也逐步扩大。

时至今日，围绕 ESG 已经形成了一个闭环的生态圈结构。完整的 ESG 生态圈包括实体企业、投资方、监管机构、国际组织、评级机构以及数据服务商、咨询服务商、指数公司、资管机构等，如表 7-2 所示。每个参与主体通过对应的 ESG 活动或 ESG 产品（例如 ESG 信息披露、ESG 评价评级、ESG 研究咨询、ESG 投资产品等）相互影响、相互衔接。监管主体制定政策，国际组织制定标准；企业积极践行 ESG 战略，并在咨询机构的服务下提供良好的 ESG 信息披露；数据服务商对 ESG 信息进行整合再提供给评级机构、资管机构和投资方；评级机构对企业 ESG 绩效进行评级。随着市场、资本对 ESG 理念认同的加

强,评级结果将影响 ESG 产品策略以及投资者决策,投资者决策又会反过来影响企业 ESG 实践,进而影响投资收益,呈现出一种闭环的结构。

表 7-2　ESG 生态圈参与者

参与者	描述
实体企业	包括各行各业的企业,随着各类监管政策趋严和环保标准提高,践行 ESG 有助于企业达成以下目标:①对外降低违规成本,推进转型发展,防范金融风险,并形成良好的社会声誉与公众形象;②对内降低舞弊、腐败、内控缺失等企业治理风险,促进企业可持续发展,拓展长期盈利空间
投资方	指资金方或资产所有人,譬如退休基金、保险公司、散户投资人等,通过直接投资金融中介机构开发的 ESG 金融产品或构建自由的 ESG 投资策略进行 ESG 投资实践
政府部门、交易所	政府部门(包括监管机构)及交易所等在 ESG 投资与 ESG 实践中确定 ESG 目标并加强政策引导,明确各主体的责任,完善市场基础建设,推动 ESG 市场各主体向共同目标迈进
国际组织	不论是政府间还是非政府间的国际组织,一般旨在倡导 ESG 理念,助力 ESG 发展,为 ESG 信息披露、ESG 投资制定第三方框架、标准或原则
ESG 咨询服务商	即 ESG 咨询服务第三方机构,主要为 ESG 实践提供服务,例如 ESG 报告与鉴证、可持续发展和 ESG 战略与运营、ESG 风险分析与管控、协助企业提升 ESG 评级、提高 ESG 绩效水平等
ESG 数据服务商	对 ESG 原始数据和信息进行抓取、整合、处理,为投资方、金融中介、评级机构、直属企业提供所需的底层 ESG 数据信息产品,缓解投资者与被投资者之间信息不对称的问题
ESG 评级机构	对某企业践行 ESG 过程中所披露的信息及表现打分评级,提供指数公司、金融中介、投资方决策依据和两化支持,缓解投资者与被投资者之间信息不对称的问题
ESG 指数公司	通过构建 ESG 评价体系来开发 ESG 指数产品,推动 ESG 投资实践
ESG 金融中介	主要指资产管理人,其中包括银行、资管公司、基金公司等,他们会进行 ESG 投研分析并设计 ESG 基金、ETF 等产品,推动 ESG 投资实践

根据使用主体的不同,ESG 生态圈的核心体系可分为 ESG 监管、ESG 信息披露、ESG 投资、ESG 评级等。在 ESG 理念的框架下,E、S 和 G 分别使用了多个评价指标,且披露、评价和投资过程相互衔接。从国内外 ESG 体系的内容看,环境领域多涉及企业的资源消费和处理、废物管理及绿色发展等内容;社会领域多涉及企业员工、股东、产品和消费者、企业信用及安全等内容;治理方面多涉及企业治理、风险管理和外部监督等内容。在此基础上,披露、评价和投资过程有机衔接,完整地展示了企业在 ESG 各方面的表现,并最终体现在资本市场价格中。

7.2.3　ESG 信息披露与监管环境

由于 ESG 信息披露从宏观上能够较好解释环境社会等外部因素如何推动可持续发展,从产业层面可以满足上下游利益相关者的关切,从企业层面可以帮助识别新的收入来源、降低成本并吸引投资者,因此得到了国际组织、政府机构、商业机构和企业的普遍认可。据气候披露标准委员会(Climate Disclosure Standards Board,CDSB)称,过去25年来,不同国家或超国家实体陆续推出了1000多种信息披露报告要求、指引和支持文件。

从一开始,国际信息披露框架就是由自愿性非政府组织推动的,可以被认定为环境监管的前身。ESG信息披露可以追溯到30多年之前,以1997年全球报告倡议组织(GRI)标准开启的自愿性、跨行业、非政府ESG相关报告倡议的发展为线索。此后陆陆续续出现了许多旗鼓相当的标准和框架,例如可持续会计准则委员会(Sustainability Accounting Standards Board,SASB)标准和CDSB框架。2015年,联合国以可持续发展目标(SDGs)的形式采纳了ESG标准,这些目标构成了联合国决议《2030年可持续发展议程》的基础。随后,联合国通过了与"可持续发展目标13:气候行动"相关的《巴黎协定》。2017年,在首个GRI标准发布后的20年,G20金融稳定委员会与业界牵头的气候相关财务信息披露工作组(Task Force on Climate-related Financial Disclosures,TCFD)发布了有关气候相关金融报告的自发性建议。上述自发性的框架构成了ESG目前的框架,为企业、投资者及政府应如何就可持续性问题进行沟通和报告提供了具有竞争力的自发标准,并简要阐释了一些重大问题。在过去十多年中,这些自发性的举措得到了一系列商业补充,其中包括多种ESG标准、评分和方法,能够满足投资者对ESG配套产品不断增长的需求。

与此同时,国家监管也随之发展,相关政策数量呈指数级增长。在国际上,ESG体系最初源自公众的自发运动和非营利组织的推广,随后联合国等国际影响较大的组织开始构建ESG相关原则和框架,并推动各国交易所采用ESG披露标准。逐渐地,全球不同司法管辖区开始实施一系列政府推动的ESG措施。一项研究表明,ESG的监管措施也随之呈指数级增长,近年来出现了数千项与ESG相关的法规。政策制定者对于企业ESG管理要求不断更新调整。调整的主要趋势有两个方面:一方面新增披露指标要求,拓宽信息披露的广度;二是强化披露要求,上升至"不遵守就解释"的层面,不断推动企业提高披露质量。如图7-4所示,据联合国负责任投资原则组织统计,全球ESG相关法规数量增长明显,2020年已经达到500多条,其中仅在2019年就增加或修订了80余条政策。

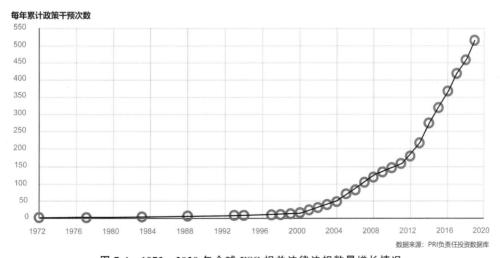

图7-4 1972—2020年全球ESG相关法律法规数量增长情况

目前,国际上ESG信息披露体系主要由国际组织和政府机构牵头,从自愿披露逐渐走向强制披露。如表 7-3 所示,主流的信息披露框架包括:全球报告倡议组织(GRI)、碳披露项目(CDP)、可持续会计准则委员会(SASB)、气候相关财务信息披露工作组(TCFD)等。其中,全球报告倡议组织(GRI)发布的《可持续发展报告指南》是全球使用率最高的信息披露标准。据毕马威统计,2020 年,N100(全球 52 个国家和地区收入排名前 100 的企业,共 5200 家)中 67% 和 G250(全球收入最高的 250 家企业构成的样本,以 2019《财富》世界 500 强榜单为准)中 73% 的企业都采用了 GRI 报告框架和标准,其中使用 GRI 报告框架和标准的 N100 有 95% 都使用了最新的 GRI 标准。

表 7-3　ESG 信息披露框架

准则	相关机构
联合国负责任投资原则(PRI)	联合国负责任投资原则组织(UNPRI) 联合国环境规划署金融倡议组织(UNEPFI) 联合国全球契约组织(UNGC)
可持续发展报告指南	全球报告倡议组织(GRI)
ISO 26000 社会责任指引	国际标准化组织(ISO)
企业治理指引	经济合作与发展组织(OECD)
相关会计准则	可持续发展会计准则委员会(SASB)

中国的信息披露框架的形成以政府引导为主,这为监管升级创造了较好的基础。如表 7-4 所示,中国的 ESG 监管政策相对欧美起步较晚,但整体监管环境在不断建设和提升,逐步规范和细化企业强制披露信息内容,提升 ESG 信息披露质量。2006—2008 年,深交所、上交所先后发布了《上市公司社会责任指引》和《上市公司环境信息披露指引》,明确要求上市公司应当对国家和社会的全面发展、自然资源、环境等承担必要责任,开启了国内对 ESG 投资的监管规范序幕。2012 年,在国资委要求下,所有央企均需按要求发布企业社会责任报告。2012 年 8 月,香港证交所首次发布了《环境、社会及管治报告指引》,允许上市公司自愿披露 ESG 信息。2018 年,内地市场基于《关于构建绿色金融体系的指导意见》的"不遵守就解释"原则,将环境披露要求延伸到所有上市公司。

表 7-4　美国、欧盟和中国香港上市企业 ESG 强制披露情况对比

地区	披露形式	披露政策	披露标准	披露目的	作用和意义	现有不足
美国	强制	所有上市公司必须披露环境问题对公司财务的影响	GRI、SASB、ISO26000、Nasdaq、TCFD、UNGC、IIRC、GISR	加大对上市公司环境和责任问题的监管	商业化到可持续发展化的转变	目标设定自我约束不足,信息质量有待考证

续表

地区	披露形式	披露政策	披露标准	披露目的	作用和意义	现有不足
欧盟	强制+自愿	污染严重的企业强制披露，其他企业自愿披露	GRI、ISO16000、SASB、Integrated Report、TCFD、UNGC	降低因疏忽环境、社会等要素带来的投资风险	加速了ESG投资在欧洲资本市场的成熟	成员国相互缺乏相关监管条例；披露标准不一；第三方鉴证缺失
中国香港	强制	上市公司按照《环境、社会及管制报告指引》进行ESG披露，部分指标不披露就解释	《环境、社会及管治报告指引》、GRI	为资本市场提供真实、客观、有效、可比较的企业ESG信息，为投资机构提供参考借鉴	实现企业价值增长方式的转变以及长期可持续发展	披露信息第三方鉴证严重缺失；大部分公司没有ESG管理策略和架构，信息披露缺乏灵活性

在碳中和背景下，中国ESG监管正处于持续加强阶段，将逐步接轨国际ESG强制监管规范。2020年3月，国务院办公厅印发了《关于构建现代环境治理体系的指导意见》，提出了建立上市公司和发债企业强制性环境治理信息披露制度。2020年5月，中国人民银行联合发展改革委、证监会等部门发布《关于印发〈绿色债券支持项目目录（2020年版）〉的通知》，统一中国绿色债券标准，同时删除了化石能源等相关项目，进一步与国际相关标准接轨。2020年3月1日起施行的新《证券法》，新增了信息披露和投资者保护专章，为上市公司在ESG重大信息披露的判断提供法律依据。港交所于2020年7月之后开始实施的《ESG报告指引》中加入了强制披露规定，将所有社会关键绩效指标的披露责任提升至"不遵守就解释"，并修订了环境和社会关键绩效指标等，将上市公司的ESG管理纳入企业治理过程中，让港交所上市公司的ESG信息披露水平与国际接轨。2020年，中国提出2060年力争碳中和发展目标。在这一背景下，大力发展ESG、协调企业发展与环境保护势在必行。预计在不久的将来，强制环境信息披露要求有望覆盖到全部上市公司。

7.2.4 ESG商业投资快速发展

除了政府和国际机构主导的ESG监管和信息披露框架外，商业组织广泛推动的ESG投资和评价也是ESG生态中极为重要的环节。ESG投资意味着在基础的投资分析和决策制定过程中融入环境、社会、企业治理等因素。简单来说，传统投资主要考察企业营业收入、利润率等财务指标，用财务数据的"标尺"测量企业的好坏。ESG投资在传统方法基础上进一步度量企业在环境保护、社会责任、企业治理维度的非财务指标，一方面呼吁企业在谋求商业利益的同时兼顾责任，另一方面也使投资者通过多维度、全方位评估企业成为可能。基于ESG绩效，能评估企业在促进经济可持续发展、履行社会责任方面的贡献而非单纯的财务情况。相对来说，ESG评分表现良好的企业对于社会价值最大化的追求更为强烈，更具有竞争优势和长期投资价值。

在国际上，越来越多的投资机构采取 ESG 理念作为投资指导。2006 年，联合国负责任投资原则(PRI)发布，对 ESF 责任投资内涵进行了细化，如图 7-5 所示。在 UNPRI 提出的六条投资原则中，第一条原则就是将 ESG 问题纳入投资分析和决策之中。由此，环境、社会和治理因素成为衡量可持续发展的重要指标，ESG 投资成为重要的投资策略之一。

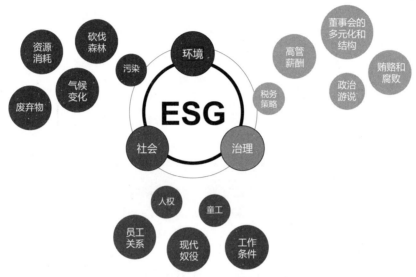

图 7-5　UNPRI 定义的 ESG 责任投资内涵

根据 UNPRI 最新数据，越来越多的投资机构将 ESG 融入决策过程。例如，截至 2021 年，全球有 4500 多家机构加入 UNPRI，较 2020 年底增长近 30%，总资产管理规模达 120 万亿美元左右。图 7-6 给出了签署 PRI 的机构数量及其管理的资产总额。据国际金融公司 IFC 数据统计，2020 年影响力投资①规模达到 2.281 万亿美元，其中全球绿债、社会债券、可持续发展债券的总发行量达到 1.294 万亿美元，比 2019 年增长 87%。随着 ESG 投资理念的普及，越来越多的主流投资机构，无论是机构投资者还是养老金投资基金，均开始关注并将 ESG 因素纳入决策、投资和评估的过程，已经有超过一半的全球资产所有者目前正在其战略投资中贯彻这一方针。贝莱德 CEO 发言表示，其并不仅仅有责任"创造盈利"，而且有责任"推动社会进步"。高盛则认为 ESG 因素是识别投资风险和抓住机遇的重要工具，对投资绩效至关重要。日本政府养老投资基金(Government Pension Investment Fund，GPIF)将 ESG 纳入投资决策作为该基金的五大投资原则之一，并认为从长期来看，资本市场无法摆脱环境和社会两大问题，减少该类问题对资本市场的负面影响是持续追求投资回报所不可或缺的要务。

ESG 体系对投资已经产生了一定的引导效果，国内外许多投资机构开始将 ESG 体系作为决定投资策略的重要参考依据。2021 年，在疫情冲击下，全球 ESG 投资继续快速发展，可持续投资基金规模未受影响。从总投资规模来看，2020 年年末全球可持续投资资

---

① 影响力投资是指能产生积极的社会与环境影响，并伴随一定财务回报的投资方法。

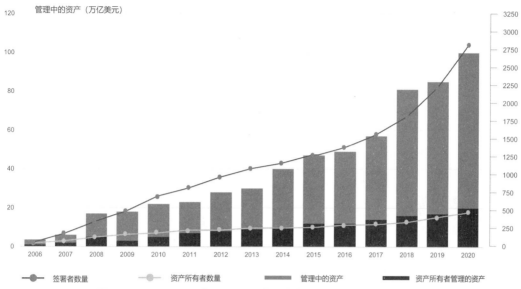

图 7-6　2006—2020 年签署 PRI 的机构数量及其管理的资产总额

产规模已达 35.3 万亿美元,较 2016 年增长 54.6%。从各地区投资规模来看,2020 年末美国 ESG 投资规模达到 17 万亿美元,首次超过欧洲,成为全球 ESG 投资规模最大的地区。从增速来看,全球发达市场中 2016—2020 年发展最快的地区是日本,投资规模增长了 506.3%。2018—2020 年增速最快的是加拿大和美国,增幅均超过 42%。从 ESG 投资占比来看,加拿大的 ESG 投资在总投资规模中占比高达 61.8%,是全球发达市场中 ESG 投资占比最高的地区。总体来看,ESG 投资的主阵地从欧洲逐步拓展到北美,日本和澳洲紧随其后。全球 ESG 投资经过投资规模和地域扩张之后,逐渐成为市场主流。全球可持续投资联盟(GSIA)发布的可持续投资报告显示,2020 年初全球可持续投资管理资产规模达到 35.3 万亿美元,占全球管理总资产的 35.9%。2012 年初至 2020 年初,年复合增速为 13.02%,远超全球资产管理行业 6.01% 的整体增速。

在中国,与 ESG 相关的投资资产总规模不断扩大。在政策推动、监管助力、理念普及等多重因素推动下,国内 ESG 投资蓬勃发展。截至 2021 年 9 月,国内共有 74 家机构签署了 PRI,签约机构数量较 2020 年新增约 20 家。摩根士丹利曾发布报告表示,近年来 MSCI 新兴市场 ESG 指数的超额收益主要来自 ESG 理念的应用。逾四分之一的 A 股上市公司发布了 2020 年度 CSR/ESG 报告。据商道纵横统计,截至 2021 年 7 月 31 日,港股上市公司 ESG 信息披露率达 93.8%。总之,ESG 体系在引导投资方面发挥了愈加显著的作用。投资机构通过贯彻 ESG 理念,能够获取较好的社会效益和经济效益。

7.2.5　ESG 评级体系日趋完善

ESG 投资的规模日益扩张,使 ESG 投资理念趋向主流化。为统一衡量上市公司的 ESG 基准,ESG 评级体系及 ESG 评级公司在资本市场中应运而生。目前,ESG 数据的最重要来源是披露可持续相关信息的企业和其他数据供应商机构。其中包括数据收集者,如 CDP(前称"碳披露项目"),系统性地收集企业披露(包括公共领域的数据以及通过自有研究获得的数据),并试图对这些数据进行核实。此外,评级机构也在收集 ESG 数据,处理相关信息以对企业的 ESG 绩效进行评分或评级。截至 2018 年,全球已经有超过 600 项 ESG 评级及排名体系,其中全球知名的大型 ESG 评级机构包括明晟(MSCI)、Sustainalytics、彭博(Bloomberg)、IHS Markit、Vigeo Eiris、富时罗素(FTSE Russell)、汤森路透(Thomson Reuters)和 RobeccoSAM 等,如表 7-5 所示。传统的评级机构如穆迪、标普、Fitch 也提供 ESG 评级。MSCI ESG 评级、道琼斯可持续发展指数、恒生可持续发展指数等评级体系已在市场产生一定影响力,成为主流 ESG 的评级参考。

表 7-5 国际主流评级体系的基本框架

机　构	环境(E)	社会(S)	企业治理(G)
明晟(MSCI)	气候变化;自然资源;污染和浪费;环境机遇	人力;产品责任利益相关方否决权;社会机遇	企业治理;企业行为
汤森路透(Thomson Reuters)	资源利用;减排;环保产品创新	员工;人权;社会;产品责任	管理;股东;社会责任战略
CDP 全球环境信息研究中心	气候变化;水安全;森林		
富时罗素(FTSE Russell)	生物多样性;污染排放和资源利用;气候变化;企业供应链;水资源使用	客户责任;人权及团队建设;供应链;产品健康与安全;劳动标准	反腐败;风险管理;企业管理;纳税透明度
道琼斯(DJSI)	环境信息披露;与运营相关的生态效益;气候政策	社会责任披露;劳动实践关键绩效指标;人权;人力资源发展;人才吸引与留存;企业公民与慈善;职业健康与安全	企业管治;重大性风险及危机管理;商业行为准则;政策影响;供应链管理;税务策略

实际上,各国评级机构指标体系大方向趋同,但在细分指标上各具有本土化特色。评级指标往往多达上百个,数据来源丰富,包括企业定期发布的年报和社会责任报告、政府部门发布的数据和报章杂志等公开信息。计算方法以加权平均法为主,但也有趋势外推和成本分析等方法,部分评级还涉及了负向指标。由于 A 股已有 234 家上市公司被纳入 MSCI,因此这些公司均将接受 MSCI 的 ESG 评级,MSCI 会据此编制 ESG 指数供投资者参考。

目前,中国 ESG 评价体系的发展正在加速,在借鉴西方先进经验的同时,也融入了具有本土化特色的元素。如图 7-7 所示,中国与海外 ESG 评价体系的相同之处在于以下三个方面。

(1) 评价指标数量大致相同。在一级指标数量上,国内外 ESG 主流体系均为 3 个,二级指标数量在 10~30 个不等,三级指标数量在数十个至数百个不等,如海外的 MSCI(37 个)、汤森路透(178 个)以及中国的社投盟(28 个)和商道融绿(200 多个)。

(2) 数据主要来源均为公开信息。中国及海外主流的 ESG 评级机构的主要数据获取渠道均为公开信息,包括公司年报、社会责任报告、网站披露、政府及第三方机构、媒体

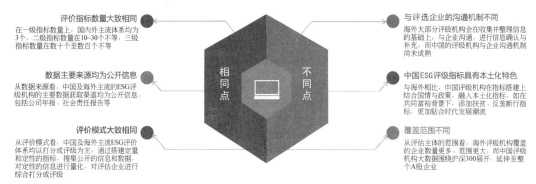

图 7-7　中国与海外评级体系异同点对比

报道、上市公司调查研究等。

(3) 评价模式大致相同。中国及海外主流 ESG 评价体系均以打分或评级为主,通过搭建定量和定性的指标,搜集公开的信息和数据,对定性的信息进行量化,对评估企业进行综合打分或评级。

不同之处在于以下三个方面。

(1) 与评选企业的沟通机制不同。海外大部分评级机构会在收集并整理信息的基础上与企业沟通,进行信息确认与补充,如 MSCI 设有正式的企业沟通渠道,企业可对数据和信息进行更新及修正。而中国的 ESG 评级机构的企业沟通机制尚未成熟。

(2) 中国 ESG 评级指标具有本土化特色。中国 ESG 评级机构在指标的搭建上结合中国的国情与政策,融入了具有本土化特色的指标,如在共同富裕背景下,评价机构增加扶贫、反垄断等本土化指标,更贴合时代发展的潮流。

(3) 覆盖范围不同。从评估主体范围看,海外 ESG 评级机构覆盖的企业数量更多,范围更大,而中国 ESG 评级机构大多数围绕沪深 300 展开,延伸至整个 A 股企业。MSCI 的评估主体涵盖全球超过 14 000 家上市公司。

目前,国内外对企业 ESG 的评级过程均不够透明,缺乏独立性,这会导致结果存在偏差。绝大多数评级机构将评级方法的细节视为商业机密,仅公布有限信息,因此投资者和其他使用者难以准确评价评级结果。同时,ESG 体系评级过程中主观因素影响较大,被评级公司的披露意愿也能够影响评级结果。此外,许多评级机构开展 ESG 评级的目的之一是为了拓展业务,同时还会为被评级公司提供财务分析和风险管理等咨询服务,这也是导致评级结果出现偏差的原因之一。

7.3　企业可持续报告存在的问题

如前所述,尽管全球 80% 的大企业都发布了可持续发展报告,但是这些报告的成熟度与财务报告相比相差甚远。ESG 报告有助于投资者理解公司业绩表现。投资者希望不断看到公司战略、发展目标、执行过程、重大风险、关键表现和进步等信息。数据的可比性、标准化、时间稳定性是公认的关键因素,即便在披露框架只含有有限数量指标的情况下也是如此。如果 ESG 数据不能标准化,那么投资者在制定投资决策时试图整合 ESG

信息就会遇到困难。低质量的 ESG 数据被认为是财务分析中 ESG 整合所遇到的主要障碍,这里面有两方面的原因。

- 原因之一就是标准繁杂——由监管机构、标准制定者和许多其他参与者组成的复杂生态系统决定(见图 7-8),且缺乏明确和量化的指标。为保证 ESG 整合过程的高效性,ESG 数据须需要被标准化,并可跨时间、跨投资组合进行对比,还需要采用国际公认的披露框架,并使用与财报相同的细分原则。
- 另一方面的原因在于企业内部获取数据的方式和工具尚不成熟。企业尚未从战略层面重视可持续发展报告,当前报告往往无须经过董事会批准就可独立发布,报告质量和高度缺乏监督。

图 7-8　可持续性报告要求由监管机构、标准制定者和许多其他参与者组成的复杂生态系统决定

　　总之,企业缺乏标准化、可度量、稳定性的数据,是当前制约报告质量的主要因素。这种缺乏连贯性的零散报告无法全面综合地反映企业的发展现状,自然也无法为企业提供面向可持续发展的竞争性增长机会。从外部要求来看,标准的不统一和难以量化,也导致可持续报告无法实现像财务报告一样的有效性。业界并行出现了很多 ESG 报告框架,可持续发展报告的标准并未出现像国际财务报告准则(IFRS)和一般公认会计原则(GAAP)一样水平的统一标准,这也造成了政府的监管难以具体落地。此外,即便是相同的指标,也存在大量环境性、社会性指标难以量化的情况,如气候目标指标和人权尽职调查指标。因此各个企业的可持续报告系统常常缺乏可比性。欧盟的一项研究表明,现有的报告计划的范围超过 5000 个 KPI。目前的标准如此不同,以至于一些企业甚至会被不同的评级机构同时评为表现最佳和表现最差的企业。从技术来看,造成这一现状的原因包括 ESG 指标的选取、度量和评价方法,来源于范围差异、衡量差异和权重差异三个方面。

- 范围差异是评级机构采用不同指标集造成的,例如碳排放和废弃物排放等指标均可被纳入评级范围,若一个评级机构包括废弃物排放指标,而另一个不包括,就会导致两个评级系统出现分歧。
- 衡量差异是评级机构使用不同的指标衡量同一属性造成的,例如一家机构将高管福利纳入全体员工福利指标的计算范围内,而另一家不纳入,就会导致结果的不同。
- 权重差异是评级机构对指标的相对重要性采取不同观点而赋予不同权重造成的。

从内部实施来看,缺乏动态、实时、全面的底层可持续数据是企业报告种种问题的集中体现。

- 一方面,因为企业非财务信息的界定及度量的概念模糊,且其具体化及框架化均涉及评价者的认知水平、社会背景和价值观系统,所以 ESG 评价受到 ESG 数据供应者以及评价者的立场(目标、使命、动机和机构背景等)的影响。企业的文化背景、历史渊源、使命、结构、法律身份等都带有价值观成分,也会对主观理念的评价框架形成影响。
- 另一方面,许多企业仍采用"手工"的传统方式获取 ESG 数据。抛开这种传统的方式带来的巨大的工作量不谈,这种静态、滞后、片面的数据来源根本无法支撑业务和决策分析的需要,只能成为企业的成本。这阻碍了企业产生一致且以投资者为中心的对比披露信息的能力,从而对全球业务产生了负面影响。国际会计师联合会在 2018 年报告称,分散的企业报告系统每年给全球经济造成 7800 亿美元的损失。

随着 ESG 标准越来越复杂,变化越来越快,数量越来越多,企业数字系统面临着更大的挑战。

- 由于可持续发展没有充分融入企业的流程,因此集中式的 IT 系统无法提供所需的数据基础。
- 可持续性指标的评估必须由负责的运营/可持续性团队执行,指标到财务的映射必须由控制团队执行,随着信息的数量和种类不断增加,提供可持续性数据的责任越来越分散。
- 由于不同国家采用不同标准的分散结构(包括不同国家对公司运营的要求),因此难以制定用于收集和评估可持续性数据和 KPI 的可审计流程。
- 缺乏获取公司运营所在国最新标准知识的内部可用资源。

不仅企业面临着这些困难,金融市场也同样面临着挑战。当今的金融市场面临着越来越大的压力(如欧盟新法规和指令),需要将资本转移到可持续发展的活动中,并在金融产品的生产和营销中对纳入可持续发展指标方面保持透明,这反过来又要求非金融机构以易于获得的数字形式让其融资业务的可持续发展保持透明度。

7.4 企业综合报告变革趋势

面对前文谈到 ESG 报告制作过程缺乏监督、报告质量难以保证的多重挑战,企业需要迅速改进对外报告 ESG 绩效的方法,从而更好地平衡短期利润与中长期可持续发展之间的关系。投资者和其他利益相关方希望企业能够对重大问题提供一致、可信的 ESG 披露,帮助其了解企业如何运行、决策、创造长期价值以及可持续增长。在此背景下,人们越来越期待企业报告在披露其他信息的同时,能够纳入强化的、重大的 ESG 信息,以显示企业如何为股东和利益相关方创造价值。这些期望让企业在改善 ESG 报告方面面临越来越大的压力,包括股票投资者、保险从业者、贷款人、债券持有人、资产管理公司以及客户在内的人们都希望获得更多关于 ESG 因素的详细信息,以评估决策的全面影响。

企业报告需要在帮助企业抵御动荡和构建可持续未来方面发挥核心作用,变革步伐不断加快。实际上,根据 SAP 的一项调查,接近四分之三(74%)的调研对象表示,他们已经意识到从传统财务报告向新型综合企业报告模式过渡的速度明显加快。但是,若要满足利益相关方的期望,ESG 报告还需要更加完善,与财务报告披露保持相同的严谨性和业务相关性,并更好地展示不同 ESG 方法的经济影响。做不到这一点,就很难真正建立利益相关方对所披露内容的信任。为了实现财务报告和非财务报告的集成,企业领导者需要通过端到端的运营,对实时数据进行量化、分析和处理,然后,还需要向包括员工、合作伙伴、客户、监管机构和投资者在内的各种利益相关者全面准确地报告结果。

人们越来越意识到,在可持续发展问题上缺乏数据的透明度和一致性,会对可持续发展目标的进展产生负面的影响。因此,立法者、标准制定者和报告机构对企业施加了越来越大的压力,要求其提供相关数据。在未来的 2~3 年内,报告标准将会更加具体、更具有约束力和统一性,涵盖范围更广的企业。我们可从中看到如下趋势。

- 从政府层面来看,全世界都在加强现有法规的具体化,尤其是欧盟,已采取了一系列积极的行动。
- 从国际组织和机构来看,各组织和机构在不断推动现有报告标准的协调和趋同。
- 从 ESG 审计机构来看,它们对报告内容的审计变得越来越具有执行性。
- 从投资者层面来看,利益相关者对具体的、有形的绩效的需求不断增加。
- 从企业来看,采取新兴技术获取可靠动态数据已成为未来的发展方向。

7.4.1 标准趋势

目前,全球领先国家、机构、组织、企业纷纷采取行动,推动企业可持续发展报告的标准化。世界经济论坛(WEF)、联合国全球契约组织(UNGC)、全球报告倡议组织(GRI)、艾伦·麦克阿瑟基金会(EMF)和价值平衡联盟(VBA)等全球性组织呼吁将企业报告业绩和环境承诺的方式标准化,并号召企业为社会平等和经济增长作出贡献。无论是追踪 500 家美国上市公司指数的标准普尔(S&P)等公司,还是 Sustainalytics 等机构,它们都正在帮助资本市场更认真地评估可持续性,将其作为一个投资参数。一些公司自愿申报,是因为这有助于降低风险、吸引投资者、提高企业声誉或进行收购。在申报过程中,其会评估用于报告的模型,侧重于收入和利润的传统财务报告,转向将财务和非财务指标连接到一个整体报告框架的模型,依赖高质量、透明、一致、及时且最终可审计的数据访问。在认为可持续性具有重大意义的企业当中,80%的企业表示可持续性数据的测量和报告将为公司的战略和决策提供信息。在过去 20 年中,企业可持续性报告基本上是自愿的,但越来越多的监管正在促使转向使用越来越标准化的报告框架,并进行强制性披露。如图 7-9 所示,近年来 ESG 主要指标的披露率得到了持续的改善。这些措施虽然已经取得了很大进展,但要构建一个标准化、全球实施的可持续性报告框架,业界仍有一段路要走。

目前,监管的要求正逐步从自愿披露向强制披露过渡。从政府和非政府,以及跨国企业和其他一些商业组织的角度看,来自各方的披露要求激增,使得市场出现焦点严重分

图 7-9 ESG 披露率的变化情况

散、方法论出现严重分歧等问题,致使商业和非政府组织所采用的方法之间的"可持续性评估"相关性较低。这种零散的环境是进行"漂绿"的理想温床,很可能会破坏与 ESG 相关的政治承诺,尤其会破坏将私人投资引导到真正可持续性经济活动中的目标。因此,政策制定的推动者现正寻求通过各种举措来协调措施,例如由主要的中央银行和相关机构组成的绿色金融体系,以及制定银行业标准的巴塞尔委员会,均已意识到在全球范围内制定新的 ESG 监管法规具有迫在眉睫的合理性。有证据表明,强制披露规定比自愿披露原则更具有影响力。UNPRI 在 2016 年针对 50 个最大经济体进行的一项研究发现,政府引导的强制 ESG 信息披露使企业的风险管理水平有所提高。正如 WBCSD 的分析:"企业根据强制性规定所提供的数据更可能是依据公认标准准备的,也更可能被认证。"强制性披露框架要求对主要的 ESG 指标进行标准化披露,并回应上述投资者期待,这对推动更广泛地将 ESG 整合应用到投资决策的制定过程中有所助益。全球范围内,一方面,ESG 体系对信息披露的要求不断调整,例如 GRI 的《可持续发展报告指南》已修订五次;另一方面,全球主要交易所不断推进上市公司 ESG 的披露程度,逐步从自愿披露向强制披露过渡,披露内容也逐渐多元化,推动了当地上市公司信息披露的质量和水平。

在推动企业进行强制披露这一方面,欧盟走在了全球前列,有望成为全球基准标准。目前,欧盟拥有全球范围内任何地区或司法管辖区都无法比拟的最先进且最充分的 ESG 监管措施。2017 年生效的《非财务报告指令》(Non-Financial Reporting Directive,NFRD)要求欧盟大型公司披露公司对 ESG 因素有影响的数据。2022 年 11 月,欧洲理事会通过并签署了《公司可持续发展报告指令》(Corporate Sustainability Reporting Directive,CSRD),取代之前发布的 NFRD,标志着欧盟的 ESG 报告将发生质的变化,编制理念将从社会责任拓展至可持续发展,标准制定将从被动采纳转向自主制定,报告编制将从多重标准走向统一规范,编制范围将从局部试点转为全局运行,审计鉴证将从简单检查升级为有限鉴证,从而为欧盟在 ESG 报告方面进一步引领全球奠定坚实的法律和技术基础。其他举措还包括将 ESG 因素融入现有欧盟投资管理条例的风险管理和适应性评估中。欧盟从 2021 年开始分阶段逐步实施这些审慎规则中的大部分规则,并在未来十年内不断推出一系列其他措施。随着时间的推移,欧盟的这套规则将有望成为其他司法管辖区最终以某种形式采用的基准标准。

7.4.2 新型综合报告的出现

在标准和技术的推动下,衡量导向、发展模式和管理范围取得突破性进展,数据驱动的新型综合报告应运而生。新型综合报告通过结合财务、社会和环境数据,优化企业资源,可帮助企业作出更加可持续的业务决策。

过去,通过创建电子表格临时编制 ESG 报告可能也就足够了。但是,随着更多可持续性维度被加入进来,企业编制报告所需数据的广度和深度不断增加,这使得数据共享和处理变得更加复杂和有挑战性。在快速发展的环境中,ESG 数据日新月异,ESG 数据的获取方式将是一个迭代过程,这要求建立一个持续反馈流程,而不仅是静态盘点。新型综合报告利用新的工具和技术,提供多元化、前瞻性、可解释、丰富全面的数据,并从中提取可行洞见,成为衡量和引导企业可持续发展的利器,如图 7-10 所示。数据驱动的新型综合报告将可持续数据嵌入业务流程和业务网络,实现整个价值链和业务网络的数据透明,为可信、有用的 ESG 报告提供基础。

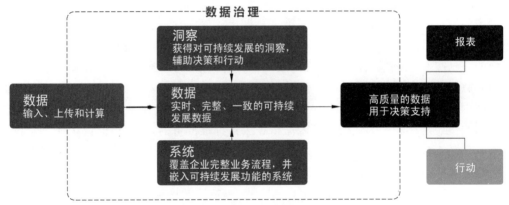

图 7-10 对可持续发展的全面指导和报告

在新的衡量体系下,环境资产成为新的全球通用"货币",为可持续性全面融入企业运营提供了先决条件。如图 7-11 所示,企业将可持续性洞察和指标嵌入业务流程,并提供反馈和改进的机制,不仅能够在强监管环境下实现合规和风险控制,而且能够提高现有系统效率,打造更加绿色和公平的新产品、服务和商业模式,实现整个企业的可持续运行。通过将财务、运营、体验和可持续数据整合在一个平台上,企业将获得全局性的管理视角,从而在经营中创造出新的商业价值。在企业和价值链的各个维度之间合作和共享数据正是设计、制造、交付和维护产品所需要的,可以最大限度地减少碳足迹、减少浪费并帮助确保社会公平。当价值链形成价值网络之后,其实现可持续发展目标的能力将远胜于任何一家企业。

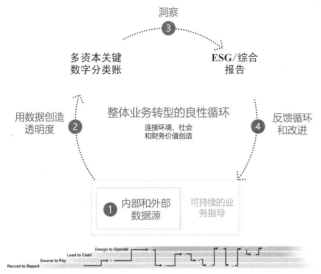

图 7-11 新型综合报告的作用机制

对企业自身而言，进行全面的环境数据盘查，编制温室气体清单，建立排放基线，是有效实施可持续管理的基础。一方面如同企业其他管理活动一样，对于产生碳排放的行为，"不能衡量，就无法管理；不能管理，就无法改进"。另一方面，在建设全国统一碳市场和发展绿色税务的大背景下，碳排放配额与减排信用额的财务价值凸显，企业需要将碳资产作为一项重要资产加以管理和经营，实现碳资产保值增值，部分走在可持续发展前列的大型企业甚至开始推行内部碳定价，将碳排放计入业务单元的损益表，而这一切均对企业碳数据的相关性、完整性、一致性、准确性和透明性提出了更高的要求。

来自实时数据的洞察力提供了关于企业绩效的连续视图，这是基于定期更新的电子表格的手动流程无法比拟的。用户可以深入了解企业内部和整个业务网络的战略领域，以根据财务和非财务指标作出明智的决策。这使得拥有更多数据的企业往往对自己的业务有更全面的看法，能够更细致地了解可以作出的权衡，以提供更好的整体成果。例如，品牌经理可以在成本或进度与可持续性影响（如材料可回收性或碳强度）之间作出权衡决定。CFO 可以更快速、更准确地了解作为或不作为的"真实"成本。此外，企业还需要与供应链合作伙伴、行业协会、监管机构和非政府组织（NGO）共享数据。监管机构、行业协会、非政府组织和投资者越来越多地要求企业提供可持续性数据。同时，企业要求其供应商提供详细的可持续发展绩效信息，包括这些信息对上游和下游的影响，以及微小的变化。数字技术提供的跨供应链业务网络的可见性、协作能力和智能化的数据处理，对于衡量这些可持续绩效至关重要。

数据驱动的新型综合报告，又被称为全面指导和报告，将 ESG 与企业数字化转型有机连接，驱动经济效益和环境可持续的兼收并蓄。在数字经济时代，管理宽度、深度、方式的扩展，取决于数据的透明度和网络系统的协同性。基于统一平台的动态、实时数据源，数字技术将可持续性贯穿端到端业务流程和跨业务系统的商业网络，从深度上实现将环境资源纳入管理范围，从宽度上实现资源循环网络数据的统一管理，从方式上将传统的回顾性分析法转变为高级预测分析,支持企业作出兼顾利润与可持续的综合决策。

7.4.3 全面指导和报告的三阶段发展路径

通过数字技术确保企业法律合规、提供实时洞察进而推动业务创新和增长的"三步走"推进路径,为可持续发展提供了可操作的落地方案,如图 7-12 所示。合规几乎是每家企业可持续发展之旅的重要组成部分,也是可持续旅程的开端,尤其是在欧盟和其他地方采用日益严格的法规的情况下。在这一阶段,企业需要能够对财务和可持续收益实施并行会计核算,同时衡量环境影响,并提供额外的监管和税务合规解决方案。此外,企业可以利用数字化合规服务,解决法律法规方面的风险,确保获得集成、可审计和实时的报告,支持创建可持续发展路线图。在第二和第三阶段企业需基于数字技术,将企业内部数据与外部的供应链、市场、政府治理等数据流打通,形成对管理和业务的洞察,结合人工智能技术,推动企业不断智慧化迭代。企业将可持续性洞察、指标与能力嵌入业务流程,不仅能够在强监管环境下实现合规和风险控制,而且能够提高现有系统效率,打造更加绿色和公平的新产品、服务和商业模式,以实现整个企业的可持续运行。通过数字技术,企业不仅易于创造有利于差异化竞争的新产品,并且更易获得新的客户和用户群体,从而创造出新的商业价值。

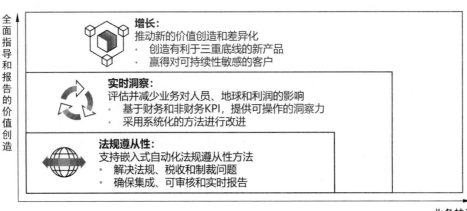

图 7-12 企业全面指导和报告的数字化三阶段战略

在可持续发展理念下,人们意识到,作为现代社会最基本的经济组织的企业是附着在社会经济链条上的一环。它不仅要获取利润,实现股东利益最大化,而且要履行社会责任和保护自然环境。在投资者、政府、消费者、员工等多重因素推动下,如何衡量一家企业的成功,已经从过去的财务指标,向包含 ESG 多因素在内的综合指标演进。全面指导和报告先是将财务、运营、体验和可持续数据整合在一个平台上,实现财务、运营、合规、环境和社会关键数据的透明度。接着再提供对可持续发展的洞察,为企业提供辅助决策能力,运用智能技术不断优化业务流程绩效,在整个价值链范围内实现协同,帮助企业整体实现业务转型的良性循环,进而获得全局性的业务视角,在经营中创造出新的商业价值。

7.5 全面指导和报告的数字化解决方案

今天,人们面临一系列可持续发展的问题,它们在范围、规模和后果上都不同于以往所有其他的威胁和机遇。衡量、报告和实现设定的可持续发展目标,对于打造一个净零、自然积极和社会包容的未来至关重要。

以 SAP 为例,长期以来,SAP 一直理解从整体上衡量可持续性进展,并将财务数据和财务前数据(pre-financial data)联系起来的重要性。从 2012 年以来,SAP 就开始将可持续性报告和年度报告合并为一份综合报告。今天,尽管更多的企业看到了 ESG 报告的透明度问题的重要性,但是许多企业仍然在为众多的报告框架和缺乏适当的数据而挣扎,这就是阻碍投资者持续关注可持续性信息披露的原因。

在第 3 章介绍的 SAP 可持续发展整体解决方案架构图中,全面指导和报告(Holistic Steering and Reporting,HS&R)解决方案位于上方的位置,横跨另外三个方案。这三个方案希望通过减少排放、浪费和社会不平等,将温室气体、浪费和不平等的危害降到最低甚至是零。与之不同的是,全面指导和报告的目标是将企业在可持续发展领域的积极影响最大化:在管理层和利益相关者的决策层面,把可持续发展融入战略、流程和网络中。对于所有企业来说,无论其处于哪个行业,都会有这方面的需求,因此全面指导和报告也是企业进入可持续发展领域一开始就要考虑的问题和入口。

如图 7-13 所示,企业从独立于行业的全面指导和报告开始可持续发展之旅是一个自然的起点:如果企业想改善在可持续发展领域的表现,即经济、环境和社会表现,首先就需要衡量和监控它。综合报告的方法不仅意味着分析数据,还意味着将可持续性指标嵌入核心业务流程的系统中,这有助于在作出战略决策时掌握所有的相关信息。要从最紧迫的挑战开始转变业务,企业需要在企业范围内和整个生态系统中进行全面协调。

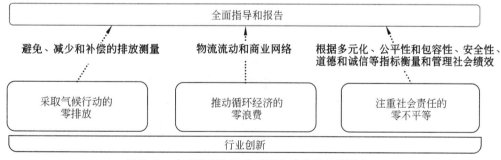

图 7-13 全面指导和报告是可持续发展旅程的入口

7.5.1 面临的挑战

在 SAP 的可持续发展方案架构中,全面指导和报告(HS&R)跨越了 SAP 定义的可持续发展的其他三个领域,是企业进行可持续发展决策的入口,因此,它是一个与所有行业相关的主题,也是企业可持续发展之旅的起点。

- 首先,业绩不仅仅是财务。如今对于财务的观念已经发生了改变。很多年以来,一家企业只要是盈利的,就被认为是成功的。而今天,如果有两家盈利相同的企业,一家企业的碳排放是另一家的一半,那么低排放的企业就会被认为是更成功的企业。对于企业而言,整体的业绩不仅仅与财务 KPI 有关,而且还需要考虑诸如排放或员工满意度等对地球和人类产生积极影响的 KPI,特别是对绿线的支持,这是业绩的先决条件。

- 其次,企业需要可持续的业务战略。来自客户、投资者或监管的外部压力以及内在动机,促使许多企业将可持续性纳入其企业战略。然而在企业战略旁边建立可持续发展战略是不够的,企业需要可持续的商业战略,将可持续性嵌入公司战略中。
- 第三,企业要承担整个价值链的责任。企业的责任不仅限于企业范围内发生的事情,企业还需要对如何采购以及产品和服务对下游环境和社会的影响负责。

尽管可持续发展如此重要,但是在现实中,将可持续性融入业务运营的企业的比例并不高。很多调查报告都表明,只有不到 20% 的受访企业认为自己正在尽力推进可持续发展议程。私营企业的声誉在 2018 年达到顶峰后甚至开始稳步下降。与此同时,监管机构和债务机构及股权投资者增加了可持续融资的比例。投资者越来越多地在资产配置和投资组合管理中使用 ESG 评分进行筛选。

如图 7-14 所示,毫无疑问,投资者和监管机构要求提高可持续性报告和绩效管理的质量,希望看到的披露信息是完整的、一致的、可靠的。但是目前投资者在作出投资决策时所依赖的 ESG 信息却是不可信的、手工的、非实时的。实际上,不仅是投资者面临着这些困惑,企业的管理者也面临着同样的挑战。

图 7-14　投资者和监管机构希望提高可持续性报告和绩效管理的质量,使其符合财务披露标准

造成这一困局的原因是什么?原因很简单,就是因为这件事有难度。其中常见的一个难点就是衡量和报告可持续发展的绩效。

- 如何衡量诸如排放类和社会类 KPI 等非财务指标？
- 如何高效地从整个企业（包括人力资源、环境管理等）检索数据，避免手工操作带来的数据错误和不一致？
- 如何整合财务和非财务数据？
- 如何生成合规报告？

今天的事实是，仅有 23% 的企业在年报中可以提供具体信息，让读者了解其面临的与气候相关的风险。显然，如果只有 23% 的企业能够提供有关可持续性绩效的信息，那么就有可能会有更多的企业无法把这些数据积极整合到决策中。无法衡量的东西就无法管理。如果企业连衡量其环境和社会绩效都做不到，又应该如何监控和改进？

7.5.2 SAP 的解决方案思路

对于企业来说，在交付一项战略的同时，提供与行动相关的报告和高质量的分析是必需的。SAP 在帮助客户改进报告和进行绩效管理方面具有独特的优势，能够响应投资者、监管机构和客户的需求。

SAP 是许多提供企业级财务和运营报告及分析的企业的长期战略合作伙伴。SAP 的系统有明确的主数据管理，可以实现从单个交易到最终报告的可追溯性，让董事会和利益相关者对这些报告的可靠性放心。SAP 认为，要交付任何可持续发展战略，都需要将成果与财务结合在一起，都需要与行动相关的高质量报告和分析。这些成果可能包括减少能源消耗、排放或提高员工福利和供应链完整性。

图 7-15 展示了 SAP 全面指导和报告解决方案的构成，包括两大类方案。

- 一是综合报告。它又包含了两组方案：第一组是可持续绩效管理和实施可持续运营的管理体系，第二组是管理供应链风险和声誉，遵守供应链尽职调查法规及其他规定。这两组方案，分别涵盖了综合报告里企业自身和供应链的内容。
- 二是通过可持续投资组合管理实现行业创新，主要是指对金融产品的 ESG 绩效进行评估和管理。

功能	SAP产品
综合报告： 企业经济、环境和社会绩效报告	SAP可持续发展控制塔
可持续绩效管理： 将经济、环境和社会绩效纳入战略决策	
实施可持续运营的管理体系： 建立最佳实践和可审计标准，以优化经济、环境和社会绩效	SAP环境健康与安全EHS
管理供应链风险和声誉： 对整个价值链负责，主动管理声誉供应链风险	SAP Ariba-EcoVadis集成
遵守供应链尽职调查法规及其他规定： 在整个价值链上建立透明度，以遵守供应链尽职调查法规	SAP Ariba 的SAP解决方案包 SAP可持续服务包
通过可持续投资组合管理实现行业创新： 评估和管理金融产品的ESG绩效（如投资、信贷、保险）	SAP利润与绩效管理PaPM

图 7-15 SAP 全面指导和报告解决方案

在图 7-15 中，SAP 可以在帮助企业转变可持续发展的绩效管理方面发挥重要作用。通过迁移到一个集成的实时平台，客户将能够做到以下几点。

- 实时查看资产排放量（包括通过无人机和物联网进行数据采集），实时可视化整个产品组合的排放量。
- 使用预测分析，通过工厂维护，推动适当的干预措施，以确保资产绩效。
- 将来自 SAP 和非 SAP 的数据集成到单个环境中，以提供关于广泛 ESG 措施的高级分析。
- 通过嵌入式高级分析和清晰的审计跟踪，生成自动、定期的排放管理和利益相关者报告。
- 使用实时洞察力提供可操作的步骤，以提高 ESG 绩效，并支持员工视角下的参与。

SAP 可以直接从 SAP 和非 SAP 源系统中提取财务和非财务数据，以便企业沿着多个语义框架进行报告。除了纯粹的数据收集和分析之外，SAP 解决方案还可以帮助企业将可持续性见解嵌入贯穿整个业务网络的端到端流程中。这将确保提高效率、社会责任和合规性，同时降低风险。

SAP 的全面指导和报告解决方案，是对企业数据应用价值的提升。如图 7-16 所示，数据价值经历了不同的发展阶段，从左到右成熟度不断提升。毫无疑问，目前绝大多数企业，仍处于基于电子表格的"点"解决方案的阶段。在下一步"数据"阶段，企业会建立正式的 ESG 数据管理体系。企业开始对数据输入进行统筹和管理，对数据进行整合、充实和结构化，从而建立起可靠的关键数据分类账。这一阶段实现了非常重要的数据夯实，接下来就可以进入通过语义框架，综合不同的 ESG 标准，实现标准化计分的"洞察"阶段。最高的"改进"阶段，可以帮助企业进行"如果-怎样"分析决策，对 ESG 总体绩效和影响进行全面管理，大幅增强企业对可持续发展业务的操控力。

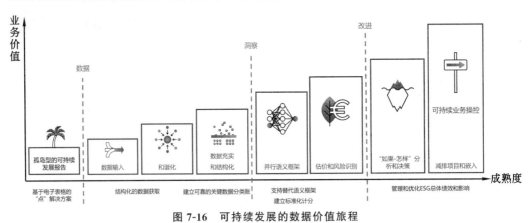

图 7-16　可持续发展的数据价值旅程

7.5.3　可持续性控制塔——将"绿线"融入战略决策制定中

随着"绿线"（Green Line）对企业的收入（Top Line）和盈利（Bottom Line）带来的影响越来越大，企业需要平衡来自不同的利益相关者的期望，确保获得客户、人才、资本和其他资源,驱动企业长期发展。尽管许多 CEO 们在可持续性上作出了很多承诺,但是由于缺乏一致的、可比较的、及时和集成的数据,难以作出有效的决策。与此同时,投资方要求 CEO 披露社会和环境信息时,要考虑到投资的要求,例如满足《欧盟可持续金融分类方案》(*EU Taxonomy*)、《可持续金融披露条例》(*Sustainable Finance Disclosure Regulation*,SFDR)。此外,一批非金融的披露标准也不断增加,例如欧盟的《非财务报告指令》(NFRD)。

从企业对外披露报告的发展趋势来看,已经经历了两个发展阶段,现在正在向第三个阶段演进。

- 第一个阶段是传统的财务报表阶段,对应的管理焦点是财务指标,非财务指标的披露以满足合规为目标,主要服务于企业的股东,代表性的问题是"这款新产品能为企业带来多少收入"。
- 第二阶段是综合的业绩管理阶段,它在第一阶段的基础上增加了包括内部影响和外部影响的风险评估,并引入了 ESG 指标,对企业的长期业绩进行评估和管理,服务于所有的利益相关方,代表性的问题是"这款新产品的二氧化碳排放足迹是怎样的"。
- 第三阶段是对影响进行计量和评估的阶段,企业的估值基于将环境、社会和经济治理对社会的影响进行货币化,典型的问题是"产品对社会的总体影响是什么(包括以美元计算的碳排放的社会成本)"。

目前,可持续性报告处于多样化的发展状态,企业需要花费很大的力气努力跟上。各种报告标准层出不穷,建议指标超 5000 个。面对如此众多的指标,企业需要自行权衡,决定哪些最相关,哪些的优先级最高。上市公司普遍抱怨被各种要求和表格"轰炸",按照不同的标准,可持续性发展的绩效被评为"顶级"和"最差"会同时发生。

根据调查,与财务报表相比,只有 22% 的企业在汇总报表中提供了可持续发展的 KPI。

- 只有 23% 的企业提供了相关的气候信息,让读者了解企业正在面临的与气候相关的风险。
- 只有 14% 的企业对其气候目标与巴黎协定是否一致作出了报告。
- 只有 25% 的企业披露了正在面临的特定人权风险。

如图 7-17 所示,可持续发展控制塔(Sustainability Control Tower,SCT)旨在帮助企业监控运营绩效,并根据传统和可持续性相关绩效指标的组合来指导业务。这是一个基于云解决方案的仪表板,它可帮助管理人员全面了解业务运营,更快地作出决策,以响应如果未被识别将危及企业目标的事件。SCT 使企业能够根据财务以及 ESG 指标,转型为智慧的和可持续发展的企业,从而能够全面评估其运营和整个业务网络的全球影响。

为了从目前主要是手动的可持续性发展报告发展到集成且随时可用的可持续性绩效管理,SCT 涵盖了以下能力领域,这些能力也代表了企业在可持续发展报告领域的不断演进方向,如图 7-18 所示。

- 数据管理:创建综合绩效管理相关数据的单一真实来源。SAP 在与现有 SAP 数据源集成方面拥有独特优势。可以通过接口甚至"平面文件"(flat file)上传连接

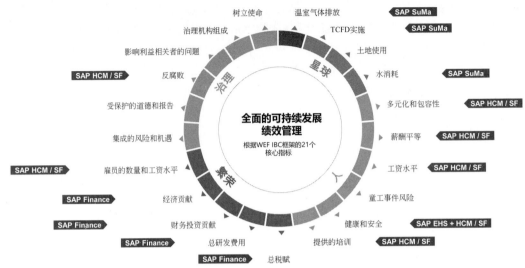

图 7-17 可持续发展控制塔管理控制台

任何数据源。SCT 不仅支持 GRI、SASB、世界经济论坛（WEF）等可持续性报告框架，也为客户提供了选择相关指标的灵活性，以及针对客户的指标。

- 绩效洞察：基于前面提到的数据管理，可以得到经过系统分析和能够指导下一步行动的洞察。可以按照现有公司结构进行绩效管理，例如汇报线、业务部门、不同的地点结构（地区/国家/地点）。并充分利用 SAP 分析云的分析功能，如智能洞察、预测和潜在规划，以及"如果-怎样"场景分析。
- 绩效改进：SCT 的目标不仅是以更加自动化和复杂的方式报告可持续性数据，而且还支持企业推动绩效改进和行动。
- 利益相关者报告和沟通：能够就可持续性绩效与外部和内部利益相关者进行有效的定期和特别沟通。SCT 的官方报告功能，可以为政府机构以及财务利益相关者创建官方报告文件，并在面向外部或面向内部的网站上提供仪表板。
- 业务网络和外部数据集成：可持续发展报告不仅对企业自身的可持续发展可见，而且还要对整个价值链的可持续性可见。后者已变得越来越重要，成为与所在行业的其他企业进行比较的基准数据。

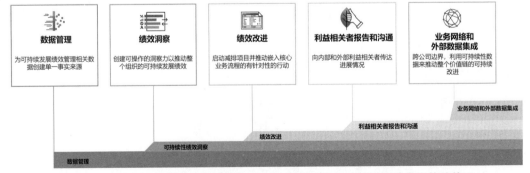

图 7-18 SAP SCT 提供平台化的功能，可以实现整体和集成的可持续发展绩效管理

图 7-19 所示的是 SCT 的主要功能，包括数据源与关键数据管理、绩效洞察、绩效改进、利益相关者报告和沟通、业务网络和外部数据集成。具体来说，SCT 有三大目标。

- 展示整体企业绩效的执行仪表板：以自动化和及时的方式，按照行业报告标准，展示可审计的 KPI 数据，例如温室气体排放、多元化和包容性、可持续的负责任投资份额、水、腐败、人权等。这些 KPI 数据不仅是在汇总层面展示，还可以深入企业内部和整个业务网络的战略领域。
- 提供可持续的业务指导：基于财务和财务前/ESG 指标的连通性，提供知情决策，例如优化成本和温室气体排放。
- 衡量和管理总体影响：CXO 可以据此量化商业活动对环境和社会的总体影响，并以统一货币作为可比货币进行权衡。

图 7-19　可持续发展控制塔的主要功能

SCT 的目标是帮助企业衡量和报告其 ESG 的进展和影响，它包括在企业运营、供应链、产品和服务以及竞争对手的"范围"内对所有相关 ESG 目标的积极和消极影响。为了使这种衡量有意义，必须用一种标准化的方法来获取与相关活动有关的可比企业数据，并且必须依据相关的外部和内部基准报告进展情况。如图 7-20 所示，在最高概念级别的数据管理和集成方法上，SCT 的目标是创建一个可持续性关键数据分类账。SCT 的设想是要有这样一个数据层，它允许企业协调数据，连接数据，并沿着企业结构分配价值。当然，如果数据来自 SAP 系统，这将最容易实现，因为 SAP 可以直接支持这种集成，但很明显，也会有非 SAP 数据，因此需要有一个开放的灵活平台，允许通过任何系统、数据库或最基本的"flat file"上传数据。

目前，SCT 可以支持：

- 世界经济论坛（WEF）中定义的 21 个确定的利益相关者指标中的 17 个；
- 全球报告倡议组织（GRI）指标，例如多元化和反腐败；
- 与气候变化相关的基于科学的目标倡议（SBTi）指标；
- 可持续发展会计准则委员会（SASB）关于水以及气候的指标；
- TCFD 定义的与治理、战略和风险管理相关的指标。

图 7-20　通过可靠的细粒度数据实现整体性能管理

7.5.4　利润与绩效管理——一站式的碳排放和 ESG 报告工具

当前以 ERP 为代表的软件应用程序解决了许多业务需求，但是仍有一部分尚未得到充分解决，特别是一些复杂的数据分析需求。企业常常使用 Excel 作为不得已的备选方案，这是一种有缺陷的方法，维护 Excel 需要大量人力，但其结果往往不准确，缺乏灵活性，最终运营成本高昂。这些数据分析需求通常具有一些共同的特点，例如数据来自不同的地方、计算逻辑复杂、数据量非常大、需要进行实时仿真。企业需要一种灵活、敏捷的方法，通过一种包含高级业务建模功能的解决方案轻松地处理大量数据，并提供计算能力，以便在需要时能够深入最细粒度的事务细节级别。在可持续性领域，存在大量的这类需求，SAP 的利润与绩效管理（Profitability and Performance Management，PaPM）就是解决这类需求的针对性方案，如图 7-21 所示。

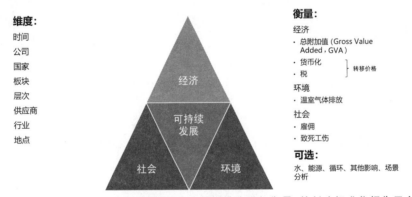

图 7-21　PaPM 将 ESG 目标映射到企业数据维度进行衡量，并创建标准化报告平台

在可持续发展控制塔（SCT）的方案介绍中，谈到了可持续性发展报告对于 ESG 目标产生的积极和消极影响，涉及企业运营、供应链、产品和服务以及竞争对手。为了使这种衡量有意义，必须有一种标准化的方法来获取与相关活动相关的可比企业数据，并且必须依据相关的外部和内部基准报告进度。PaPM 凭借其强大的建模、计算和分摊功能，可以在将 ESG 指标映射到企业数据维度进行衡量并创建标准化报告平台的过程中发挥重要

第 7 章 通过全面指导和报告引领可持续发展

作用。

总体来说，PaPM 可以帮助企业编制满足主要国际组织、各国政府以及各地证券交易所要求的 ESG 信息披露报告，如图 7-22 所示。同时支持相关机构开展围绕 ESG 管理的数字化鉴证和审计追踪追溯要求。这个方案有三大特点。

- 首先，它本身就内嵌了符合温室气体协议的范围一、二、三的碳足迹计算引擎，可以计算产品在生命周期阶段的二氧化碳排放和进一步的环境 KPI。
- 其次，它提供了对可持续性的影响进行评估和场景分析的能力，可以在价值链分析服务的基础上，进行投入产出分析，帮助企业作出最优的减碳决策。
- 第三，它参考了 GRI、SASB、TCFD 等可持续发展标准，帮助企业按照与当地可持续发展目标和法规一致的 ESG 披露。

企业可持续性 – ESG	价值链可持续性	产品碳足迹	财务和投资可持续性
● 关注公司自身的环境和社会可持续性 ● 提供可持续性输入数据和碳抵消项目的用户界面 ● 范围一、二和三符合温室气体协议定书的碳排放 ● 参考GRI和联合国可持续发展目标 ● 报告公司有关可持续性的战略和法规，以及与全球和当地可持续目标的一致性 ● 在客户端和服务器端进行可持续性影响的模拟评估和场景分析	● 关注整个价值链的经济、环境和社会可持续性 ● 计算面向环境的社会扩展投入产出模型 ● 环境和社会绩效指标的影响评估（和货币化） ● 欧盟商业活动分类评估 ● 报告显示了可持续发展的潜力，从供应商端的采购到多工厂的生产，再到向客户交付产品 ● 在客户端和服务器端进行可持续性影响的模拟评估和场景分析	● 关注不同产品生命周期阶段的二氧化碳排放和进一步的环境KPI ● 计算基于投入产出分析和生命周期评估（通过利用价值链分析服务） ● 报告提供了产品效率潜力的透明度 ● 报告为客户的购买决策提供了依据	● 专注于将组合金融资产转向低碳、可持续和弹性投资 ● 与SAP财务资产管理(FAM)集成的能力 ● 将ESG因素纳入投资组合绩效评估 ● 投资经济、环境和社会绩效的整体报告 ● 根据TCFD，在投资层面进行欧盟分类评估，并披露与气候相关的信息投资组合 ● 报告公司与全球和当地可持续发展目标一致的投资战略和法规 ● 在客户端和服务器端进行可持续性影响的模拟评估和场景分析

图 7-22　SAP PaPM 在可持续性上的主要功能点

对于那些希望一站式完成碳足迹计算以及 ESG 报告披露的企业而言，这款解决方案是一个比较灵活的解决方案。

PaPM 提供了一些可持续发展管理的功能。

- 提供预定义的数据和计算模型。
  - 企业、价值链和产品可持续性；
  - 评分和分类；
  - 集成到 SAP ERP 和 S/4HANA、SAP 分析云（SAC）、业务信息仓库（Business Information Warehouse，BW）以及数据仓库云（Data Warehouse Cloud，DWC）；
  - 环境、社会和治理的可持续性；
  - 符合标准的结果视图。
- 提供预定义的最终用户流程。
  - 可以完成相关的活动和工作流程，引导最终用户完成整个可持续发展流程。
- 提供预定义的最终用户报告并进行模拟。
  - 支持 ESG、GRI、GHG 和欧盟分类标准（GRI 的示例如图 7-23 所示）；
  - 相关输入表格供业务合作伙伴提供可持续性相关信息（例如来自供应商）。

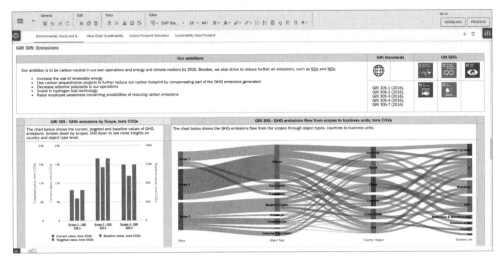

图 7-23　PaPM 可持续发展管理的样本内容：报告示例

7.5.5　环境健康安全——建立可持续发展的绩效跟踪和运营体系

第 5 章介绍了 SAP 环境健康安全（EHS）在零排放中的应用。事实上，SAP EHS 的功能，远远不止于此。这里主要介绍 EHS 的整体功能和在此之上的报告与分析，以及如何帮助企业建立可持续运营的绩效跟踪和运营体系。

在后疫情时代，可持续的运营成为企业日益关注的重点。如图 7-24 所示，广义的可持续性运营涵盖了企业的整条供应链和三重底线（Triple Bottom Line，TBL）[①]。SAP EHS 涵盖了制造、交付和运营等三个环节。

图 7-24　更广泛定义的可持续性运营

---

① 三重底线是国际可持续发展权威、英国学者约翰·埃尔金顿提出的术语，是指实现经济、社会和环境三方面的平衡统一，在扩展或获取资源和经济价值时兼顾社会和环境的和谐统一。

如图 7-25 所示，SAP EHS 主要分为五个大的模块，它们分别是事件管理、健康和安全、环境管理、变更管理和维护策略。

图 7-25　SAP EHS 的主要模块和功能

- 事件管理：事件管理解决方案可以帮助企业记录、管理事件和从事件中学习，这有助于降低成本、保持合规并推动企业建立积极主动的预防性安全文化。该模块用来记录影响人员、资产和环境的事件、未遂事件和观察到的安全结果。通过直接在表格中录入，或者在移动端录入，每个员工都可以识别需要纠正的问题来为安全作出贡献。此外，企业还可以使用标准化的、支持工作流的流程来管理调查和后续其他活动。

- 健康和安全：健康和安全解决方案可以帮助企业使用全面的风险评估流程，来识别和控制企业范围内的所有 EHS 风险。具体的风险分析方法包括图形化的风险矩阵、工作危害分析和职业接触限制比较。通过工作危害分析，可以直接向工人提供任务的风险和控制信息。系统还可以使用类似"暴露组"来简化工人的职业卫生检测计划。通过发布个人接触化学品的情况报告，可以向员工传达化学品和其他物质的接触情况，加强员工的自我管理意识。

- 环境管理：环境管理解决方案涵盖了企业所有的环境需求，从工厂许可证管理到排放清单、偏差报告、偏差调查和预防规划，可用于温室气体排放、其他空气或水或废物排放。在排放管理方面，该解决方案支持排放量的测量和收集，基于公式和方程式进行计算，对排放量进行跟踪和记录等功能，并使业务流程符合环境法规。如果超出排放限制，系统会发出警告或通告偏差，并自动触发预定义的程序。该解决方案有助于降低环境不合规的风险和受罚风险，确保运营获得许可。环境管理的这些功能，既可以在当地工厂层面上实现，同时也可以在企业层面上进行通盘掌握。总之，EHS 通过数据和流程集成，提高了整个环境业务流程的可靠性。

- 变更管理：变更管理解决方案通过全面审查、控制风险环节和文件批准功能，帮助企业管理运营变更。软件支持管理与设备、材料、化学品、操作条件、程度和组织结构变化相关的风险。通过高度可配置的业务规则和检查表,可以让用户记录评估、批准和任务的完成情况,从而简化变更流程,提高组织的一致性。该解决方案还提供了一个易用的变更申请表,以便员工甚至承包商可以轻松地申请变更。

- 维护策略:维护策略解决方案通过使用严格的许可证和能源隔离流程,帮助企业控制危险情况,如高压作业、动火作业和受限空间进入。该方案还支持与资产管理解决方案中的工单流程实现集成,通过强制执行许可申请和批准,确保完全可审计的作业程序。此外,该方案还通过许可证和隔离程序(也称为上锁/挂牌),为控制危险工作提供全面的电子化支持。

在很多企业里,EHS 职能部门被认为是一个成本中心,系统陈旧、预算很少,流程也主要是手工完成。它通常与主要的企业流程分离,并不是当今席卷大多数企业的数字化转型的一部分。

伴随着可持续发展和数字化建设的进程,EHS 将通过以下五个阶段日趋成熟,如图 7-26 所示。

- 第一阶段是孤岛阶段,EHS 仅作为一个点状的电子表格解决方案,用于辅助业务人员进行处理。
- 第二阶段,EHS 进入企业级数据处理阶段,财务、人力、资产、物流等数据被 EHS 调用,从而让 EHS 的数据处理和报表能力大大增强。
- 第三阶段意味着 EHS 开始步入流程阶段,EHS 流程被建立并标准化,与此同时,企业中开始出现主动安全的文化、规避风险的意识,并不断总结最佳实践。可持续发展的运营系统开始诞生,EHS 对企业的价值贡献逐渐彰显出来。
- 第四阶段是分析阶段,在 EHS 与业务数据的整合基础上,提供企业级的洞察,实现 EHS 卓越运营,实现集成报告和预测分析。
- 第五阶段是智能阶段,在智能技术的支持下,EHS 将实现状态自动感知、自主执行、自我适应,持续地优化可持续发展运营。

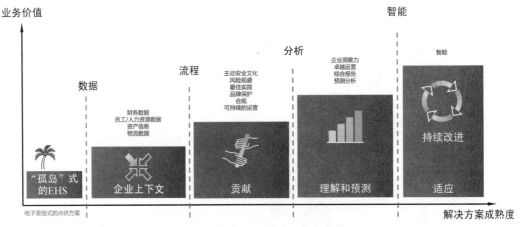

图 7-26 EHS 在企业中的五个发展阶段

SAP 在统一的平台上提供模块化的 EHS，使企业内的 EHS 职能部门具备数字化意识，推动自身的智能化流程，让部门处于数字化转型的前沿，而不是被留在一个未整合的孤岛上。

如图 7-27 所示，SAP EHS 是可持续发展的数据源头。无论是前文介绍的可持续发展，还是之前介绍的产品足迹管理、循环经济、社会责任，所有这些可持续发展的应用，都可以从 EHS 中获得数据。

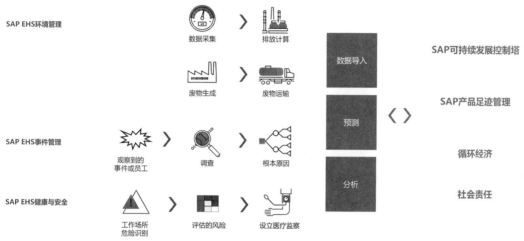

图 7-27　SAP EHS 是 SAP 可持续发展解决方案的数据源头

事实上，EHS 的作用，不仅仅是作为可持续发展的数据源头。如图 7-28 所示，企业开展可持续发展业务，往往面临如下的挑战。

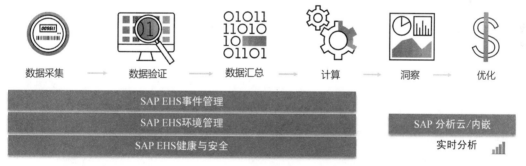

图 7-28　EHS 是企业可持续发展的运营体系

- 数据分布在企业的各个角落，获取难度较大，常常离不开手工方式。
- 排放数据、废弃物回收、员工安全相关的报表常常缺少业务数据，结果可信度低。
- 没有相应的机制结合业务数据，分析能源消耗、排放、事故和污染等事件。

毫无疑问，EHS 可以担任的角色是企业可持续发展的运营体系。通过在前面讲述的 EHS 功能（如事件管理、环境管理和健康与安全管理等）的基础上，结合 SAP 分析云和 EHS 内嵌的分析功能，建立数据采集、数据验证、数据汇总、计算、洞察和优化的机制，实现：

- 实时的数据采集；
- 对安全、环境、健康的洞察；
- 对员工的洞察；
- 对碳排放的洞察；
- 对社会责任动议的洞察。

第三篇
可持续发展的数字化实践与创新

第8章
四大行业的可持续发展数字化实践

本章围绕减碳的可持续发展目标介绍四个行业的数字化实践，它们分别是汽车行业、物流行业、能源和电力行业、消费品行业。在这四个行业迈向碳中和领域的旅程中，数字化扮演了重要的角色。接下来将围绕这几个行业，结合行业趋势以及 SAP 的实践，介绍数字化的典型创新应用。

8.1 汽车行业的实践

在过去的几十年里，汽车行业一直承受着来自政府和社会的巨大压力，即更可持续的增长模式。从 2000 年到 2015 年期间，欧盟汽车企业的二氧化碳排放量实现了从 170g/km 到 120g/km 的减少。然而，在 2015 年之后，随着 SUV 销量的增长，碳排放量开始上升，汽车行业的可持续发展问题得到了越来越多的关注。正如马斯克所言，"特斯拉的首要目标是帮助减少碳排放，这意味着低成本和高产量"，汽车行业的减碳进程充满了挑战。

8.1.1 汽车行业正在快速进入可持续发展新阶段

可持续发展已经成为汽车行业中的热门话题和商业重点。根据凯捷咨询公司 2020 年的一项研究，62% 的汽车企业"具有带明确目标和时间表的全面可持续发展战略"，只有 8% 的企业正在制定。以可持续发展为主题的汽车行业投资者活动从 2015 年的 142 场增加到 2019 年的 320 场，增长了一倍以上。但是在不同的国家和地区，汽车行业所部署的可持续发展计划存在很大差异。德国和美国在大多数优先事项上处于领先地位，尤其是在"支持和促进循环经济""可持续制造"等方面最为突出，而其他国家在"出行和数字服务""对环境负责任的金属、材料和产品的采购""IT 的可持续性"等方面则普遍表现相对落后。

尽管汽车行业在可持续发展的计划方面取得了进步，但是在可持续发展的实施方面却是支离破碎的。一方面是投入的领域不均衡，大多数企业都在价值链的核心领域进行了投入，而较少涉及价值链的远端，从而削弱了实现可持续性发展的效果。另一方面，在治理结构上也不完善，需要做更多的工作，例如只有 44% 的汽车企业拥有中央治理机构来监督目标是否实现，只有 45% 的汽车企业为关键高管制定了专门的可持续发展目标。

毫无疑问，汽车行业正在进入一个以"新能源车＋低碳绿色出行"推动可持续发展的新阶段，而数字技术是帮助汽车企业实现这两大目标的关键。如图 8-1 所示，汽车工业正面临着一场剧烈的转型。例如,围绕着汽车产品本身,因车联网的普及,数字技术为汽车提供了新的功能选项和服务,出现了按需车辆功能(On-Demand Car Features,ODCF),即在购买汽车之后由客户根据需求激活的功能。其他一些新的转变,例如将车辆作为服务交易的中心、多式出行、订阅式租赁服务、自动化、电动化等,都剧烈地改变了汽车工业。这些转变为降低车辆在使用过程中的碳排放提供了重要的手段。例如,在中距离(5~50千米)的多式出行里,如果放弃汽油车,改乘地铁、公交或新能源车,可减少碳排95%以上。又例如订阅式租赁服务,可以让部分消费者放弃拥有一辆汽车的想法,从而减少制造环节的碳排。

图 8-1　汽车工业正在面临一场剧烈的转型

从历史上看,汽车行业并没有太多地关注可持续实践。传统的流水线制造工艺,会消耗大量的能源、物料和人力,许多传统工艺至今仍然在使用,所有这些都留下了巨大的碳足迹。最重要的是,汽车被生产出来后,大多数都需要化石燃料才能行驶,还会释放有害气体,整个过程对环境产生了巨大的影响。

尽管新冠病毒扰乱了汽车销售和供应链,但重要的是在疫情之前,这种不可持续性就已经成为人们关注的重点。仅在 2018 年售出的 8600 万辆汽车,就占据了全球温室气体排放量的 9%,这也是汽车行业向可持续性迈进能够产生如此重大积极影响,汽车行业的未来就是汽车企业转型的原因。汽车行业对可持续发展的态度日趋成熟,代表制造业皇冠的汽车工业在可持续变革方面必须继续保持领先地位。今天,以"碳中和"为代表的可持续性业务正在推动包括汽车在内的各个产业转型升级,如图 8-2 所示。随着能源上游电力脱碳不断取得进展,清洁的电力已经成为降低汽车行驶过程中碳排放的重要手段,由此新能源车的普及率将直接与 CO_2 减排目标挂钩,从而极大地推动了新能源车行业的发展。

在汽车行业中,大大小小的企业越来越感受到重新思考其运营方式的压力。它们必须重新评估从设计和工程阶段再到制造和运输过程,一直到车辆如何运行、如何维修以及在产品生命周期结束时如何处理。一些企业已经专注于重新设计流程以实现其可持续发展目标,例如大众、奔驰等都已经建立了全新的工厂来制造电动汽车。根据 2020 年中国汽车工程学会发布的《节能与新能源汽车技术路线图 2.0》的预测,到 2035 年,传统能源动

 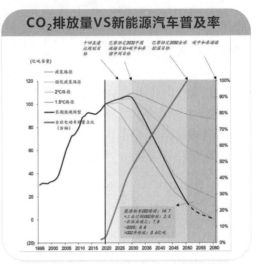

图 8-2 以"碳中和"为代表的可持续性业务正在推动包括汽车在内的各个产业转型升级

力乘用车将全部转变为混合动力,新能源汽车销售占比将达到 50% 以上。

根据国际清洁交通委员会的对比研究,认为只有电池电动汽车(Battery Electric Vehicle,BEV)和氢气燃料电池电动汽车(Fuel Cell Electric Vehicle,FCEV)才有可能实现达到巴黎协定目标所需的生命周期温室气体减排量。以中型车为例,2021 年在欧洲、美国、中国和印度注册的 BEV 在使用寿命内的生命周期排放量已经比汽油车分别低了 60%~68%、37%~45%、37%~45%、19%~34%。对于即将在 2030 年注册的新车,随着电力结构继续脱碳,这一差距还将继续加大。这里的不确定性在于每个地区未来的电力结构如何发展。对于以氢为动力的燃料电池电动汽车,需要分两种情况进行分析。一种是通过从天然气转化而来的"灰色氢",另一种是利用可再生电力产生的"绿色氢"。前者的减排效果相对温和,比目前各地区的平均中性汽车减少 26%~40%;后者可以达到 76%~80%。不过,可再生能源驱动的燃料电池电动汽车的生命周期排放量要略高于同类可再生电力驱动的电动汽车,后者需要考虑可再生电力设施建设产生的排放。

相比较而言,内燃机汽车没有现实的深度脱碳的途径。混合动力汽车(Hybrid Electric Vehicle,HEV)通过回收制动能量,并将其储存在电池中来提高内燃机运行效率,但也仅能减少约 20% 的生命周期温室气体排放。插电式混合动力汽车(Plug-in Hybrid Electric Vehicle,PHEV)有更大的电池容量,它的减排程度取决于实际平均使用量中电动与内燃机启动的份额。这一点在不同的地区存在明显的差异,在欧洲、美国、中国的 PHEV 与汽油车相比,生命周期排放量分别减少了 25%~27%、42%~46%、6%~12%,这取决于电力结构的发展(PHEV 在印度几乎没有注册)。但是与 BEV 相比,仍然高了 123%~138%、43%~64% 和 39%~58%。

8.1.2 可持续发展将给汽车企业带来一场深刻的商业模式转变

实际上,可能没有另外一个行业像汽车行业这样面临如此巨大的转变。新四化(电动化、网联化、智能化、共享化)给汽车行业带来了巨大的机遇和挑战,从根本上改变了产品和商业模式。

如图 8-3 所示,汽车工业转型的底层逻辑正从以制造为中心的商业模式向以服务为中心的商业模式转变。实际上,未来汽车的转变可以追溯到工业界里的"产品服务系统"(Product-Service System,PSS)这个概念。有时候,相较于直接采购或拥有产品,客户对获得产品的功能或能力更加感兴趣。如果能够在客户获得产品的功能或能力方面取得提高,那么制造商和客户都会从中获益。在这一背景下,制造商可以通过在报价中提供服务来增加自身的价值,这一转变被定义为一个通用的名词——"服务化"(servitization)。这种转变产生的必要原因是,无论是客户对缺乏吸引力的产品的需求,还是制造商从销售这些产品中获得的利润,两者都在下降。在工业领域,提供服务的主要优点是可以在长期的关系中锁定这些客户,通过让制造商来承担产品使用过程中的风险和不确定性,为客户提供足够的信心。这种做法有很多类似的名称,例如"功能销售""集成的解决方案""软产品"等,可以让企业建立价值增值和竞争力的新来源。

- 以一种集成和定制化的方式满足客户需求,通过客户的使用过程实现价值,从而让客户更加关注自身的核心业务,无须对产品投入过多关注。
- 厂商和客户在产品的全生命周期成本上的追求一致。
- 与客户建立独特的关系,加深客户忠诚度。
- 因对客户跟进得更好,从而加快产品和服务的创新速度。

图 8-3 汽车行业转型的底层逻辑

整个汽车产业链的各类企业将在汽车服务型谱中找到新的商业模式定位。图 8-4 所示的是汽车 PSS 的种类。从便于分类的角度,PSS 可以被定义为"有形的产品和无形的服务"的设计和组合,它们结合起来能够满足客户的特定需求。从 PSS 的起点,也就是纯产品出发,到纯服务,一共有五个大类。每种大类之下,还有不同小类,一共分为十种,也就是十种商业模式。显然,从第一种纯产品到最后一种纯服务,对产品的依赖程度在不断下降,或者说有形的产品内容越来越少;而与客户签署的条款,或者说是服务内容或要求则越来越抽象,给制造商的自由空间也越来越大。越抽象的服务要求意味着越难以被翻译为具体的指标。对于制造商来说,就越难以判断应该供应什么;对于客户来说,就越难以了解他们是否得到了自己想要的。但毫无疑问,服务占比越大,减碳的效果越明显。

图 8-4　汽车行业转型型谱

汽车行业在车辆和零部件的报废再利用和回收方面取得了进展。在欧盟,2018 年报废乘用车中有 93% 的零部件和材料得到再利用和回收,轻型货车的比例为 87%。例如,雷诺通过其子公司雷诺环境在法国建立了一个由 330 多个回收组织组成的网络,专门回收零件和材料。目前,在欧洲销售的雷诺汽车平均含有 36% 的再生材料和 10%～20% 的再生塑料。与此同时,汽车行业正在研究的新领域包括电动汽车电池的再利用和回收。大众汽车已经在德国萨尔茨吉特建立了一个试点工厂,用于回收电动汽车电池。其首先对电池进行评估,看看它们是否可以作为第二次生命(如移动储能系统)再使用,那些不能再使用的电池将被回收利用。那些能作为第二次生命使用的电动汽车电池将被送往宝马在德国莱比锡的电池存储农场,用于提供存储容量,以支持当地风能发电和电网平衡。

毫无疑问,赋予电动汽车电池第二次生命是汽车原始设备制造商日益关注的问题。越来越多的整车厂正在与公用事业和供应商建立合作伙伴关系,为电动汽车的电池提供第二次生命。

8.1.3　汽车行业的可持续发展行动建议

如图 8-5 所示,汽车行业的可持续性涉及 14 个要素,从"可持续的研发"一直到"IT 的可持续性",涵盖了整个汽车价值链。

根据凯捷咨询的调研,从汽车行业专家和汽车行业高管的角度看,可持续发展优先级排名靠前的要素分别是"支持和促进循环经济""可持续的研发""可持续的制造"。毫无疑问,实现电动汽车和循环经济对于促进真正可持续发展的潜力至关重要,其背后与汽车行业商业模式的转变密不可分。

汽车企业在专注于采用更可持续的做法时应考虑以下策略。

图 8-5 整条汽车价值链的可持续性

- 为基础变革制定长期战略,在每个流程中考虑可持续性。
- 使用技术提高可见性和透明度,以便以合乎道德和可持续的方式采购材料。
- 通过使用相关数据来跟踪、测量和减少整个产品生命周期的排放,在设计和工程阶段规划可持续性。
- 使用优化负载的物流流程来提高效率并减少排放和碳足迹。
- 以对环境和劳动力安全的节能方式运营资产和设备。
- 与其他汽车和技术公司合作,努力在行业中建立更可持续的实践。

8.2 物流行业的实践

8.2.1 物流行业面临减碳压力

从全球范围来看,物流企业正坐在可持续发展的时间炸弹上。交通物流行业是二氧化碳的排放大户,占全球总排放量的 21%,如图 8-6 所示。其中公路货运,尤其是重型卡车,是温室气体排放的主要来源,约占全球二氧化碳排放量的 6%。因此,运输和物流部门面临越来越大的压力。从 2000 年到 2018 年,全球公路货运的二氧化碳排放量增长了 42%,物流效率的提高难以抵消碳排放量的增加,其自身有着强烈的绿色低碳的需求。

另一方面,物流企业也面临着来自各方的减碳压力,尤其是政府部门推出的法律法规。如图 8-7 所示,由于交通运输占欧盟二氧化碳排放量的四分之一以上,因此欧盟绿色新政计划在 2025 年把航运全面纳入碳排放交易体系,取消免费航空碳排额,2030 年将货车的碳排放减少 50%,2050 年实现 75% 的货运量"公转铁"或"公转水",力争在 2050 年将交通领域的排放相较 1990 年减少 90%。毫无疑问,未来的这段时间将是欧盟的物流行业减碳的关键。

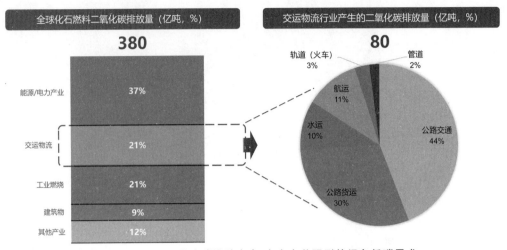

图 8-6　物流行业作为碳排放大户,自身有着强烈的绿色低碳需求

图 8-7　交通物流是欧盟绿色新政的重要转型方向

8.2.2　领先的物流企业已经迈出了可持续发展的步伐

尽管许多物流企业在可持续发展方面落后,全球范围内只有28%的物流企业发布可持续发展报告,但是已经有一批领先的物流企业迈出了可持续发展的步伐,如图8-8所示。

以德国邮政DHL为例,其已把到2030年之前的这段时间设定为实现可持续发展的关键时期。预计到2025年实现。其认为,"未来没有办法绕过可持续物流。今天,我们正在决定我们和我们的孩子在30年后将生活在一个什么样的世界"。

- 碳效率相比2007年提升50%。
- 70%的取件和派送由零排放的方式运输。
- 在超过50%的产品和服务中提供绿色解决方案,助力客户建设绿色供应链。
- 确保80%的员工通过DHL绿色物流方案的认证。

第 8 章 四大行业的可持续发展数字化实践

图 8-8 国外领先的物流企业积极推动绿色低碳战略,制订了具体的行动计划与路径

到 2030 年计划进一步实现:

- 投资 70 亿欧元减碳,将碳排放从 2020 年的 3300 万吨减少到 2900 万吨;
- 可持续燃料在航空燃料和干线运输中的占比均超过 30%;
- 实现 8 万辆"最后一英里"车辆的电气化,占车队的 60%;
- 100% 的建筑物碳中和;
- 为所有主要的产品和解决方案提供可替代绿色解决方案。

德国铁路于 2021 年 6 月宣布,将把铁路和 DB Schenker 的碳中和目标提前到 2040 年,而 DB Schenker 已经开始在法兰克福和上海之间的碳中和航班中使用可持续航空燃料。

8.2.3 数字技术助力物流企业减碳进程

目前,物流行业中致力于减少碳足迹的企业已获得显著的收益。物流企业的脱碳取决于许多因素,有很多种选择。如图 8-9 所示,脱碳既可以从低排放技术入手(如转向氢能),也可以从运营和物流优化入手,或者采取抵消的方法。毫无疑问,数字技术在其中可以发挥重要的作用。以数字化技术为基础的一体化供应链物流服务不仅能够实现物流节点与物流线路的优化,还能在需求预测的基础上充分发挥库存前置、仓配一体等新模式的作用,降低全流程的无用损耗,促进共同配送、循环物流、包装重复使用等绿色物流理念的落地,推动供应链与物流的低碳化。

根据普华永道的预计,2030 年替代传统柴油发动机的新技术将进入成本竞争的优势区间——电动卡车每千米成本比柴油车高 18%,比燃料电池卡车高 13%。物流企业现在需要建立碳的边际减排成本曲线,思考其脱碳之路。目前,中国总体面临供应链一体化程度偏低的问题,社会物流总额占 GDP 比重长期高于美、日等发达国家。随着近年来劳动力成本、资源成本与环境成本不断上升,以技术与模式创新实现低消耗、低污染和低排放成为物流行业自我转型的内在需求。无论是在上游生产领域的中小企业物流,还是下游

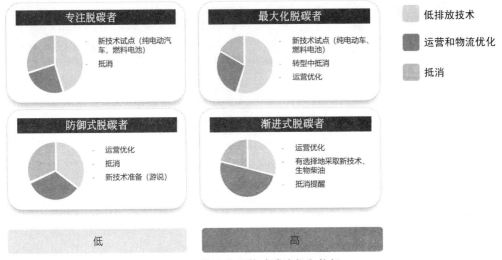

图 8-9 物流公司的减碳路径和偏好

流通环节的消费端物流,都存在需求复杂、网络阶段繁多的特点,一直以来都是优化的难点。

如图 8-10 所示,物流行业作为服务于各行各业最重要的服务行业,在企业供应链低碳运营实践框架中扮演着十分重要的供应链节能减排的角色,而数字技术可以帮助其发挥巨大的作用。一方面,数字技术可以加强与企业生产的协调,帮助企业降低库存,提升效率;同时数字技术的应用也可以推动可再生能源的使用。例如在欧盟,卡车每年行驶距离的 20% 是空驶的。通过访问路线规划和货运数据,并采用由人工智能提供支持的匹配模型,数字平台可以确定最佳路线并减少空车或半空行程的卡车数量。另一方面,数字技术在协助物流服务商进行产品、零部件、包装的回收过程中,也是必不可少的工具。

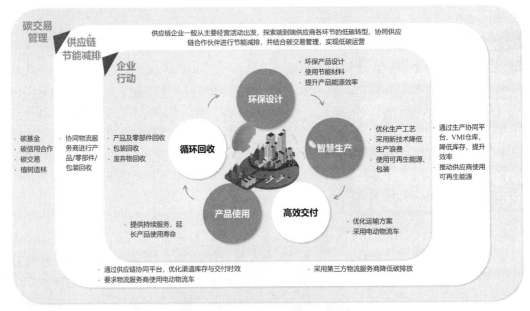

图 8-10 企业供应链低碳运营实践框架

8.3 能源和电力行业的实践

了解排放源是减碳的第一步。据统计,能源在全球温室气体排放总量中占据 73.2% 的比例。要想实现碳达峰和碳中和,能源转型必须先行,其核心是减少与能源相关的二氧化碳的排放以限制气候变化。

中国的能源结构以化石能源为主,2020 年煤炭占全国能源消费的 56.8%,占全国二氧化碳总排放的 80%。图 8-11 所示的是 2020 年全球能源消费结构以及中国 2020 年和 2000 年能源消费结构的对比。在中国的能源消费中,煤炭超过一半,属于典型的富煤贫油少气类型。2000 年以来,中国天然气、水电、核电、风电等清洁能源占比快速提升,从 9.5% 提升到 2020 年的 24.3%,为低碳转型提供了良好的基础。

图 8-11 全球和中国能源消费结构图

如图 8-12 所示,能源价值链正在迅速变化。首先是可持续性发展涉及整个价值链的方方面面,已经渗透到上下游的各个领域。其次,价值链在本质上越来越数字化,需要新的能力辅之以洞察力行事。对可持续发展和低碳转型的坚定承诺,对于吸引和留住客户以及发展业务至关重要。伴随着新能源低碳价值链的出现,能源行业的价值链重构已经迫在眉睫。

图 8-12 可持续发展和数字化是能源和电力行业的转型趋势

图 8-13 所示的是围绕目前能源行业上下游的产业链条。该行业所有创新涉及的元素,包括排放、碳、替代燃料、循环、可持续经营以及新的商业和消费模式,都在这条能源链条上。为了实现气候控制,需要在整个链条上打通碳足迹,建立碳会计体系,从整体的视角进行节能减碳。在能源结构转型过程中,能源的生产形式将从现在的单一集中式发电过渡到集中式和分布式发电和谐并存的模式。实现新一代能源系统和互联网技术的深度融合,已成为能源转型的重要技术支撑。

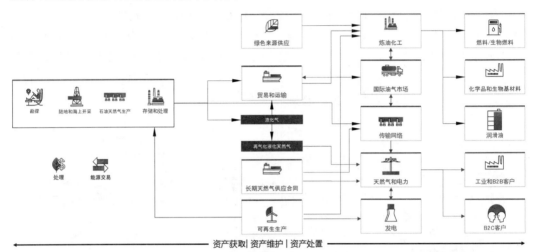

图 8-13 目前能源行业的上下游链条

这场转变不仅局限于能源的供给侧。根据大量的研究,数字技术的使用在成本和排放领域具有明显的节约潜力,特别是在能源的消耗侧。对于许多企业来说,通过能源管理,对能源使用过程进行监控和优化,可以有效地降低能源消耗。不过通常,减少能源消耗只是次要的好处,还不是产业转型的驱动因素,更具有战略性的是向新能源的切换。即便如此,目前,在全球越来越多的企业发布的可持续发展报告中,很少能找到有关资源消耗和能源效率的关键数据。不少企业都会评论自己与联合国可持续发展目标(SDGs)相关的活动,但是这些可持续性标准都尚未能够全面整合到企业的财务会计和成本会计系统中。这些都是接下来一段时间的工作重点。下面以氢能平台和新能源充电两个领域为例,介绍数字化技术的应用和 SAP 的一些实践。

8.3.1 氢能平台

氢气作为一种清洁能源(燃烧后产生水)被人们视为能源转型的重要方向。氢能为可再生能源电力系统提供了额外的灵活性,其因能帮助难以降碳的行业(如新能源汽车)实现降碳,而得到全球各国的重视,且已被广泛使用。然而,并非所有的氢能都是低碳清洁能源。根据制造工艺,氢被分为三种。

- 灰氢:通过化石燃料(如天然气)燃烧产生的氢气。这种类型的氢气约占当今全球氢气产量的 95%。它的优点是价格低廉,缺点是生产过程中碳排放较高。
- 蓝氢:也由化石燃料产生。但是由于融入了碳捕集、利用与封存(CCUS)技术,电力需求较低,因此碳排放较低。可以满足全球大多数国家的排放限值要求。

- 绿氢：使用可再生电力（如太阳能和风能）将水分解成氢和氧而产生的氢，其碳排放几乎可以是零。

根据国际能源署的估计，到2050年，全球能源结构中将有10%～20%是绿氢，不过，今天的绿氢资源占比几乎为零。要想完成这个巨大的转变，人们面临着诸多挑战。

例如，要建立一个流动和可持续的氢市场，它的基础是信任。就像有机食品一样，消费者知道自己花钱买的是什么至关重要。在未来几年内，绿氢将比蓝氢贵得多，而蓝氢又比灰氢贵得多，这种价格状况会一直持续到绿氢的规模化效应能够显著降低价格。因此，追踪氢的"颜色"和原产地证书，例如是否可再生能源生产，是整个价值链上的关键新流程。判断氢气是否可持续的关键是跟踪氢气从生产到最终使用的整个价值链中释放到大气中的所有温室气体。通过长距离运输的绿氢，或由其制成的产品（氨、甲醇等），其二氧化碳的排放可能会高于当地生产的绿氢。为了能够计算蓝氢或灰氢的碳排放，不仅需要跟踪氢气的价值链，还必须跟踪潜在化石燃料（如天然气）的整个价值链。

实际上，这只是整个氢产业链上面临的一系列挑战中的一个。在整条产业链上，还有诸如氢能需求与供应的透明问题、氢产业链的各个参与方的建设规划问题、终端氢气用户的计费问题等。

2021年，来自12家欧洲企业的CEO成立了欧洲CEO联盟（European CEO Alliance），致力于通过跨行业合作来应对气候的变化，如图8-14所示。这些企业代表了欧洲所有的关键行业部门，年收入超过6000亿欧元，员工人数达170万。联盟成员承诺在未来几年为各自的脱碳路线图投资超过1000亿欧元，以帮助实现欧盟的气候目标。

(a) 欧洲CEO联盟的构成　　　　(b) "欧洲氢价值链"是联盟的项目之一

图 8-14　欧洲 CEO 联盟的构成和"欧洲氢价值链"项目

CEO联盟的其中一个联合项目就是"氢价值链"。在该项目中，E.ON、Enel、Iberdrola、ABB和SAP将共同推动欧洲跨境绿色氢气价值链的构建。凭借联合专有技术和专业知识，这些公司正在为欧洲脱碳和气候目标作出重要贡献。SAP提供的数字化解决方案支持从绿氢生产到最终使用的整个氢气价值链。此外，SAP在诸如公用事业、石油天然气、航空、汽车、物流、工业机械等相关行业都有相应的支撑方案并提供服务。SAP通过业务网络将各个行业连接起来，实现数据的共享，提高氢气供应链的透明度，追踪氢气的来源和纯度，帮助管理方获得实时可见性和实时决策能力。

8.3.2 新能源充电

如今,电动汽车的发展已经成为一股势不可挡的力量。2021年,全球电动汽车销量达到631万辆,比2020年增长了101%。按照保守的预测,2030年全球电动车销量将达到3000万辆,占整个汽车销量的50%以上。

如图8-15所示,伴随着电动汽车销量的快速增长,充电设施的重要性逐日凸显,目前的充电设施仍然存在诸多问题。例如,充电基础设施分布不均,无法满足灵活的充电需求。欧洲每10万居民平均只有大约62个公共充电站,而美国大约只有37个。这导致许多潜在的电动汽车用户纷纷采取"观望"的态度,直到确认其所在地区已有一个可行的充电基础设施,才会购买。

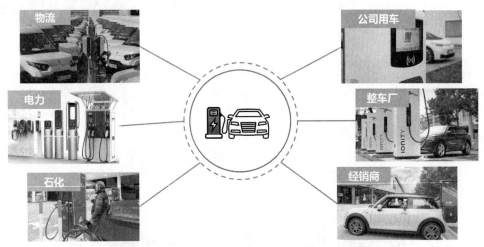

图8-15 各个行业都有不同的管理充电设施的需求

显然,向电动汽车的成功过渡需要配合在基础设施上的大量投资和相关技术。行业专家们认为,有一系列的选项可以用来满足需求,其中包括半公共的充电选项,如私人运营的充电站、办公室和零售店停车场、家庭车库和政府提供的地点。能够方便地访问各类充电设施,是围绕电动汽车建立一系列新商业模式的基础。

此外,电动汽车在由不同的电力供应组合供电时,具有不同的二氧化碳排放量。因此,在设计电动车战略时,需要考虑可持续性。例如将电动汽车与太阳能和住宅电池配对可能是一种可行的可持续商业模式,其可推动电动车车主在太阳能充足的白天为车辆充电。

然而,建立一个密度适宜的充电站网络只是硬币的一个面。充电点还需要为消费者提供简单、智能和自动化的充电体验。试想一下消费者已经习惯的一键式在线购物体验,就会明白这一点。实现这一服务水平需要一个智能软件平台,并与其他与出行相关的业务任务连接起来。当消费者在充电点注册时,该平台可立即识别出车辆的充电配置文件。

如图8-16所示,SAP E-Mobility是一种基于云的标准化解决方案,它提供了一个完整的软件包,使充电点运营商能够高效地运营业务并实现盈利。该方案面向以出行为核

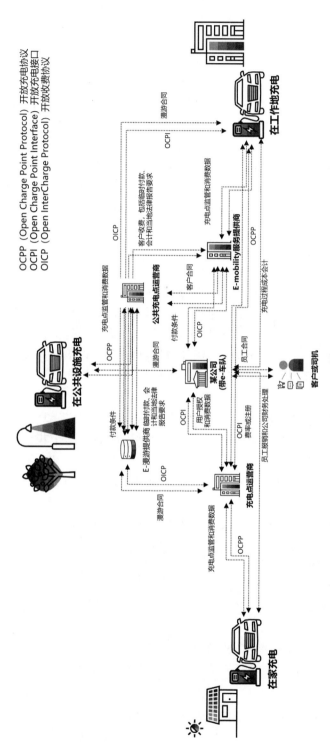

图 8-16 SAP E-Mobility 解决方案的三种应用场景（在家、在公共设施、在工作地充电）

心业务的企业,例如管理大型车队的物流企业或公共交通、市政部门和私人地面交通等出行即服务提供商。SAP E-Mobility 的企业级功能提供与其他软件解决方案的集成,用于费用报销管理、分析、成本管理、计费和发票。

以 SAP 为例,其已制定 2023 年实现碳中和及 2030 年实现净零排放的目标,为此需要在其公司车队中扩大电动汽车的比例。目前,SAP 公司车队规模为 2.7 万辆,近五分之一是电动汽车[①]。为了在 2030 年实现 100% 的电动汽车目标,需要建设满足员工使用需求的充电设施。毫无疑问,SAP E-Mobility 方案已成为一个必需的解决方案。

位于维也纳的 SAP 奥地利公司是第一个实施 SAP E-Mobility 的公司。目前,SAP 奥地利公司的 400 辆汽车中有四分之一是电动汽车,公司计划在未来几年内向电动汽车进行重大过渡。该公司的充电基础设施由 SAP 在维也纳的设施管理团队运营,并作为其资产管理总体责任的一部分。这些充电设施均由连接到电网的光伏系统补充电力。

电动汽车充电需求的关键是灵活性,这是因为员工希望在工作场所、公共充电点和家中都能为汽车方便地充电。SAP E-Mobility 支持在工作中灵活收费,并通过 SAP Concur 软件报销家庭私人收费,用于差旅和费用管理。

一些城市和社区正在寻求通过向公众开放私人充电基础设施来弥补当前公共充电能力不足的问题。"由于公共充电站的数量增长速度低于需求,因此向尽可能多的用户开放半公共充电站尤为重要。这就是 SAP 新解决方案的多功能性所在。SAP E-Mobility 支持 SAP 奥地利公司向任何用户开放访问和计费选项,并且可以根据需要快速扩展系统以满足新的要求,灵活的解决方案支持 SAP 奥地利公司向客户和业务合作伙伴开放其充电点。

显然,这种充电设施的共享远远超出了办公场所和停车场。SAP 通过与慕尼黑市以及交通和能源行业的其他合作伙伴启动了一项联合创新项目,基于共享出行概念以改善德国城市的充电点覆盖率。

图 8-17 展示了 SAP E-Mobility 的界面。SAP E-Mobility 是一个用于构建、监控和运行电动汽车充电网络的解决方案。但它提供的不仅仅是充电桩操作功能,还支持多种充电方案,例如在家中充电、在工作场所充电和在公共场所充电,并且还支持以下业务场景:

- 远程充电桩操作;
- 电动车队管理;
- 技术充电桩资产管理;
- 360°驾驶员视图。

此外,SAP E-Mobility 还提供了如下解决方案。
- 监控充电基础设施和充电进程状态,包括基于情景实时数据的欺诈预测和根本原因分析。

[①] 这是国外企业流行的一种公司用车(company car)的做法。这些汽车是公司发给雇员的车辆。汽车仍在公司名下,公司是所有人,但是获发的雇员有权驾驶。驾驶公司车辆的员工通常不负责车辆的维修成本,并被允许将汽车用于个人用途,从而享受到福利——这不需要纳税,因此是一种很大的激励。

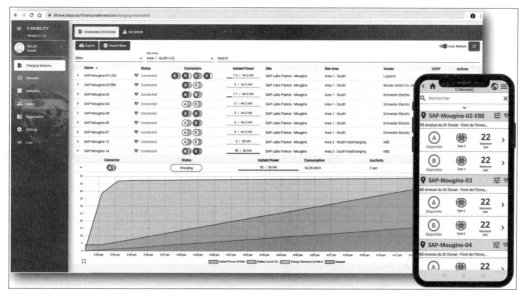

图 8-17 SAP E-Mobility 的使用界面

- 易于安装和配置的电动汽车供电设备、电动汽车、授权、电网、门卡和 API。
- 支持跨多个电网进行智能充电，结合 prosumer（producer 和 consumer 的组合，即既是生产者，又是消费者），提供充电优先级，满足电网再训练，优化能源价格。
- 支持多种定价计划和费率的所有收费方案的定价、计费、开票，以及合同客户和现收现付客户的实时开票。
- 基于开放充电协议（Open Charge Point Protocol，OCPP）与独立于供应商的充电基础设施进行双向通信。
- 完全透明的充电过程、能源成本和电网利用率。
- 与 SAP S/4 HANA 和 SAP Concur 解决方案紧密集成，用于报销费用，以提供现代充电桩运营管理解决方案所需的灵活性和可扩展性。

8.4 消费品行业的实践

消费品行业一直是推动绿色低碳的先锋。一方面，随着技术升级，消费品的碳足迹不断下降。例如，一台 32 寸显示器的碳足迹，从 2000 年左右的 CRT 电视的 2～3 吨，到 2020 年电子纸显示器的 100 公斤，10 年里下降了 95%。另一方面，来自消费者对绿色低碳产品的溢价意愿不断上涨。这两个因素结合起来，推动消费品行业成为践行绿色低碳的先锋。

8.4.1 使命驱动的消费者正在推动消费品企业加速可持续性转型

驱动消费品企业投入可持续发展的动力，除了常见的双碳目标之外，还有一些所谓"使命驱动"（purpose-driven）消费者崛起的新力量。

当今的消费者越来越强调可持续性，因此以使命为导向的消费者群体逐步兴起。他们高度重视消费对社会和环境的影响，足以改变消费者群体的购买行为。据 IBM 在 2020 年的一项研究，近 80% 的消费者表示可持续性对他们很重要，而且几乎 60% 的消费者愿意改变他们的购物习惯以减少对环境的影响。

消费品企业也了解到可持续性带来的独特的商业优势，开始重新评估其使命和价值。事实上，长期的可持续发展计划不一定会增加企业的成本。例如，美国 Limeloop 公司推出的美国邮政循环包装袋，可在 10 年内高达 2000 次循环使用。用户不仅可以用 App 跟踪包裹的去向，还可以在每次收到包裹后，通过贴上附带的退还标签并将其扔进任何一个美国邮政的邮筒，来将其退还。

在这股潮流的推动下，以可持续发展为核心竞争力的"绿色"初创企业在消费品领域的市场份额越来越大。无论是在鞋类市场，还是在食品市场，"绿色"初创企业都越来越受欢迎。一份 2021 年绿色创业监测报告称，德国四分之三的新成立的公司认为其环境和社会影响与其战略相关。在消费品行业，新成立的公司中有 57% 是绿色初创企业。

鉴于各方压力越来越大，大多数老牌消费品企业均已知晓可持续经营的重要性，而且大部分企业很清楚自己需要做什么。如图 8-18 所示，据麦肯锡对前 50 家上市消费品公司企业价值的研究，它们的预期现金流的增长约占其当前价值的一半，因此改变这些企业增长预测的因素会对其股东回报产生重大影响。碳排放、空气污染、违反禁止童工法律等，都会对企业预期的现金流增长带来侵蚀。毫无疑问，如何管理未来的现金流存在很大的不确定性，需要的是可持续发展战略，尤其是在转型背景下实施该战略的路线图。

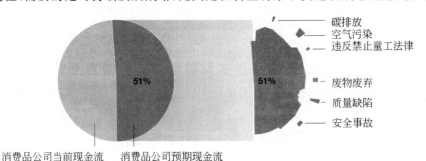

图 8-18　消费品企业未来价值与可持续发展指标息息相关

8.4.2　可持续发展的转型需要跨价值链的整合

对于所有的行业，尤其是消费品行业，可持续发展需要对整条价值链的一致理解和行动，不能在单独的孤岛中开展行动，并希望取得成功。例如，改用电动汽车的消费者可能自认为正在为更环保的环境作贡献。但是，实际情况却是，是否更环保取决于电力产生的方式。如果电力是通过燃烧煤炭产生的，就可能对环境造成更大的破坏（这一点将在第 9 章有关电池行业的讨论中详细论述）。同样，消费者还需要了解汽车的其他部分是否含有无法安全回收的重金属。

贝恩咨询的研究表明，越来越多的消费者愿意为满足社会责任、包容性或环境影响要求的食品和其他产品多付钱——通常是多付 5%～10%。如果农民可以对小麦多收取

10%的费用,就可以将这笔钱投资于更可持续的做法,而额外的成本仅使一个2美元的面包价格增加一美分。与此类似的是,通常包装只占产品成本的10%左右。即使包装成本因使用回收塑料增加50%,产品总成本也只会增加5%,完全在消费者愿意为更环保的产品支付的溢价范围之内。

可持续发展的转型需要跨价值链整合同样适用于农业。以鳄梨(牛油果)为例,近年来它在西方的消费量增长了十倍,这一切都要归功于它的高不饱和脂肪酸的含量和其他营养价值。消费者可能倾向于认为使用健康和自然的东西是可持续生活的一部分,但事实证明鳄梨种植并不是自然可持续的。鳄梨的栽培需要大量的水,为了保证灌溉,需要大面积集中种植,从而增加了土壤中害虫、疾病和养分枯竭的威胁,进而导致农药和化肥用量的增加,而这两者都会增加水果的碳足迹。

挑战不仅限于鳄梨。农业占全球温室气体排放的四分之一,随着粮食需求的增加,机械化和化肥的使用必将增多,因此农业的碳排放量会一直增加,而耕地、淡水、森林等自然资源则一直在萎缩。仅凭价值链末端的消费者的使命驱动,难以逆转这一趋势,只有当整个供应链的成员都愿意为之改变,并充分动员起来的情况下,通过指数级的数字化技术,如使用物联网监控整个供应链活动、使用人工智能和高级分析来帮助决策、在区块链技术下提供真实可靠的数据,才可能达到目标,如图8-19所示。

图8-19 可持续发展的转型需要整条价值链的整合

8.4.3 提高供应链可持续性的三个角度

提高供应链可持续性,需要从三个角度展开。

首先是定位出整个供应链上的关键问题。消费品种类繁多,问题不一,例如制造液晶显示器会导致氟化温室气体的排放，而咖啡种植园则容易雇佣未成年工人来种植和收获咖啡。通过一些事先总结好的衡量框架和工具，可以帮助企业更容易地发现供应链中最关键的可持续性问题。

例如，可持续发展联盟(The Sustainability Consortium, TSC)建立了一套绩效指标和报告系统，突出了110多个消费品类别的可持续发展热点(Hot Spot)，涵盖了80%～90%的消费品影响。TSC帮助许多企业确定可持续发展热点，并为其制定绩效指标。例如，在TSC的方法论指导下，沃尔玛在酸奶油等产品的生命周期中发现了许多"热点"，如来自奶牛的甲烷气体、来自运输和配送的排放物和燃料使用，以及来自巴氏杀菌和均质化过程中的能源消耗和水的使用。想象一下，对沃尔玛全球8000多家商店的每个货架上的数千种产品进行评估，这是何其之大的巨大工作量和挑战。

其次，是将供应链可持续发展目标与全球可持续发展的各种行动计划联系起来。一旦企业知道其供应链问题出在哪里，就可以设定目标以减少由此产生的影响。理想情况下，企业的目标将基于科学家的建议，将各种类型的可持续性影响置于维持或改善人类福祉的阈值之下。例如，联合国成立的科学机构"政府间气候变化专门委员会"已经确定了减少温室气体排放的全球目标。根据这些建议，可以计算出美国的主要消费品和非必需消费品部门应分别将温室气体排放量减少16%～17%和35%～44%。

通用磨坊(General Mills)就曾使用这种方法为其整个价值链设定减排目标，该目标对应于国际上公认的到2050年将排放量从2010年的水平降低41%～72%的目标。2015年底，通用磨坊宣布，针对其供应链中的温室气体排放总量，努力做到在十年内将"从农场到餐桌再到垃圾填埋场"的排放量减少28%。为了实现这些目标，该公司鼓励其农业供应商遵循可持续做法，并承诺在2020年之前100%从可持续来源获得十种优先原料。

最后是协助供应商管理可持续发展带来的影响，并确保其坚持到底。一方面，消费品公司采用传播行为准则、执行审计和发送调查问卷等手段，帮助供应商设计可持续发展计划，并将其作为企业自身的发展目标进行推进。另一方面，数字技术也提高了企业协助供应商的能力。例如沃尔玛通过使用在线工具，帮助其数千家中国供应商提高工厂的能源效率。

8.5 案例：AllBirds和Farmer Connect以可持续发展作为品牌差异化竞争优势并取得成功

8.5.1 AllBirds案例

Allbirds是一个来自美国旧金山的时尚休闲品牌，使用优质的天然材料，打造具有可持续性意义的鞋类产品。公司的使命是将舒适性、优秀的设计以及可持续性融为一体。

从2014年众筹第一款产品开始，AllBirds就借助可持续发展的理念快速发展。公司于2016年成立，于2021年11月在美国纳斯达克上市，当天市值就达到40亿美元。AllBirds被认为是耐克和阿迪达斯未来的主要竞争对手。

2014年，公司创始人Tim Brown发起了一个以羊毛运动鞋为原型的众筹，计划用30

天时间募集 3 万美元。结果仅用了 5 天时间，就获得了 12 万美元，说明羊毛运动鞋作为一种可持续性的产品，得到了消费者的广泛接受和认可。公司成立之后，继续以可持续发展作为品牌差异化的优势，产品大量采用了绿色环保材料，例如，鞋面用新西兰最好的美利奴羊毛和南非的桉树制作，鞋底用甘蔗制作，鞋垫用羊毛和蓖麻油制作，鞋带用可回收塑料瓶制作。就连鞋子包装盒的 90% 的材料都是由回收的硬纸板盒制作而成，如图 8-20 所示。

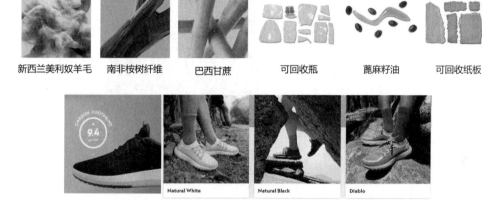

图 8-20　AllBirds 广泛采用绿色环保材料来制造运动鞋

Allbirds 从最初作为 Kickstarter 上的试点项目开始，通过将可持续发展视为核心的差异化因素，将自己定位为挑战者品牌。这种战略有助于它吸引越来越具有环境、经济和社会意识的新兴消费者阶层。

但是，这种差异化战略说起来容易，付诸实践却很难。它需要在整个制鞋价值链中采用革命性的方法，确保为客户提供卓越的产品，提供高质量、舒适、合身、可靠和合适价格等广受欢迎的属性，同时完全采用环保做法。

迄今为止，Allbirds 已取得巨大的成功。在成立的头两年，该公司便售出了超过 100 万双绿色运动鞋，并将其电子商务业务扩展到实体店。如今，多家工厂正在为 Allbirds 在全球的 9 个配送中心提供原料，Allbirds 再通过这些配送中心为 25 家实体零售店供货，并计划通过数字商务接触 25 亿客户。为了确保消费者能够全面了解产品在整个供应链中对环境产生的影响，Allbirds 在生产的每件产品上都标有其自己的碳足迹，对"以更好的方式创造更好的东西"的口号负责，如图 8-21 所示。

为此，Allbirds 采用了 SAP S/4 HANA 作为基础的业务架构，除了支持销售增长、管理营销和通过社交媒体吸引客户外，Allbirds 还依靠 SAP 解决方案来帮助其实现特定的业务目标。这包括为其全球运营中的所有交易创建一个财务记录系统，并采用新的云技术，以帮助其成为一个更加多元化、更有能力和负责任的全球雇主。借助其运营中的互联技术，Allbirds 可以计算和监控从设计到交付再到支持的整个环节的产品碳足迹，不断提供令世界各地客户满意的新产品和服务。如图 8-22 所示，通过将产品的碳足迹数据集成到主数据中，不仅可以让 Allbirds 作出客户细分和采购决策方面的分析，也可以让客户在购买产品时，清楚地了解每个产品的碳排放情况，从而作出购买决策。

图 8-21　Allbirds 为产品提供碳标签

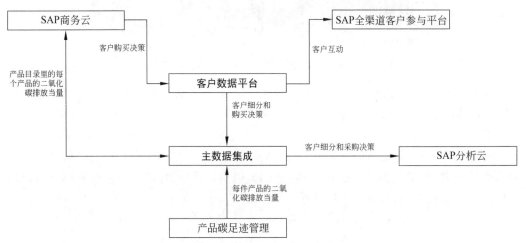

图 8-22　产品碳足迹管理通过主数据集成，融入客户交互过程

8.5.2　Farmer Connect 案例

每年，全球的消费者要喝掉超过 5000 亿杯咖啡。在接受调查的 19~24 岁的消费者中，多达三分之二的人表示自己更愿意购买那些以可持续方式种植并且来源可靠的咖啡。尽管国际认证机构在这方面取得了一些进展，但是人们还是不了解咖啡种植户的种植行为。咖啡行业的全球供应链非常庞大和复杂，导致难以跟踪产品。参与者只能追踪自己所涉及的那一小部分，使用自己的系统记录数据。

希望更快地从身边的咖啡店追溯到咖啡豆种植户的消费者现在有了新的解决方案。Farmer Connect 开发了一个面向消费者的应用"Thank My Farmer"，将消费者、种植户以及供应链中的每个参与者联系起来，形成更加透明和可持续的食品供应链。通过互动式地图上提供的信息，人们可以以可扩展的简单方式了解每件产品在供应链中的流转过程。

"Thank My Farmer"应用还为咖啡社区提供可持续发展项目,使消费者有机会参与进来。

该解决方案基于区块链技术,汇集咖啡和咖啡豆供应链中的所有参与者。种植户、合作社、贸易商和零售商之间可以更加有效地互动,消费者不仅能获得有关所购产品的来源的全新洞察,还能够通过资助当地项目来支持种植咖啡的社区。

如图 8-23 所示,Farmer Connect 的生态系统由三个产品组成:Farmer ID、Farmer Connect 和 Thank My Farmer。所有这些产品共同实现了供应链的数字化,为产品来源带来透明度,并通过围绕消费者消费的产品创造引人入胜的叙述来帮助企业建立品牌价值。

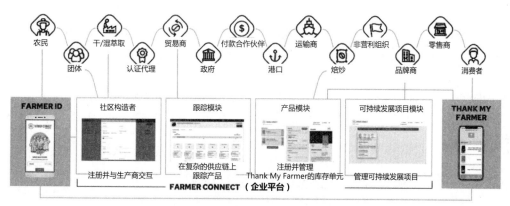

图 8-23 Farmer Connect 的生态系统实现了从农民到消费者的全覆盖连接

第9章
欧盟可持续发展的数字化创新示例

与其他地区相比,欧盟一直在可持续发展领域,特别是气候行动方面位居全球前列。例如,第一个碳交易市场、第一个碳标签都诞生在欧盟。近年来,欧盟出现了以工业4.0为代表的数字技术的飞跃发展,极大地推动了相关产业的转型升级。可持续发展与数字技术的深度融合推动了欧盟在一大批领域里的创新。这些创新大多具有跨产业链、覆盖产品全生命周期、互联开放共享等特点,为可持续发展开辟了新的空间。本章以其中的三个领域加以介绍。

9.1 基于联邦数据基础的循环经济创新

循环经济通过利用回收材料来提高生产过程和产品的资源效率。它提高了旧材料的透明度,并能够回收有价值的材料。这将使客户能够为生产提供和要求可重复使用的组件和回收材料。利用数字孪生可以改善第二生命和回收策略的决策。然而,循环经济场景中的数字孪生横跨多个企业,覆盖了端到端的供应链。对这些企业产品和物流数据的应用,必然会涉及数据的合法性、安全、隐私和主权上的一系列问题。如果不对这些问题加以周详的考虑,搭建的数据应用就会像构筑在沙滩上的建筑,由于缺乏数据和缺乏合法性而很快被废弃甚至倒塌。在现实当中,有很多类似这样的例子。源自欧盟的联邦数据基础项目,是对如何解决这些问题的一个具有重大意义的尝试。

9.1.1 缺乏数据主权阻碍新商业模式

近年来出现的很多新商业模式面临的最大挑战是没有明确如何保障数据提供方的数据主权。如图9-1所示,零部件制造商希望访问与其产品相关的运行数据。零部件出售给设备制造商后,安装在设备上,出售给设备使用方。对于零部件制造商来说,采集产品数据有助于优化零部件设计、制造和运行,提高整台设备的安全性和效率。

显然,这里有很多关于数据主权的问题没有清晰的答案。

- 谁是零部件数据的所有者?
- 谁有权出于什么目的访问它?
- 数据如何变现?
- 数据以何种方式传递?
- 数据的安全性由谁来负责?

第 9 章　欧盟可持续发展的数字化创新示例

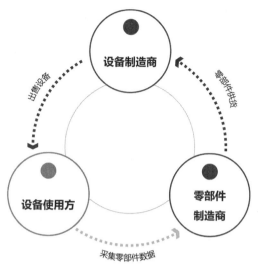

图 9-1　缺少数据信任是实现新商业模式的重要障碍

- 如何才能合法地使用这些数据？

……

如果这些问题得不到很好的解决，而仅仅是搭建了一个应用平台，那么便是不切实际的空中楼阁。实际上，很多互联网公司之前取得的成功，实际上是建立在客户数据的价值和隐私被免费让渡（有的得到了客户的授权，有的没有得到客户的授权）的基础之上的。随着消费者、中小企业对数据主权意识的觉醒，互联网公司无偿使用客户数据的时代已经一去不复返了。

9.1.2　联邦数据基础的定义

Gaia-X 以希腊女神盖亚（Gaia[①]）命名，是一个致力于为欧洲开发下一代联合欧洲数据基础设施的项目。在该项目中，企业和个人将以各自控制数据的方式，决定自己的数据用于何处，存储在哪里，并始终保持数据主权。举一个例子，假设有一家企业需要对某类图像数据基于机器学习技术进行自动识别。考虑到数据采集便利性和 AI 算法的匹配度，需要将数据存储在亚马逊云上，调用谷歌云的机器学习算法。这就涉及基于服务目录的服务选择、跨云之间的服务编排、不同云服务的数据加密存储、数据加密传递等，所有的这些都需要对这家企业透明。如果不能从基础设施的角度解决这些问题，则很难让企业消费者安心地使用云计算带来的服务。如果所有这些服务只能在一家云厂商上实现，那反而更加说明其背后很有可能存在严重的不可告知的数据安全问题。

---

① 盖亚是古希腊神话中的大地女神、众神之母、所有神灵中德高望重的显赫之神。盖亚与混沌（卡俄斯）同时诞生，她的出现标志着混沌开始由无序转为有序，也标志着万物开始产生。她是宙斯的祖母，所有的天神都是她的子孙后代。Gaia-X 项目以盖亚为名，表示该项目所关注的数据主权，是整个数字经济的基础。

Gaia-X 的架构基于去中心化的原则，不创建与现有产品（如超大规模厂商①）竞争的产品，相反其既定目标是通过开放接口和标准链接不同的元素，以便连接数据并使它们可供广大受众使用。因此，伴随 Gaia 出现的不是云，而是一个将许多云服务提供商连接在一起的网络系统。目前已经有超过 300 个组织和企业成为 Gaia-X 的成员。

如图 9-2 所示，Gaia-X 的宗旨如下。

- 一是创建数字基础设施和创新生态系统，在合作伙伴之间的可信环境以及智能服务应用程序和基础设施服务之间，建立互操作连接。
- 二是提高数字服务的透明度和吸引力，减少使用合规服务的障碍；支持新服务和新产品的开发。
- 三是加强企业、科学、政府和社会各界的数字主权。
- 四是减少私人和企业消费者对单一供应商的依赖；控制数据的存储位置和管理环境；减少对特定行业的依赖性。

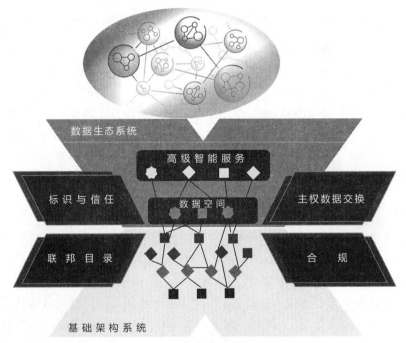

图 9-2　Gaia-X 架构一览

在第 1 章介绍的《欧洲绿色协议》的行动计划中，第一步就是为绿色协议和有韧性的经济创造一个欧洲的数据空间，包括建立"欧洲共同绿色交易数据空间"的提议，为推动可持续发展所需的数据的访问和可用性提供基础。欧盟正在为此建立一个数据空间，以激励和实现数据和信息的公平访问和共享。该数据空间有助于创造条件，在生产者、贸易

---

① 超大规模厂商（hyperscaler）是指在计算中实现大规模的厂商，通常是指大数据或云计算。一般来说，超大规模厂商是指像谷歌、Meta 和亚马逊这样的大型公司，它们不仅努力主导公有云和云服务产业，还将业务扩展到众多相关垂直领域。根据 Synergy Research 的研究，全球只有 24 家企业满足超大规模的定义。

商、废弃物经营者和消费者之间共享有关产品、材料和物质的信息,同时确保价值链中所有利益相关者的不同需求得到尊重和满足。

9.1.3 在整个生命周期中实现数字孪生的协同

SAP 认为,循环经济场景下的数字孪生是一个面向商业模式转型升级的数字孪生网络(the network of digital twins)。对于这一新的定义,可以从以下三个方面来理解。

- 随着市场转向大规模定制和新的服务交付模式,设计商、生产商、运营商和服务商必须更加动态和灵活,以满足客户的期望,同时确保设计、制造和服务流程的效率。
- 数字孪生网络在设计商、生产商、运营商和服务商之间实时共享和同步资产和产品的虚拟定义、物理定义、状态定义和商业定义,以加速创新,优化业务运行,预测服务需求,改进诊断水平并增强整个价值网络的决策能力。
- 数字孪生网络创建了"数字孪生之间的关系",以实现安全和分布式的记录系统,与供应商、合作伙伴和第三方服务提供商的实时协作,新的商业模式交付和更加高级的分析。

如图 9-3 所示,以汽车行业为例,其核心是贯穿整个产品生命周期中的数字孪生,其商业价值是:

- 提高生产流程和产品的资源效率,更加充分地利用回收材料;
- 对生产中可重复使用的组件和回收材料的需求和供应进行计划;
- 对使用过的材料保持透明,并能够回收有价值的材料;
- 在数字孪生的基础上进行合作,以便更好地决定第二生命和回收策略。

图 9-3 在整个生命周期中通过协作打通物料循环

目前,这样一个基于数字孪生的循环经济模型,正在欧盟的 Gaia-X 架构下紧锣密鼓地打造当中。

9.1.4 在汽车行业里实现材料可追溯

很少有哪一个行业比汽车行业的风险更高,平均每辆驶下总装线的汽车需要从全球供应商那里采购几万个零件。当一个关键部件变得稀缺时,例如控制汽车电子设备的芯片,汽车制造商就有可能无法兑现对客户的承诺。

为了应对行业动荡,欧洲各地的汽车企业联合起来,在相互关联的业务中实现360度的可见性。通过始于2021年的名为Catena-X的汽车网络,数十家制造商、供应商、经销商协会和软件开发商以SAP和其他技术为基础,建立了一个蓬勃发展的数字生态系统,为安全领域制定了统一标准,在整个汽车价值链中共享数据。

Catena-X的参与者——宝马、博世、采埃孚、梅赛德斯-奔驰、大众汽车和沃尔沃,利用基于云的网络所带来的可见性来提高竞争力,提高效率、增强其预测供应链意外中断并进行相应调整的能力。该联盟不仅适用于占主导地位的市场参与者,对中小企业也同样友好。这是因为该联盟建立在前文提到的开放且可扩展的生态系统Gaia-X的基础之上,无论企业规模如何,都可以依赖数据来指导运营决策和促进协作创新。

通过数字网络,企业可以通过生产的每个阶段来衡量供需情况。Catena-X的核心功能是材料或零件的可追溯性,由SAP物流业务网络解决方案支持。

SAP物流业务网络的材料可追溯性功能允许企业跨价值链中的多方追溯产品和组件,从N层采购到制造再到分销。这是一种端到端的可追溯性和召回管理选项,可帮助捕获和分析从原材料到成品的产品谱系。最初,它是与食品供应链的领先企业合作开发的,材料可追溯性使其能够通过连接整个供应链来加强透明度和可持续性。汽车行业也存在类似的需求。根据详细的制造规格查明有缺陷的产品,可以大大缩小召回范围,为汽车制造商和经销商节省大量成本,并避免给消费者带来不必要的麻烦。同时,相同的材料可追溯性选项可以帮助企业确定产品或过程是否符合指定的合规标准。例如,汽车的原厂是否遵守环境可持续的商业惯例?汽车制造商或供应商是否遵守对多样化招聘和合同政策的承诺?它是否验证了整个供应链对非强制性劳工标准的遵守情况?

在SAP物流业务网络的材料可追溯性的支持下,Catena-X等分布式行业网络可以实现无与伦比的多层供应链可见性,不仅涵盖传统的供需指标,还涵盖广泛的社会和合规相关属性,帮助企业及其贸易伙伴实现最大的灵活性、可持续的创新和长期的共同增长。

9.2 打造可持续的电池价值链

9.2.1 目前的电池价值链轨迹需要改变

电池在实现能源和运输系统的脱碳转型的过程中毫无疑问扮演着核心技术的角色,可以帮助减少30%的碳排放。从2010年开始,电池的需求每年增长30%,预计到2030年将达到2600GWh。增长的主要驱动力是交通电气化和电池在电力供应中的部署。预计到2030年,将出售超过3400万辆各种类型的电动汽车。电池还可以作为电力系统中的能量缓冲器,支持将可再生能源发电整合到传统能源供应中。而目前占市场份额20%的消费电子产品,到2030年将仅占一小部分比例。显然,从脱碳的角度,电池是实现《巴黎协定》和支持联合国可持续发展目标的关键技术,如图9-4所示。

图 9-4 电池行业对可持续发展的巨大贡献和面临的挑战

然而,如果没有刻意的干预,电池支持可持续发展和缓解气候变化的潜力会被自身的价值链削弱,主要的挑战来自电池的价值链。

首先,电池在生产过程需要大量能源,从而导致大量的温室气体排放。今天,一辆典型的汽车的碳足迹主要是由车辆使用阶段产生的排放决定。大约80%的排放由客户驾驶车辆时使用的燃料产生,20%是在制造过程中产生,包括上游供应。然而,生产全电动汽车的二氧化碳排放要高于传统内燃机汽车。尽管在电池全生命周期中,使用环节可以做到碳排放低于传统汽车,但是减少生产足迹始终是一个必须要解决的主要义务,可以让切换到电池的论据更具有说服力。

其次,电池价值链在社会、环境和诚信等方面存在巨大的风险。由于未来原材料,尤其是锂、钴、镍、锰的需求将大规模提升,因此会带来重大的挑战。对这些金属的采矿规模的不断扩大,可能会给不同地区带来负面的社会、环境等可持续发展方面的影响。以钴为例,全球50%的钴矿在刚果,而刚果是全世界最不发达的国家之一。对钴的大量挖掘,有可能对当地的环境、用工等带来难以预测的影响。

第三,电池的应用存在许多不确定性。除了大型电池组前期成本高、充电基础设施匮乏和利用率低、客户接受程度低之外,目前在电池回收上也存在很多难点。例如回收成本高昂、回收过程可能会带来新的污染、重用的电池可能难以在成本上与更低成本生产的新电池竞争等。

显然,现在是时候改变电池的价值链轨迹了。剩余的碳预算①即将用完——如果没有电池,这笔预算将在 2035 年用完;如果不加快电池的部署,脱碳就来不及。在接下来的 5 年里,汽车厂家将会推出 300 多款电动车车型。立即采取行动是塑造新价值链的机会。

电池面对的挑战是双重的,即如何加速电池的部署,以及如何以负责任和可持续的方式生产这些电池。为了加速部署,需要在整个价值链以及应用基础设施(如充电设施)上吸引更多的投资。这些都迫切需要在价值链上作出改变,体现出电池行业在可持续发展

---

① 碳预算是到 2050 年的最大累积温室气体排放量,以确保保持在《巴黎协定》的目标范围内。

中的担当。

9.2.2 全球电池联盟的 2030 愿景

全球电池联盟(Global Battery Alliance,GBA)在 2017 年的世界经济论坛成立,是一个由 90 多家企业、政府、学术界、行业参与者、国际和非政府组织组成的,动员起来确保电池生产不仅支持绿色能源,而且保障人权、促进健康和环境可持续的组织。

GBA 提出的 2030 愿景是一个用电池为可持续发展提供动力的世界(a world in which batteries power sustainable development)。2030 年的电池产量将比提出愿景时的 2017 年增加 19 倍,形成一个巨大的价值链,如图 9-5 所示:

- 电池原材料的采矿需要提取的矿石体积将达到每年 300 座吉萨大金字塔;
- 精炼的电池原材料重量相当于 11 万架波音梦想客机;
- 生产的活性材料足以生产 8000 亿个 AA 型电池芯①;
- 需要额外增加 120 家超级工厂进行电池芯生产;
- 需要回收的电池相当于 100 亿个手机电池。

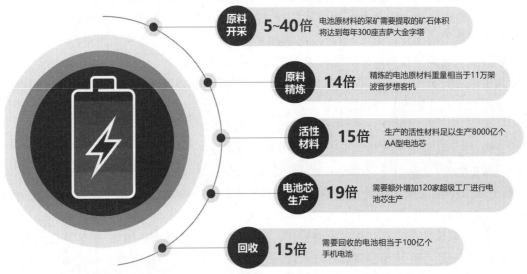

图 9-5 将电池产量扩大 19 倍是价值链上每一个环节的重大机遇

电力是实现交通行业脱碳和电力行业脱碳的关键。如图 9-6 所示,预计到 2030 年,通过电池产业,将在全球范围内建立起连接交通、电力行业的循环电池价值链,并为 2030 年后进一步的能源来源(例如氢气、电力转化为液体)奠定基础。一系列的创新将基于电池,在交通和电力行业变为现实。

目前,欧盟《电池与非电池法》的立法进程不断加快。在电池碳足迹方面,碳足迹等级声明时间、最大碳足迹限值实施时间分别提前到 2025 年 7 月 1 日和 2027 年 1 月 1 日。

---

① AA 型电池也就是通常所说的 5 号电池。

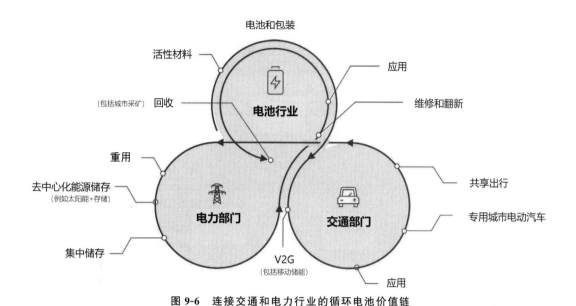

图 9-6 连接交通和电力行业的循环电池价值链

在回收利用方面,大幅度提高了电池中锂材料的回收率,2026 年由 35% 提高到 70%,2030 年则提高到 90%。同时,对电池中循环材料含量的申报时间,从 2027 年提前到 2025 年 7 月 1 日。根据中汽数据,目前,中国的三元锂电池单体生命周期碳排放在 70kg/kWh,三元锂电池包生命周期碳排放在 105kg/kwh。以目前国内新能源车普遍搭载的 NCM811 电池单体为例,材料获取阶段碳排放占比 70%,生产制造阶段碳排放占比 25%。与欧盟电池产品相比,差距在 33% 左右,主要原因在于中国的电力结构中火电占比(68%)较高,欧盟为风电、光伏、水电、气电均衡发展。此外,欧盟在循环材料使用比例上也领先中国,中国再生铜、再生铝的市场占比仅为欧盟的 30% 和 40%。加之再生工艺的低碳化程度不高,在欧盟已经可以把具体的再生材料比例在电池法中明确标示出来的时候,中国的电池企业却面临着寻求再生材料时产量不足、无材料可用的情形。

9.2.3 电池产业对可持续电池的设想和创新

如图 9-7 所示,电池产业对于可持续电池产业的设想,涵盖了从上至下,由产业到供应链,再到集团、工厂乃至产品的各个层面。目标是通过数字技术,覆盖电池从摇篮到坟墓的完整链条,涉及本书前面章节谈到的气候行动、循环经济和社会责任各个方面,包括:

- 各环节温室气体排放的采集、计算、优化;
- 使用和流通环节的跟踪、追溯、回收、利用;
- 跨国、跨企业、跨行业的电池数据交换;
- 材料、用工、污染的合规管理。

其中,减碳毫无疑问是关键。如图 9-8 所示,通过打通从采矿到整车厂的整条产业链,实现以下目标。

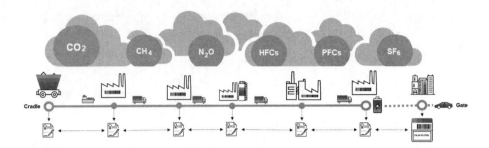

面向产品：	电池护照
面向工厂：	负责任的产品设计与生产
	碳排放/碳足迹计算
	碳足迹分析
	碳合规报表
面向集团：	ESG报表
	碳资产、碳金融管理
面向供应链：	废品循环利用
	回收追溯
面向产业：	碳交换网络
	充电网络管理
	数字孪生网络

数字技术可以帮助解决电池从摇篮到坟墓：

- ✓ 各环节温室气体排放的采集、计算、优化
- ✓ 使用和流通环节的跟踪、追溯、回收、利用
- ✓ 跨国、跨企业、跨行业的电池数据交换
- ✓ 材料、用工、污染的合规管理
- ✓ ……

图 9-7　电池产业的可持续发展方案覆盖了电池可持续发展的众多重要领域

- 在整个供应链（从原材料到整车厂到最终客户）的生产和物流环节中，实现透明的零部件二氧化碳足迹。
- 在供应链中共享经过验证和认证的二氧化碳数据，同时维护数据所有者的数据主权。
- 通过基于实际初级数据的更高协作，在二氧化碳产品生命周期评估中创造更高的精度。
- 确定二氧化碳减排潜力大的产品或流程，并制定目标和优化方案。
- 满足不同地区的监管要求。
- 无论供应链成员的基础设施如何，都能够按照通用标准进行沟通、互操作和无缝连接。

电池离开整车厂进入使用环节时会被附上数字孪生——电池护照（Battery Passport）。如图 9-9 所示，电池护照是电池的数字表示，根据可持续电池的全面定义传达所有适用于 ESG 和生命周期要求的信息。电池护照将实现以下结果。

- 向电池价值链中所有利益相关者提供电池在价值链上的所有行为和由此产生的影响。
- 通过确定同类电池中最好的和最差的电池，为可持续和负责任的电池提供最低可接受标准，从而创建一个框架，以根据这些标准对电池进行基准测试。
- 验证和跟踪可持续、负责任和资源节约型电池的进展情况。

第 9 章 欧盟可持续发展的数字化创新示例

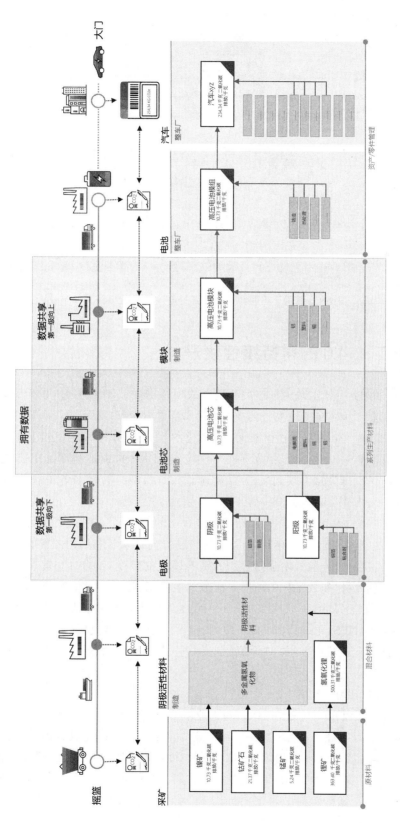

图 9-8 打通电池制造链条的碳数据交换网络

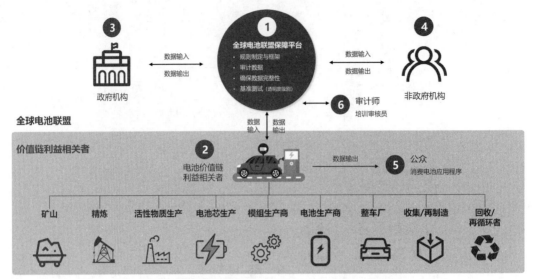

图 9-9　适用于不同利益相关者的电池护照概念界面

9.3　基于工业 4.0 的可持续性生产

工业 4.0 是 2011 年德国政府提出的制造业战略举措。关于工业 4.0 的定义，在 2013 年发布的德国工业 4.0 最终工作报告的内容中有以下阐述。

- 什么是工业 4.0：在一个"智能的、网络化的世界"中，物联网（IoT）和服务联网（Internet of Services, IoS）无处不在。在制造环境中，由不断增加的智能产品和系统构成的垂直网络、端到端工程、跨越整条价值网络的水平集成，开启了第四次工业革命——"工业 4.0"。
- 工业 4.0 的目标：工业 4.0 的目标是创造智能的产品、方法和流程。智能工厂是工业 4.0 的关键特征。智能产品具备了解自己如何被生产和使用的智能。通过这种由集中式控制向分散式增强型控制的基本模式的转变，工业 4.0 旨在建立一个高度灵活的个性化和数字化的产品与服务的生产模式。

德国工业 4.0 报告认为，物联网和服务联网已经来到制造业中。从本质上讲，工业 4.0 包括网络物理系统（CPS）通过技术集成的方式应用到制造和物流当中，以及将物联网和服务联网应用到工业流程中，这将对价值创造、业务模式、下游的服务和工作组织等产生影响。

在工业 4.0 中，环境的可持续性是一个重要的主题。

2019 年，德国工业 4.0 的权威机构——工业 4.0 平台发布了"工业 4.0 2030 愿景"，将可持续发展列为三大支柱之一（见图 9-10），并认为工业 4.0 可以在联合国的可持续发展目标中的 8#、9#、12#、13# 目标，即"体面工作和经济增长""产业、创新和基础设施""负责任的生产和消费""气候行动"中发挥重要作用。根据调查，73% 的德国工业企业坚信工业 4.0 将减少二氧化碳排放，50% 的德国工业企业已经作出减少二氧化碳排放的承诺。

目前的研究表明,工业4.0与可持续发展中的循环经济、可持续的环境、可持续的商业模式、可持续的产品生命周期、可持续的智能制造、可持续的供应链、可持续的价值链等都有密切的关系。

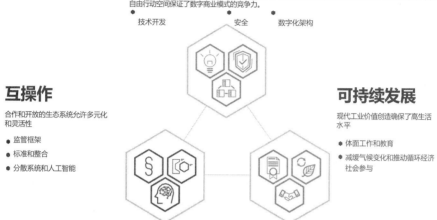

图9-10 自治、互操作、可持续发展是德国工业4.0 2030愿景的三大支柱

在具体实现路径上,工业4.0未来将在以下三个领域发力。
- 路径一——减少消耗,增加产出:实现资源高效和碳中和的数字化制造。
- 路径二——从大规模生产到透明的服务化:改变的价值主张如何影响数字商业模式。
- 路径三——共享和联网的可持续数字业务:在循环经济系统中开展合作和运营。

9.3.1 实现资源高效和碳中和的数字化制造

工业4.0作为数字化在制造业中的高级应用,会极大地推动用软件和数字部分或全部替换物理实体,从而提高生产效率,减少资源消耗。这是工业4.0帮助推动可持续发展的第一步。

未来,智能的资源管理将取代企业的基础能源管理,目标是确保所有原材料的有效利用。一系列的工业4.0技术将有助于实现这一目标,包括智能传感器、预测性维护、智能仪表和工业物联网平台。全面的数据采集和监控工具,可以确保同时监控所有的物料流动和能源消耗,并相互对齐,从而达到最大可能的协同效应。通过集成的数据采集和分析,可以实现快速决策,从而实现系统的节能控制。必要时,还可以使用基于人工智能技术的数据分析服务,以帮助确保尽可能经济、有效和盈利地使用所有资源。

以提出工业4.0的德国为例,工业约占德国二氧化碳排放量的五分之一。一大批德国企业正在通过工业4.0实现气候中和制造。以博世为例,其已在全球100多家生产工厂使用能源平台,借助大约1.2万个测量点,将来自系统的数据整合到博世自己的能源管理平台中,员工可以监控每台设备的消耗并对其进行调节以确保最佳消耗。根据博世的统计,位于洪堡的工业4.0领先工厂的碳排放量通过这种方法减少了10%。

在加速数字化进程以促进工业可持续发展的过程中,设备的可扩展性目前仍然是一个障碍,为此出现了很多创新的手段。例如,由德国电子和数字工业协会(ZVEI)与合作伙伴共同开发的数字铭牌(digital nameplate)提供了一个高效数字化的例子。数字铭牌可视为"工业4.0"数字化价值创造过程的基础概念。通过数字铭牌,可以清楚地掌握和进一步处理有关产品及其生命周期的信息。由于产品的信息可以在运行中识别,因此相应的信息可以用于控制诸如生产、维护、回收等工业过程。

9.3.2 改变的价值主张如何影响数字商业模式

减少资源消耗仅仅是开始,可持续的商业模式才是未来。通过前面谈到的工业4.0等技术,虽然可以促进更环保的生产,但是往往也会强化现有的商业模式,从而达到"洗绿"(Greenwashing)的目的,但这并不是最终的目标。人们需要的不仅是在提升生产效率层面上的数字化,而是双重范式转变,即将数字化和可持续性融入价值主张中,让可持续性从价值创造结构本身产生出来。

按照目前的普遍理解,"买东西"意味着在购买产品后,即可拥有和使用产品,并且可以在以后的某个时间点处理产品。工业4.0带来的数字商业模式可以帮助改变这种传统的价值观念,促进向可持续方法转变,即客户购买服务而非商品。以汽车轮胎为例,车队运营商购买的是使用轮胎的许可证,而非轮胎本身。此外,其还可以获得全面的服务承诺,保证轮胎的功能性和端到端的轮胎管理服务,包括下订单、安装以及通过物联网平台进行状态监控。

在价值主张改变的背后,工业4.0提供了如下的重要技术支撑。

- 生命周期管理:未来,生命周期管理将取代基于"出售即忘"原则的销售,生产企业对产品的责任将贯穿产品的整个生命周期。即使在开发阶段,影响可持续性的因素,如材料消耗和可回收性,现在也比过去更为重要,这也完全符合"设计可持续性"的概念。在整个增值链中,制造商、供应商和维修商将重新定义其之间的工作和责任的分配。
- 可持续双胞胎:未来,每个产品都将被分配一个"可持续双胞胎"。可持续双胞胎以数字孪生的概念为基础,并将这一概念扩展到可持续发展领域。与数字孪生一样,可持续双胞胎也是对物理对象的虚拟映射。可持续双胞胎存在于产品的整个增值过程中,可以在每个阶段提供有用的信息。当涉及翻新或再制造时,这些信息可以与拆卸过程一起,作为有价值的决策帮助。
- 材料通行证:未来的实物产品将拥有自己的身份证,即材料通行证。与可持续双胞胎相比,这种材料通行证不会保留在制造商手中,而是会在产品的整个生命周期里从一个点到另一个点。伴随着产品的使用,材料通行证将不断地搜集信息,例如有关材料的详细信息、回收要求或有关环境足迹的信息。生产者不仅能够将产品状况和使用情况的信息添加到物料通行证中,还可以通过这种方式,在数字解决方案的帮助下随时精确地跟踪产品的状态。

- 再制造：未来传统的设备维护合同将被预测性的、持续的维护系统所取代。因此，制造商将在整个增值链中为其产品承担责任。产品不会在生命周期结束时被丢弃，而是会经历一个自动化的再制造过程，恢复到新设备的质量标准。
- 逆向物流：逆向物流的概念补充了目前使用的线性供应链。根据这一概念，客户将在货物正常使用寿命结束时将其退回给供应商进行回收利用，形成循环系统。数字化流程可以推动循环系统的发展，例如，人工智能支持智能拆卸操作。处置物流、退货物流和维修物流领域里正在出现新的商业模式。

9.3.3　共享和联网的可持续数字业务

为了使未来的制造业始终与可持续性发展保持一致，人们需要全新的思维方式。数字化并非组织的边界，合作共享正成为一个越来越重要的发展方向。此外，将整个制造系统视为循环系统而非单向的通道，也开始得到更多企业的认可。

首先，数字化生产平台可以把相关的生产流程捆绑在一起。类型完全不同的制造商都能访问这些平台，并将其作为生产运营的场所。为了减少各种意外中断（如供应中断、电力故障、疫情等）造成的脆弱性，平台将以区域集群的形式来替代集中排列，由此创建灵活的、模块化的、区域性的且更具弹性的生产网络。如今，一些制造商已经开始在共享的数字平台上进行生产。由于可以集中生产场地而产生规模效益，以及提高机器和设备的利用率，灵活储存原材料，因此在共享的数字平台上进行生产不但可以提高资源效率，而且还可以实现高度的专业化和定制化。这种"使用而非拥有"的商业模式，有利于释放企业内部的资源，使其能够专注于相关的价值创造领域，从而有助于实现可持续的生产。

9.3.4　和谐的人机交互

以德国和日本为代表的发达国家，因总体生育率低而成为了人口逐年减少的老龄化社会，这已经成为可持续发展的一个重大挑战——未来制造业很难招聘到清一色的年轻人。即便是中国，也已进入人口"负增长"的时代，2021年人口出生率创下43年新低。

资源枯竭、环境负担、少子化和人口老龄化等问题是建立可持续性社会的全球性挑战。如果仅从提升效率的角度应用工业4.0，而忽视从社会和组织的角度来关注挑战，显然是不够的。在工业4.0中，人与机器之间的交互越来越类似于人与人之间的交互，结果是人与机器之间的差距正在永久性地缩小，从而对人机交互（Human Machine Interface，HMI）产生重大影响。

一般来说，数字技术有望解决社会挑战。然而，它们也需要社会转型，因为数字技术取代的是以前属于人类领域的常规认知任务。今天，由于对数字技术的不断投资，中等技能职业的员工正在被计算机取代，因此失业的威胁正在转向技能更高的职位。然而，劳动力市场上的高技能工人的供给正在下降。

从本质上讲，为了建立一个可持续发展的社会，人类必须能够不断地创造高附加值的工作，并且能够随时从可能过时的工作转向高附加值的工作。此外，机器不仅需要进行非高附加值的工作，而且还要通过与人类互动来实现高附加值的工作。根据这些要求，通过数字化转型，人类可以建立一种新颖的、以人为中心的制造系统。在该系统中，人类专注于终身技能的提升,并不断创造高附加值的工作。从本质上讲,让人类和机器和谐交互,有助于建立一个以人类福祉为中心的可持续社会。

9.3.5 案例:日立的人机协作新范式

当今的制造模型是一种机器辅助人类的制造模型,这意味着人类不再需要像以前那样接受严格的训练,机器可以提供自动支持,以弥补人类技能的差距。然而,过多的计算机辅助可能会导致让人类失去一些关键的技能,并带来新的困扰。

在日本,由于出生率下降和老龄化,因此劳动力的多元化正在不断提高,劳动力的能力也在多样化。即便接受同样的工作指令,人们的工作能力不同,接受数字化技术的能力和使用数字化操作的能力也各不相同。机器也是一样。同一家工厂的不同年代的机器,其自动化水平也不相同。即便经过数字化改造升级,在一条生产线上,也会有不同自动化水平和智能化水平的设备并存。这种混合的方式不但会给生产效率的提升带来隐患,也不利于吸引劳动力到制造企业就业。

为此,日立提出了一种新的由系统进行自动协调的 HMI 方式,即在人和机器之间建立一个多元协调过程。它不仅可以记录和观察人与人、人与机器以及机器与机器之间的交互,还可以积累观察到的信息,进行分析和优化,从而实现:

- 重新审视劳动力结果,为不同的员工创造一个包容的环境;
- 系统地衡量生产线上人和机器的技能和能力,然后协调生产计划并调整机器的编程,以便它们能够以最佳的方式协助人类。

如图 9-11 所示,在实现阶段,日立在人和人、人和机器以及机器与机器之间的交互创建了一个中介,随时测量任务执行的情况,从而定期通过调整 HMI 实现人机之间的协调,从而保证可持续的增长。通过不断地测量人与机器的技能和能力,协调任务计划,调节机器的智能设置,在具有不同技能水平的人与人之间、人与机器之间、机器与机器之间最佳地实现动态协调(例如让机器适应人的习惯、在机器之间进行知识传递),实现更好和更可持续的效率改进。

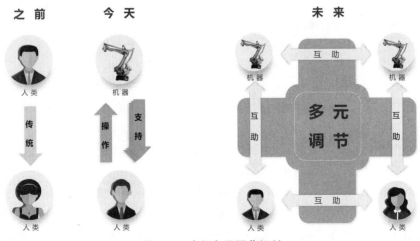

图 9-11 人机多元调节机制

第10章

展望：中国实体经济可持续发展的数字化策略

中国实体经济的可持续发展，以绿色低碳为例，面临时间短、任务重、难度大的挑战。如此深刻的变化不能仅仅依靠"善意"。为了实现宏伟的目标，除了数字化本身支持的低碳发展之外，数字化支持下的循环经济是关键。虽然数字化具有减少供给侧碳排放的巨大潜力，但只有在需求侧引导了正确的方向时，才能充分发挥潜力。因此，在供给侧和需求侧同时大力推动数字化，是中国实体经济实现可持续发展的重要手段。

10.1 面临可持续发展的巨大挑战，中国仍需走创新之路

过去30年以来，全球应对气候变化的科学认知、政治进程和产业行动不断深入和加速推进。在全球气候治理的大背景和大脉络下，陆续实现碳中和是世界各国应对气候变化的必然选择，也是世界各国推动可持续发展的关键举措。中国在"双碳"领域的重大宣示和决策部署，充分彰显了中国积极应对气候变化和推动高质量发展的坚定决心。未来几十年，中国将以"双碳"目标为牵引，推动经济发展模式彻底转型，推动实体经济可持续发展。可以说，"双碳"目标已经成为中国实体经济全面实现绿色低碳循环转型的总引擎。

作为世界最大的发展中国家和全球第一碳排放大国，中国排放体量大、减排时间短、转型任务重。"双碳"目标的实现必须充分把握新科技革命与产业变革的机遇，依靠社会经济系统的深刻变革，从政策创新、技术支撑、生产革新等多个角度全方位探索实现路径。

中国碳排放总量大、强度高，然而转型时间仅为欧美等国的一半左右。据统计数据显示，2019年全球碳排放总量达到341.69亿吨，中国碳排放总量达到98.26亿吨，居全球首位。中国碳排放总量约为美国的2倍，欧盟的3倍，占全球碳排放总量的三分之一左右。从碳排放强度看，中国的碳排放强度高于世界主要国家，既高于欧美发达国家，也高于印度、俄罗斯等发展中国家。因碳排放总量大，即便在人均碳排放方面也已经超过世界人均水平，及欧盟28国的人均水平。但是，欧美等国是在自然实现碳达峰后，用长达60～70年的时间逐渐向碳中和迈进，而中国仅有30年。

如图10-1所示，根据中国目前人均GDP较低的国情要求，实现较长时间的经济高速增长依然是工作的重点，这一点决定了中国的经济发展尚难以与碳排放脱钩，碳排总量和人均排放量等指标在未来的一段时间里仍然会不断爬升。相比较之下，欧美等发达国家

已经实现了经济发展与碳排放脱钩,经济发展不再依赖碳排放,可以做到GDP增长而碳排放下降。中国和广大发展中国家尚处于工业化过程中,能源结构和产业结构调整尚未完成,并未实现二者脱钩,经济增长与碳排放仍有正相关性。更具挑战的是,中国是在工业化发展尚不充分、人均GDP尚需大幅发展的基础上,同步推动减排。预计2030年中国碳达峰时,人均碳排放量与欧洲、日本、韩国接近;但人均GDP却远低于发达国家碳达峰同期,约为美国的三分之一,欧盟的二分之一。中国是一个超大型经济体,在未来三十年碳中和目标的巨大压力之下,仍需实现人均GDP再翻两番,这在发达国家行列中未有先例。

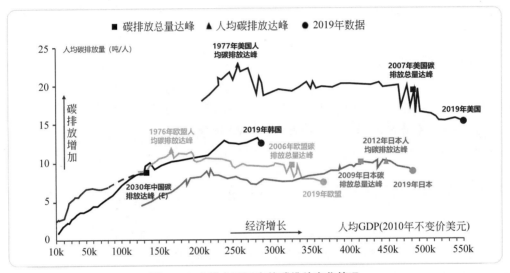

图 10-1　全球主要国家的碳排放变化情况

总体来说,中国要用欧美一半的时间,在数倍于欧美国家的碳排放峰值水平上,实现碳中和目标;在大规模减排的同时,还要确保人均GDP到2050年实现翻两番的中高速经济增长。这意味着,中国既要吸收借鉴国际先进经验,又要利用制造大国和数字经济大国的优势,更加高效合理地安排发展路径,走出一条创新减排的中国道路。

10.2　数字化可以在实体经济的供给侧和需求侧实现减碳

Kaya恒等式[①]是目前分析碳排放驱动因素的主流分析方法,在解释全球历史排放变化原因方面具有重要的作用。该公式认为碳排放主要是由人口、生活水平、能源使用强度和碳排放因子等因素共同决定。如图10-2所示,根据该公式,对于工业部门来说,减少碳排放,意味着:

- 工业"去物质化"(dematerialization),推动工业向服务业转型,以及传统产业向高附加值产业转型;

---

① Kaya恒等式是由来自日本的Yoichi Kaya教授于1989年在联合国政府间气候变化专门委员会研讨会上提出的。

- 生产的减量化，即在满足全社会物质消耗需求的前提下，通过合理手段减少国内生产规模，如减少出口、进口替代；
- 用量的集约化，即用更少的能源支撑工业实际生产，提升能源利用效率，包括使用先进的节能技术、使用大数据节能、应用智能制造于工业互联网技术等；
- 能源的低碳化，即尽可能使用低碳能源（如转向电气化、氢能）或应用碳减排措施（如传统能源的低碳应用），降低能源消费带来的碳排放量。

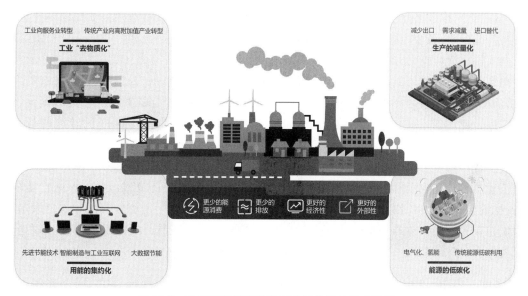

图 10-2　工业部门转型升级和低碳发展的四大途径

数字技术本身对气候的影响是复杂的。首先，数字设备本身会带来碳排放，它包括与信息和通信技术（Information and Communications Technology，ICT）的制造、使用和处置相关的直接碳排放。其次是使用 ICT 产生的间接正面或负面排放效应（例如出行替代和交通优化）。最后是影响行为和偏好（在社会层面重塑人们的生活方式）。第一部分虽然很重要，约占全球总排放量的 1.4%，但显然这并不是我们讨论的重点。根据世界经济论坛的一份研究报告，凭借连通性，数字技术成为许多气候解决方案的关键推动力，可以帮助将全球排放量减少 15%。目前已经看到了很多类似的案例，列举如下。

- 瑞典自动驾驶公司 Einride 正在通过创建一个可持续的交通生态系统，提供车辆与道路交通设施的连接性，以将其自动驾驶的卡车 T-pod 安全地引入公共道路，为减少 90% 的碳排放和消除氮氧化物（NO_x）排放铺平道路。
- 在采矿业，全自动/遥控卡车可以更高效地行驶，实现更顺畅的运输过程、更稳定的行驶速度和更短的行驶距离，意味着更低的燃料消耗，帮助瑞典矿业公司 Boliden 的 Aitik 铜矿消除了约 9400 吨的二氧化碳排放。
- 一体化制造的涡轮盘—叶片是飞机喷气发动机的关键部件。借助实时监控和控制的自动化生产，可以缩短制造时间，而效率仅提高 2% 就可以每年为这个行业减少 1600 万吨的碳排放。

10.3 把握全球孪生转型新机遇，重塑中国绿色化数字生态系统

10.3.1 发挥数字技术的通用底座作用，以"两化"融合赋能绿色转型

科技先行，充分发挥通用技术的底座作用。在《欧洲绿色协议》中，数字化与绿色化同频共振、协同推进已经上升为欧盟"绿色复苏"最具时代特色的战略导向。欧盟明确提出，要在各个行业、各个市场大规模部署推广新技术研究和示范，打造全新的创新价值链，以保持欧盟在清洁技术方面的全球竞争优势，同时致力于推动高潜力初创公司和中小企业突破型创新。例如，在数字技术领域，欧盟将大力推动超级计算机、云技术、超快网络和人工智能解决方案的融合，提升理解和应对环境问题的能力。中国是数字经济大国，充分发挥新型关键基础设施的底座作用，释放实体经济的新动能，将是中国绿色转型的最佳路径。

在百年未有之大变局下，绿色竞争已成为各国科技力量和产业链优势比拼的新领域。绿色竞争不再局限于对自然资源和能源矿产的争夺，而是在制造范式、创新理念、产业生态、排放标准、环境规制、消费方式等方面的全方位铺开。中国是制造业大国和人口大国，以制造业为首的实体经济是可持续发展的核心战场。在数字经济时代，数字化与绿色化深度融合（新"两化"融合）必将成为中国可持续发展的核心抓手！

10.3.2 发挥政府自上而下的总领作用，培育新型绿色数字生态

起步阶段，高度重视顶层设计和政策引领。例如，欧盟绿色新政文件覆盖了欧盟全经济领域，在七大主要领域提出了具体的政策路线图，给出了重点领域实现目标的政策路径。这样可以充分利用法律法规和战略文件向市场传递长期价值信号，以更好地推动和稳定投资，形成良好的政策导向和倒逼机制。另外，政策明确了实施绿色新政的主要保障措施，包括支持研究和创新，激活教育和培训、国际合作以及依托企业的关键基础作用等方面。中国的绿色转型是一条更短和更加艰难的旅程，在碳达峰前的近十年，更加迫切需要政府高效合理的顶层设计与孵化培育。

此次疫情进一步凸显有为政府的重要性，同时也深刻改变着未来产业政策的理论内涵和现实基础，推动全球新一轮产业变革。后疫情时代产业政策目标，除了追求传统的市场竞争力、生产率以外，还必须兼顾气候变化、就业、民生福祉等社会目标。中国必须紧紧抓住此轮产业变革的机遇，有效应对目前全球产业链区域化、转型融资难等问题，坚持系统思维，统筹推进经济绿色转型和数字化转型，积极打造良好的体制机制和政策环境，推动有为政府和有效市场更好结合，加速中国新型工业化进程。立足双循环相互促进的新发展格局，统筹用好国际国内两大能源来源。直面绿色产品、低碳技术、生态系统、排放标准、环境规制、消费方式等方面的国际竞争，凝聚共识，稳步推进能源、环境、应对气候变化等绿色议题的讨论与治理，营造有利于绿色制造发展的外部环境。加强与相关国家及国际组织交流合作，完善环境规制和绿色标准体系，塑造面向碳中和的全球生产贸易新秩序

和绿色合作新机制。以共建绿色"一带一路"为契机,促进中国工业绿色发展成果和经验的全球共享。

10.3.3 发挥企业自下而上的关键作用,打造新型中国企业

长久之计,强调减排与产业转型的协同推进。绿色新政的核心是通过经济社会的绿色转型来平衡经济发展和气候、环境保护之间的矛盾,即"化紧迫挑战为经济增长的独特机遇"。欧盟在新政中提出了全经济领域向气候、环境友好型方向转型的目标和政策路线图,并要求宏观领域的各项政策都必须根据新政草案目标进行校正和协调,同时积极培育绿色环保产业抢占全球竞争优势。当前,我国正处在推动向高质量发展转变的关键期,可以充分借鉴欧盟经验,将生态文明建设、应对气候变化、环境保护和转变经济发展方式有机结合起来,走绿色低碳发展道路,建立健全绿色低碳循环发展的经济体系,推进经济可持续、高质量发展,实现经济发展、环境保护与应对气候变化的多赢。

毫无疑问,企业已经成为可持续发展理念落地成败的关键。欧美等国制定绿色新政时,都特别注意发挥企业在可持续发展中的作用和积极性。联合国政府间气候变化专门委员会(IPCC)2021年的最新报告再次强调,利用企业的创新能力必须是应对气候变化的核心! 在数字经济和绿色经济协同共振的新时代,新型中国企业必然是数据驱动的智慧企业、智慧互联的协同企业、是绿色合规的可持续发展企业。注重突出企业的主体地位,市场主导,系统推进,打造多维、立体的工业绿色系统工程。一方面,鼓励企业主动践行绿色社会责任,完善 ESG 机制,披露、共享能耗和碳排放的核心数据,优化生产流程和工艺,提高能源资源利用效率,不断提升绿色技术、产品和服务的供给能力;另一方面,加强宣传引导,倡导新消费模式,培育绿色消费的文化氛围,形成供给侧与需求侧互促共进,从而以工业绿色发展带动经济社会各领域绿色低碳转型。

一是把"合规治理"作为企业可持续发展的切入点。中国企业不但要面对陆续出台的数据安全法、网络安全法、个人信息保护法等新法规带来的数据合规新变化,同时还要在竞争方面面对政府对行业不断加强的监管,以及对重点行业反垄断的重拳。其财税和资源管理,在大数据体系下,变得愈发规范且严格。在这样的环境下,越来越多的企业意识从"要我合规"转变为"我要合规"。首先是自然环境需求的绿色可持续发展。从现在开始,中国企业都需要将低碳绿色的发展模式融入整个管理流程,绿色可持续已经成为企业的核心 DNA;其次是社会环境需求的商业可持续发展。粗放型、关系型的运营体系已经完全无法应对当前的商业发展社会环境。中国企业必须充分应对市场瞬息万变的环境,在云上建立弹性、敏捷且稳定的管理体系,在做到动态决策的同时实现强合规运营。

二是把产业链协同创新作为企业可持续发展的本质要求。可持续发展是一种对资源的管理战略,蕴含着将自然资源纳入管理范围的内涵,暗含着突破单体边界建立系统性资源循环网络的要求。第四次工业革命到来,数字技术使可持续内涵下的网络化、系统性的全面资源管理成为了可能。物联网、云计算、大数据等数字技术的成熟,使得处理能力大幅提升,人类管理资源的范围从有形和无形资产扩展到自然资源范围,管理边界从企业内部扩展至商业网络。数据洞察之下,企业得以综合衡量运营和环境效益,推动减排、资源循环利用乃至整个供应链的可持续性,在充满了不确定性的世界中作出正确合理的决策。

三是创建可持续的产品、服务和商业模式，让可持续性成为新的业务。基于数字技术，新型中国企业实现包括运营数据和环境数据在内的企业资源的数据化，并与企业外部的供应链、市场、政府治理等数据流打通，形成管理和业务洞察，结合人工智能技术，推动企业不断智慧化迭代。企业将可持续性洞察、指标与能力嵌入业务流程，不仅能够在强监管环境下实现合规和风险控制，而且能够提高现有系统效率，打造更加绿色和公平的新产品、服务和商业模式，以实现整个企业的可持续运行。通过将财务、运营、体验和可持续数据整合在一个平台上，企业将获得全局性的管理视角，从而在经营中创造出新的商业价值。

作为全球领先的商业网络平台和企业级云应用服务商，SAP成立50年来，始终处于企业、产业链和供应链资源管理的核心产业位置，已经成为全球数字经济和绿色经济运行的关键技术底座。基于服务全球87%的商业交易金额、94%的全球最大500家企业的丰富经验，SAP建议中国企业在可持续转型的投入方式上，节约有限的企业资源，充分利用原有数字系统进行扩展而不要重建一套平行系统，从而避免形成新的割裂。在落地方式上，将可持续性作为一个新维度，嵌入端到端业务流程，高效集约化支持企业的业务运转和关键决策。在发展路径上，按照满足监管合规需求，将可持续性指标和洞察嵌入业务流程以提高运营效率，创造可持续的新产品、服务和商业模式三个阶段，在云时代稳步打造可持续发展的新型中国企业。

英 文 缩 写

缩写	英文	中文
AI	Artificial Intelligence	人工智能
APO	Automated Process Optimization	自动化工艺优化
BEV	Battery Electric Vehicle	电池电动汽车
BTP	Business Technology Platform	业务技术平台
BIW	Business Information Warehouse	业务信息仓库
CAGR	Compound Annual Growth Rate	复合年增长率
CBAM	Carbon Border Adjustment Mechanism	碳边境调节机制
CCF	Corporate Carbon Footprint	企业碳足迹
CCUS	Carbon Capture, Utilization and Storage	碳捕集、利用与封存技术
CDP	Carbon Disclosure Project	碳披露项目
CDSB	Climate Disclosure Standards Board	气候披露标准委员会
CEMS	Continuous Emission Monitoring System	烟气排放连续监测系统
CSO	Chief Sustainability Officer	首席可持续发展官
CSR	Corporate Social Responsibility	企业社会责任
CSRD	Corporate Sustainability Reporting Directive	公司可持续发展报告指令
DE&I	Diverse, Equitable, and Inclusive	多元化、公平性和包容度
DPP	Digital Product Passport	数字产品护照
DWC	Date Warehouse Cloud	数据仓库云
EAC	Energy Attribute Certificate	能源属性证书
EC	Environmental Compliance	环境合规
EHS	Environment Health and Safety	环境、健康和安全
EM	Environment Management	环境管理
EME	Excess Material Exchange	多余材料交易所
EMF	Ellen Macarthur Foundation	艾伦·麦克阿瑟基金会
EMS	Enviromental Management system	环境管理体系
EPR	Extended Producer Responsibility	生产者延伸责任
ERP	Enterprise Resource Planning	企业资源计划
ESG	Environmental, Social and Governance	环境、社会和治理
ETS	Emissions Trading Scheme	排放交易体系
FCEV	Fuel Cell Electric Vehicle	燃料电池电动汽车
FSA	Farm Sustainability Assessment	农场可持续发展评价
GAAP	Generally Accepted Accounting Principle	一般公认会计原则
GBA	Global Battery Alliance	全球电池联盟
GHG	Greenhouse Gas	温室气体
GRI	Global Reporting Initiative	全球报告倡议组织
GSIA	Global Sustainable Investment Alliance	全球可持续投资联盟
HEV	Hybrid Electric Vehicle	混合动力汽车

HLS	HighLevel Structure	高阶架构
HMI	Human Machine Interface	人机交互
HS&R	Holistic Steering & Reporting	全面指导和报告
IFRS	International Financial Reporting Standards	国际财务报告准则
ICP	Internal Carbon Pricing	内部碳价格
ICT	Information and Communications Technology	信息和通信技术
IoT	Internet of Things	物联网
IMDS	International Material Data System	国际材料数据系统
IPCC	Intergovernmental Panel on Climate Change	联合国政府间气候变化专门委员会
ILO	International Labour Organization	国际劳工组织
IPBES	Intergovernmental Science-Policy Platform on Biodiversity and Ecosystem Services	生物多样性和生态系统服务政府间科学政策平台
KDD	Key Design Decision	关键设计决策
LaaS	Light as a Service	照明即服务
LCA	Life Cycle Assessment	生命周期评估
MCA	Multi Capital Accounting	多元资本会计
MDG	Millennium Development Goal	千年发展目标
MRV	Monitoring, Report and Verification	检测、报告、核查
NGO	Non-Governmental Organization	非政府组织
NFRD	Non-Financial Reporting Directive	非财务报告指令
NPS	Net Promoter Score	净推荐值
ODCF	On-Demand Car Features	按需车辆功能
OCPI	Open Charge Point Interface	开放充电接口
OCPP	Open Charge Point Protocol	开放充电协议
OECD	Organization for Economic Cooperation and Development	经济合作与发展组织
OH&S	Occupational Health & Safety	职业健康和安全
OICP	Open Inter Charge Protocol	开放收费协议
PaPM	Profitability and Performance Management	利润与绩效管理
PCF	Product Carbon Footprint	产品碳足迹
PCFA	Product Carbon Footprint Analytics	产品碳足迹分析
PFM	Product Footprint Management	产品足迹管理
PHEV	Plug-in Hybrid Electric Vehicle	插电式混合动力汽车
ppm	parts per million	百万分之一
PRI	Principles of Responsible Investments	负责任投资原则
PSS	Product-Service System	产品服务系统
PUE	Power Usage Effectiveness	电源使用效率
QR	Quick Response	快速响应
RDP	Responsible Design and Production	负责任的设计与生产
REACH	REGULATION concerning the Registration, Evaluation, Authorization and Restriction of Chemicals	化学品的注册、授权和限制法规

RMS	Risk Management System	风险管理体系
RoHS	The Restriction of the Use of Certain Hazardous Substances in Electrical and Electronic Equipment	电气、电子设备中限制使用某些有害物质指令
SAC	SAP Analytics Cloud	SAP 分析云
SAI	Social Accountability International	社会责任国际组织
SAI	Sustainable Agriculture Initiative	可持续农业倡议
SASB	Sustainability Accounting Standards Board	可持续会计准则委员会
SBTi	Science Based Targets Initiative	基于科学的目标倡议
SCIP	Substances of Concern In articles as such or in complex objects（Products）	物品及复杂对象（产品）中的关注物质数据库
SCT	Sustainability Control Tower	可持续发展控制塔
SDGs	Sustainable Development Goals	可持续发展目标
SFDR	Sustainable Finance Disclosure Regulation	可持续金融披露条例
SRI	Socially Responsible Investing	社会责任投资
TCFD	Task Force on Climate-related Financial Disclosures	气候相关财务信息披露工作组
TBL	Triple Bottom Line	三重底线
TSC	The Sustainability Consortium	可持续发展联盟
UNEP	UN Environment Programme	联合国环境规划署
UNGC	United Nations Global Compact	联合国全球契约组织
VBA	Value Balance Alliance	价值平衡联盟
VRF	Value Reporting Foundation	价值报告基金会
WBCSD	World Business Council for Sustainable Development	世界可持续发展工商理事会
WCED	World Commission on Environment and Development	世界环境与发展委员会
WEF	World Economic Forum	世界经济论坛
WRI	World Resources Institute	世界资源研究所

参 考 文 献

[1] 彭俊松. 汽车行业供应链战略、管理与信息系统. 北京：电子工业出版社，2006.
[2] 彭俊松. 工业4.0驱动下的制造业数字化转型. 北京：机械工业出版社，2017.
[3] 彭俊松. 智慧企业工业互联网平台开发与创新. 北京：机械工业出版社，2019.
[4] 彭俊松、孙惠民. 软件定义智慧企业. 北京：机械工业出版社，2022.
[5] 刘萌. 责任改变世界——联合国全球契约，引领全球企业大变革. 北京：北京工业大学出版社，2013.
[6] 商道纵横. 全面认识企业社会责任报告. 北京：社会科学文献出版社，2015.
[7] 杜严勇. 人工智能伦理引论. 上海：上海交通大学出版社，2020.
[8] 屈晓婷. 绿色低碳发展中的企业社会责任. 北京：北京交通大学出版社，2015.
[9] 郝琴. 社会责任国家标准解读. 北京：中国经济出版社，2015.
[10] 于江生. 人工智能伦理. 北京：清华大学出版社，2022.
[11] 奥马尔·阿布什，保罗·纽恩斯，拉里·唐斯. 明智转向. 北京：中信出版社，2019.
[12] 马歆，郭福利. 循环经济理论与实践. 北京：中国经济出版社，2018.
[13] 卢风. 生态文明与美丽中国. 北京：北京师范大学出版社，2019.
[14] 丛书编写组. 学习贯彻习近平新时代中国特色社会主义经济思想 做好"十四五"规划编制和发展改革工作系列：推进绿色循环低碳发展. 北京：中国计划出版社，2020.
[15] 潘家华，陈孜. 2030年可持续发展的转型议程：全球视野与中国经验. 北京：社会科学文献出版社，2016.
[16] 彼得·圣吉，等. 必要的革命：可持续发展型社会的创建与实践. 北京：中信出版社，2009.
[17] 彭莱，杰西卡·朗，韦斯利·斯平德勒. 循环经济之道：通向可持续发展. 上海：上海交通大学出版社，2021.
[18] 郭凌晨，王志乐. 合规：全球公司的可持续发展. 北京：中国经济出版社，2014.
[19] 俞建拖，李文. 国际ESG投资政策法规与实践. 北京：社会科学文献出版社，2021.
[20] 郗永勤. 循环经济发展的机制与政策研究. 北京：社会科学文献出版社，2014.
[21] 楚爱丽. 循环经济与企业可持续发展. 北京：北京师范大学出版社，2010.
[22] 王元亮. 基于产业共生的园区循环经济发展模式研究. 北京：社会科学文献出版社，2019.
[23] 中国长期低碳发展战略与转型路径研究课题组. 读懂碳中和. 北京：中信出版社，2021.
[24] 安永碳中和课题组. 一本书读懂碳中和. 北京：机械工业出版社，2021.
[25] BCG中国气候与可持续发展中心. 中国碳中和通用指引. 北京：中信出版社，2021.